Mark H. McCormack

Was man an der Harvard Business School nicht lernt

Mark H. McCormack

Was man an der Harvard Business School nicht lernt

verlag moderne industrie

CIP-Kurztitelaufnahme der Deutschen Bibliothek

McCormack, Mark H.:
Was man an der Harvard Business School nicht lernt /
Mark H. McCormack. [Aus d. Amerikan. übers. von
Ursula Bischoff]. – Landsberg/Lech: Verlag Moderne
Industrie, 1985.
ISBN 3-478-32992-2

A John Boswell Associates Blook

Aus dem Amerikanischen übersetzt von Ursula Bischoft

Schutzumschlag: Hendrik van Gemert
Satz: Druckerei Jantsch GmbH, Günzburg
Druck + Bindearbeiten: Carl Ueberreuter Druckerei Ges. m. b. H., 2100 Korneuburg
Printed in Austria 320992/1085 1003
ISBN 3-478-32992-2

Inhaltsverzeichnis

Vorwort: Was Sie in Harvard nicht lernen

Als ich noch in Yale Jura studierte, sagte man mir, dieser Studiengang sei, um im Wirtschaftsleben Karriere zu machen, genauso wertvoll wie ein Betriebswirtschaftsstudium. Lange Zeit später, nachdem ich sowohl in Harvard als auch an anderen Wirtschaftsinstituten Vorlesungen gehalten hatte, gelangte ich zu derselben Überzeugung – obwohl beide Fachrichtungen, auf die Realität des Wirtschaftslebens bezogen, eindeutige Grenzen erkennen lassen. Als Sprungbrett ist ein Jura- oder Betriebswirtschaftsstudium zweifellos zu empfehlen. Aber als *Ausbildung*, als Teil eines kontinuierlichen Lernprozesses, stellt es bestenfalls eine solide Grundlage und schlimmstenfalls eine naive Form der Anmaßung dar.

Was wir an unseren Hochschulen lernen, ist die Erkenntnis, daß sie uns eines nicht vermitteln können: das Auf und Ab, die Höhen und Tiefen des Unternehmensalltags. Die Führungspraxis beinhaltet autodidaktische Lernprozesse, wobei das eigene Erfahrungsreservoir, wenn es so groß ist wie meines, das Lernen ohne Zweifel verkürzen, vereinfachen und »versüßen« kann.

Anfang der 60er Jahre habe ich mit weniger als $ 500 Startkapital meine eigene Firma gegründet und damit einen neuen Industriezweig ins Leben gerufen – die Sportmanagement- und Sportmarketingindustrie. Heute ist daraus die International Management Group (IMG) geworden, ein Mammutunternehmen mit Milliardenerträgen und Zweigstellen in aller Welt.

Wahrscheinlich bin ich aber besser bekannt als »der Mann, dem Arnold Palmer seine Millionen verdankt«. In Wirklichkeit verdankt Arnold Palmer seine Millionen Arnold Palmer, obwohl er bestimmt der Ansicht ist, ich sei ihm dabei eine große Hilfe gewesen.

Auch wenn das Management solch berühmter Sportstars wie Jean-Claude Killy, Jackie Stewart, Björn Borg, Herschel Walker, Martina Navratilova, Chris Evert und vieler anderer unserer zahlreichen Klienten sehr wichtig für uns ist, handelt es sich nur um einen Teilbereich unseres Konzerns.

Unser Unternehmensbereich Fernsehen produziert Hunderte von Programmstunden in aller Welt und verkauft sie an so verschiedene Interessenten wie Wimbledon, die Fußball-Nationalmannschaft, den Amerikanischen Tennis- und Golfverband, den Internationalen Skiverband, den Hochschulsportverband und den Royal and Ancient Golf Club. Unser Bereich Unternehmensberatung wird von mehr als fünfzig börsengängigen Firmen auf internationaler Ebene in Anspruch genommen. Wir haben die persönliche finanzielle Beratung und Planung für Hunderte von Topmanagern übernommen. Wir besitzen drei Modezentren und sind oder waren für die verschiedensten Klienten tätig, wie z. B. für die Nobelstiftung, den Vatikan und die Katholische Kirche Englands; außerdem gehören wir zu den Beratern des Organisationskomitees für die Fernsehaufzeichnung der Winterolympiade 1988 in Calgary und der Sommerolympiade 1988 in Seoul, Korea.

In meiner mehr als zwanzigjährigen Praxis im Wirtschaftsleben habe ich wohl, ohne vermessen sein zu wollen, jede erdenkliche Situation und Art von Persönlichkeit kennengelernt. Ich mußte mich mit den komplexen Charakteren von Sportgrößen und ihren Angetrauten, Eltern, Freunden, Nachbarn und Fans befassen. Ich hatte mit Staatsmännern und Konzernchefs, internationalen Bankern und Kleinstadt-Anwälten, mit bürokratischen Sportverbänden und autokratischen Firmengründern zu tun. Ich bin mit jeder Phase und jeder Form der Unterhaltungs-, Kommunikations- und Freizeitindustrie konfrontiert worden, und habe sicher schon irgendwann einmal mit jedem Land der Welt Geschäfte abgeschlossen.

Was ich nicht aus eigener Erfahrung kenne, habe ich durch Beobachtung gelernt. Infolge unserer Geschäftsbeziehungen zu großen Unternehmen in aller Welt war ich in den Büros und Chefetagen zahlloser Firmen zu Gast. Ich hatte die Gelegenheit, sie in »voller Aktion« zu sehen – und konnte erkennen, warum so viele versagen. Ich habe wohl jeden denkbar möglichen Unternehmensstil, jeden kulturellen Background, jedes theoretische und philosophische Fundament kennengelernt – und festgestellt, warum so oft »auf Sand gebaut wird«. Aus diesen Erfahrungen und Beobachtungen habe ich Ratschläge in bezug auf Verkaufstechniken, Verhandlungen, Start ins Geschäftsleben, wie man eine Firma gründet und leitet, Mitarbeiter und Persönlichkeiten führt, seine Karriere plant oder etwas durchsetzt, abgeleitet.

Allerdings muß ich dazu sagen, daß diese kategorische Analyse irreführend ist, weil dieses Buch sich in erster Linie damit befaßt, was ich als »gesunden Pragmatismus« bezeichnen möchte – also mit der Fähigkeit, von seinen Instinkten, Einsichten und Erkenntnissen positiven Gebrauch zu machen, sie zu nutzen, um ein bestimmtes Ziel möglichst auf kürzestem Weg zu erreichen, selbst wenn das bedeutet, daß man einige Hürden überwinden oder die »Hintertür« benützen muß.

Ist Fingerspitzengefühl im Wirtschaftsleben wirklich »erlernbar«? Vielleicht nicht ganz, aber was Sie sich aneignen können, sind die Ergebnisse des praxisorientierten Denkens. Vieles von dem, was ich bei meiner Arbeit sage oder tue, dient dazu, mir anderen gegenüber einen leichten psychologischen Vorteil zu verschaffen oder mich in die Lage zu versetzen, andere zu Höchstleistungen anzuspornen. *Das* verstehe ich unter gesundem Pragmatismus – nämlich angewandte Menschenkenntnis.

Ob es darum geht, ein Geschäft abzuschließen oder um eine Gehaltserhöhung zu bitten, fünftausend Verkäufer zu motivieren oder mit einem Gesprächspartner zu verhandeln, ein neues Unternehmen aufzukaufen oder ein altes grundlegend zu verändern – jede Situation im Geschäftsleben ist im Grunde eine Situation, in der es primär um zwischenmenschliche Beziehungen geht. Und nur die Führungskräfte sind erfolgreich, die ein feines Gespür für Menschen entwickeln und wissen, welchen praktischen Nutzen sie daraus ziehen können.

Fairerweise muß man sagen, daß man in Harvard nicht lernt, was man dort nicht lernen *kann:* nämlich gute Menschenkenntnis und wie man sie praktisch nutzt, um ein bestimmtes Ziel zu erreichen.

Genau das läßt sich mit Hilfe dieses Buches lernen: nämlich wie Sie andere besser verstehen und erreichen, daß *auch Sie* besser verstanden werden, und wie man beide Fähigkeiten in jeder beliebigen Situation im Geschäftsleben einsetzen oder den jeweiligen Gegebenheiten entsprechend anpassen kann.

Bestimmte Dispositionen im Geschäftsleben sind, natürlich, situationsbedingt. Aber wann immer es möglich war – d. h., wenn eine eindeutig bewußte Handlung zu einer folgerichtigen mehr oder weniger unbewußten Reaktion führt, habe ich versucht, die Fakten für Sie zu analysieren. Aufgrund meiner eigenen Erfahrungen und Beobachtungen kann ich Ihnen viele spezifische Techniken empfehlen, die sich praktisch anwenden lassen und zu unmittelbaren, greifbaren Ergebnissen führen.

Viele Ratschläge sind ein wenig unkonventionell, nicht, um sich prinzipiell von anderen zu unterscheiden, sondern weil ich der Überzeugung, bin, daß unsere Abhängigkeit von konventionellem Wissen – von tradierten Ideen und antiquierten Methoden – wohl eines der größen Probleme für unsere Wirtschaft darstellt. Unternehmensführung ist der konstante Prozeß, aus der Starre bestehender Systeme auszubrechen, bedingte

Reflexe in Frage zu stellen und an der Oberfläche zu kratzen, um den Kern bloßzulegen. Eigentlich ist ja jeder bereit zu arbeiten, aber bestimmte widrige Umstände hindern ihn daran. Es ist heute einfach unmöglich, ein wirklichkeitsnahes Buch zu schreiben, ohne auf dieses Problem und seine mannigfaltigen Variationen einzugehen.

Unsere Wirtschaft braucht die Innovation. Schon immer bestand das Bedürfnis, sich bis an die Grenzen vorzutasten, sich an Problemen zu messen, aber unsere Wirtschaftshochschulen sind – zwangsläufig – dazu verurteilt, die Vergangenheit zu lehren. Dadurch wird nicht nur das konventionelle Denken verewigt, sondern auch die Innovation gebremst. Irgend jemand hat einmal gesagt, daß wir heute noch im Schein von, allerdings größeren, Kerzen lesen würden, wenn Thomas Edison eine Wirtschaftsfachschule besucht hätte.

Meine Absicht war, mit diesem Buch einige Lücken zu schließen – Lükken zwischen der theoretischen Ausbildung und dem gesunden Pragmatismus, der sich aus der täglichen Erfahrung, ein Unternehmen zu leiten und Mitarbeiter zu führen, ableitet.

Im Laufe der Jahre haben wir viele graduierte Führungskräfte aus Harvard oder von anderen Universitäten eingestellt. Ich glaube sogar, daß das in der Zeit, als ich noch leichter zu beeindrucken war, zu meinen eigenen bedingten Reflexen gehörte: »Hast du ein Problem, brauchst du einen Betriebswirt!« Auch als unser Unternehmen wuchs und sich auf Gebiete vorwagte, in denen es uns an Zuversicht oder Fachkompetenz mangelte, argumentierte ich noch, daß gerade sie aufgrund ihrer akademischen Ausbildung am besten geeignet seien, unsere ersten Schritte ins »Neuland« zu leiten.

Dabei habe ich entdeckt, daß ein Hochschulexamen in der Praxis oft ein Hemmschuh sein kann. Viele Betriebswirte, die wir damals einstellten, waren entweder unglaublich naiv oder Opfer ihrer Berufsausbildung. Daraus resultierte eine Art Unfähigkeit, etwas über das reale Leben zu lernen – also Menschen und Situationen richtig einzuschätzen – und die gefährliche Neigung, die falschen Schlußfolgerungen zu ziehen.

Gerechterweise muß man aber auch hinzufügen, daß einigen unserer graduierten Betriebswirte die Anpassung an die Realität ganz gut gelungen ist. Aber, wie ich einmal, zu glauben, daß ein akademischer Titel oder ein hoher Intelligenzquotient zwangsläufig mit gesundem Pragmatismus gekoppelt sein müsse, hat sich leider nur allzu oft als folgenschwerer Trugschluß erwiesen.

Vor ein paar Jahren wurden an der Harvard Business School eine Fallstudie zu diesem Problem durchgeführt. Schon bei der Formulierung der Fragen stellte sich heraus, daß die Studenten Schwierigkeiten hatten, die passende »theoretische Schublade«, in die bestimmte Situationen im Geschäftsleben eingeordnet werden sollten, zu finden. Und wer sie gefunden hatte, erwartete, daß die richtige Anwort – wie auf Knopfdruck – von allein herauskommen würde. Offensichtlich passen aber weder Menschen noch Probleme in vorgefertigte »Schablonen«, und versucht man, sie mit Gewalt hineinzupressen, verzerren sich die Perspektiven.

Zwei alte Freunde trafen sich nach 25 Jahren zufällig auf der Straße wieder. Der eine, der Klassenprimus gewesen war, arbeitete als Direktionsassistent in einer Bank seines Heimatortes. Der andere, der nie aufgrund seiner Intelligenz brilliert hatte, besaß eine eigene Firma und ein dickes Bankkonto. Als sein Freund, der Bankangestellte, ihn nach dem Geheimnis seines Erfolges fragte, antwortete er: »Ganz einfach. Ich hab' ein Produkt, das ich für zwei Dollar einkaufe und für fünf Dollar verkaufe. Es ist erstaunlich, was man alles mit den drei Prozent Gewinn machen kann.«

Ich habe keine Vorurteile gegen Intellekt, Intelligenz oder, in diesem Fall, akademische Titel, aber sie sind kein Ersatz für gesunden Menschenverstand, Menschenkenntnis und gesunden Pragmatismus. Ich glaube, auch an der Harvard Business School ist man inzwischen zu dieser Einsicht gelangt. Ich würde es daher sehr begrüßen, wenn mein Buch eines Tages auch dort zur Pflichtlektüre zählte.

Teil A: Menschen

1. Menschenkenntnis

Lassen Sie mich zu Beginn zwei Geschichten erzählen: die eine handelt von einem – damals noch – Präsidentschaftskandidaten, die andere von einem bekannten Golf-Profi. Obwohl zwischen beiden Begebenheiten fast zehn Jahre liegen, gehören sie in meinen Augen zusammen.

1963 traf ich anläßlich der Internationalen Golf-Weltmeisterschaft in Paris zweimal mit Richard Nixon zusammen – das erste Mal im Golfclub, als er an unseren Tisch kam und Gary Player begrüßte; und das zweite Mal ein paar Tage später, im Tour d'Argent, als er sich kurz mit Arnold Palmer und Jack Nicklaus, mit denen ich gerade zu Abend aß, unterhielt.

Nixons Bemerkungen waren ganz sicher launig, aber mir ist in besonderer Erinnerung geblieben, daß er beidemal dieselben Worte, dieselben fünf oder sechs Sätze verwendete, als ob er nicht mit Menschen, sondern mit Marionetten redete oder ein bestimmtes Repertoire an Standardsätzen für die verschiedenen Kategorien von Personen, die er eventuell kennenlernen oder treffen würde, bereithielt – einige Floskeln für einen Sportstar, ein paar andere für einen Wirtschaftskapitän und ein weiteres »Set« für einen Vertreter der Kirche.

In der zweiten Geschichte geht es um einen außergewöhnlichen Golfspieler, Doug Sanders. Daß wir Doug unter Vertrag genommen hatten, hielten viele anfangs für einen Fehler. Er hatte tatsächlich ein wenig von einem Hasardeur, hetzte von Termin zu Termin, war mehr als einmal in ernsthaften Schwierigkeiten und stets bereit, »aufs Ganze zu gehen«. Manche waren der Ansicht, er sei zu widersprüchlich und wollten wissen, warum wir ihm trauten. Um ehrlich zu sein – ich traute Doug Sanders mehr als so manchem, der mir diese Frage stellte. Aber nun zu der eigentlichen Geschichte:

Doug nahm einmal an einem Golfturnier in Kanada teil. Er hatte alle dafür notwendigen Vorbereitungen selbst getroffen. Ich wußte nichts davon und hätte es wohl auch kaum je erfahren, denn sein Handgeld wurde bar ausgezahlt. Aber etwa eine Woche nach dem Turnier bekamen wir einen Umschlag zugeschickt, der weder Brief noch Notiz enthielt – nur unsere Prozente, in bar.

Ich erinnere mich heute noch so gut an diese beiden Begebenheiten, weil sie einen fundamentalen Aspekt der Menschenkenntnis zeigen: Was jemand in einer völlig unwichtigen Situation sagt oder tut, spricht manchmal »Bände« und enthüllt oft erst sein wahres Ich.

Meine Zufallsbekanntschaft mit Nixon war durch ein gewisses Maß an Unaufrichtigkeit und Scheinheiligkeit geprägt, an das ich mich zehn Jahre später, als er zum Rücktritt gezwungen wurde, nur allzu gut erinnern sollte. Nixons Fall ist vielleicht ebenso auf seine Unaufrichtigkeit zurückzuführen wie auf die Watergate-Affäre. Unehrliche Menschen sind den meisten ein Greuel; wir mißtrauen ihnen instinktiv und sind erst recht nicht davon begeistert, daß sie über das Schicksal unseres Landes entscheiden.

Im Fall Doug Sanders war das Handgeld für die Teilnahme am Golfturnier kaum der Rede wert. Aber bis zum heutigen Tage kann ich mir vorstellen, wie Doug in sein Hotelzimmer ging, ein Bündel Geldscheine aus der Tasche zog, unseren Anteil abzählte, ihn in einen Briefumschlag steckte und an uns adressierte. Das war so typisch, daß ihm gar nichts anderes eingefallen wäre.

Sicher wäre es so manchem von uns lieber, wenn der künftige amerikanische Präsident sich »charakterfest« und der »zwielichtige« Golfspieler »charakterlos« gezeigt hätte, aber die Fakten sprechen eindeutig dagegen.

Was hat das aber mit dem Geschäftsleben zu tun, werden Sie vielleicht fragen? Sehr viel!

In unserem Metier ist es nicht schwer, sich ein bestimmtes Persönlichkeitsbild oder ein der jeweiligen Situation entsprechendes Image zuzulegen. Manche Menschen verhalten sich im Umgang mit Untergebenen völlig anders als Vorgesetzten oder Außenstehenden gegenüber.

Aber das ursprüngliche Ich, die wahre Natur eines Menschen, ist kein Chamäleon, das sich der jeweiligen Umgebung anpaßt. In einer fortdauernden Beziehung werden Sie früher oder später, bewußt oder unbewußt, den wahren Charakter Ihres Geschäftspartners entdecken.

Sie wollen zumindest hören, was er wirklich zu sagen hat, und nicht, was er Ihnen einreden will; Sie möchten in der Lage sein, seine Handlungsweisen bzw. seine beruflichen Aktivitäten in einen umfassenderen Bezug zu seinem Charakter zu setzen. Ob ich verkaufe oder kaufe, ob ich engagiert werde (im Rahmen meiner Beratertätigkeit) oder selbst Mitarbeiter einstelle, ob ich einen Vertrag aushandele oder auf die Wünsche eines Klienten eingehe – ich will wissen, wer der andere ist. Ich will sein wahres Ich kennenlernen.

In jeder Situation im Geschäftsleben geht es im Grunde primär um zwischenmenschliche Beziehungen, und je mehr und je schneller ich etwas über die Person, mit der ich zu tun habe, in Erfahrung bringe, desto mehr kann ich bewirken.

Eine Meinung ist keine Antwort

Viele Leute fällen ein Urteil über andere, ohne sie persönlich zu kennen, allein aufgrund dessen, was sie über ihr Unternehmen gehört haben oder wissen. Sie verwerfen oder ignorieren sogar ihre eigenen Wahrnehmungen, sofern sie nicht mit ihrer vorgefaßten Meinung übereinstimmen.

Beim IMG werden wir oft mit Vorurteilen, die unser Unternehmen betreffen, konfrontiert. Unsere Arbeitsweise ist ziemlich transparent, und eine Reihe von Artikeln oder Fernsehsendungen, die sich mit dem Firmenprofil oder meiner Person befaßt haben, glaubten, besondere Betonung auf unsere Machtposition im Sportbereich legen und uns als harte, ja sogar rücksichtslose Verhandlungspartner charakterisieren zu müssen.

In neun von zehn Fällen ist dieses Image für uns von Vorteil. Man *erwartet* geradezu von uns, daß wir »hoch pokern«, und diese Erwartungshaltung macht es uns leichter, den Verhandlungspartner »in den Griff zu bekommen«. Und wenn er dann noch feststellen muß, daß wir eigentlich ganz zugängliche und vernünftige Leute sind, haben wir schon »gewonnen«.

Aber es gibt auch den »Zehnten«, der sich so verbissen an seine vorgefaßte Meinung klammert, daß er die eigentliche geschäftliche Situation oder den Mitarbeiter unseres Unternehmens, mit dem er verhandelt, völlig falsch einschätzt. Er hat sich vorgenommen, genauso hart zu sein wie wir oder sich gegen unsere Zähigkeit zu wappnen, was dazu führt, daß er ein freundliches »Nett, Sie kennenzulernen« bereits als versteckte Drohung empfindet. Offensichtlich ist er aufgrund seiner Vorurteile nicht mehr zu wirklich aufschlußreichen Einsichten fähig.

Menschenkenntnis zu entwickeln erfordert, alle Sinne der Realität zu öffnen und die dabei gewonnenen Erkenntnisse in greifbare Ansatzpunkte umzuwandeln, die sich zu Ihrem eigenen Vorteil nutzen lassen.

Dave DeBusschere, ein ehemaliger Basketball-Star, war, bevor er als Generalmanager zu den New York Knicks ging, einige Jahre Vizepräsident unseres Unternehmensbereiches Fernsehen. Dave mußte einige frustrierende Verhandlungen mit dem Leiter eines Versicherungskonzerns in Connecticut führen, den er als Sponsor für eine unserer Fernsehshows gewinnen wollte. Der Mann schien ernsthaft interessiert zu sein, war aber so überwältigt, mit DeBusschere zu verhandeln, daß er mit dieser Tatsache oder seinem eigenen Mißtrauen nicht fertig wurde. Wenn die Gelegenheit wirklich so großartig war – so meinte er –, warum hatte man dann nicht einen »ganz gewöhnlichen Angestellten« dazu abgestellt, sie ihm schmackhaft zu machen?

Erkenntnisse nutzen

Dave Marr, ehemaliger Champion der Professional Golfers' Association PGA, und ich sprachen einmal über einige der Golfgrößen, die wir kannten; dabei stellte Dave meiner Meinung nach eine der wichtigsten Grundregeln für Golfwetten auf: »Wette niemals mit jemandem, den du am ersten Abschlag triffst, der tief gebräunt ist, einen Golfschläger mit eisernem Kopfstück hat und verstohlene Blicke um sich wirft.«

Zu wirklich wichtigen Erkenntnissen über den wahren Charakter eines Menschen gelangt man oft nur mit Hilfe der Beobachtungsgabe. In den meisten geschäftlichen Situationen gibt es mehr zu sehen als das, was »ins Auge« fällt – nämlich eine breite Skala dynamischer Persönlichkeitsmerkmale, die hinter der Oberfläche wirksam sind.

Es gibt fast immer eine Gelegenheit, die Ihnen gestattet, einen Blick hinter die Fassade zu werfen. Manchmal sind es die Dinge, die jemand unbewußt sagt oder tut, oder auch die Art, wie jemand, z. B. bei einer bestimmten Frage, Ihrem Blick ausweicht. Aber es gibt auch Verhaltensweisen, die weder einfach noch unbewußt sind, z. B. wie jemand einen bestimmten Gedanken formuliert. Fest steht jedoch, daß es Schlüsselelemente, die zu tiefgreifenden Erkenntnissen führen, in Hülle und Fülle gibt, verfügbar für jeden, der einen Blick dafür entwickelt.

Aber eine erstaunlich große Anzahl von Führungskräften scheint blind dafür zu sein. Sie sind unfähig zu erkennen, was wirklich um sie herum vorgeht. Entweder sind sie zu sehr damit beschäftigt, sich selbst reden zu hören, so daß sie dem anderen zu wenig Aufmerksamkeit schenken, oder sie konzentrieren sich ausschließlich auf ihre eigenen beruflichen Aktivitäten und bemerken nicht, was andere tun.

Ich kann mir nicht vorstellen, daß es im Geschäftsleben irgend jemanden gibt, der ohne ein Minimum an Menschenkenntnis Erfolg hat. In unserer Wirtschaft geht es vielleicht mehr als in anderen Bereichen darum, jeden wenn auch noch so kleinen Vorteil zu erkennen und zu wahren. Und sämtliche Aspekte dieses Prozesses lassen sich auf den Umgang mit Menschen zurückführen: es gilt, sie zu führen, ihnen etwas zu verkaufen, mit ihnen zu arbeiten und sie im Grunde dahin zu bringen, das zu tun, was Sie wollen. Ohne ausreichende Menschenkenntnis fehlt Ihnen ganz einfach der dafür notwendige Scharfblick.

Erkenntnisse ermöglichen eine Perspektive, die über die Gegenwart hinausführt. Stellen Sie sich vor, Sie wären in der Lage, eine exakte Prognose für die wirtschaftliche Entwicklung in den nächsten zehn Jahren zu stellen. Aufgrund dieses Informationsvorsprungs wären Sie nicht nur wesentlich klüger, sondern auch bedeutend erfolgreicher und wohlhabender. Gute Menschenkenntnis trägt zweifellos dazu bei, die Zukunft klarer zu sehen.

Das wahre Ich eines Menschen, sein eigentlicher Charakter, kann sich nicht, wie ein Chamäleon, den verschiedenen Situationen anpassen. Es ist völlig konsistent. Je besser man daher jemanden kennt, desto eher durchdringt man seine Fassade, desto genauer kann man vorhersehen, wie er oder sie in einer bestimmten Situation handelt oder reagiert. Dieses Wissen kann von unschätzbarem Wert für Sie sein.

Der Modus operandi, der dabei zum Tragen kommt, gleicht dem der »Profis« – der Spiritisten und Wahrsager, die schon seit Jahrhunderten mit dem gleichen »Trick« die Zukunft vorhersagen.

Wahrsager versuchen, ihre Klienten einzuschätzen, indem sie sie genau beobachten – wie sie sich verhalten, wie sie aussehen, welche Kleidung sie tragen – und ihnen unverfängliche Fragen stellen. Anhand dieser Informationen können sie »einen Blick in die Zukunft werfen«, der in Wirklichkeit genau das bringt, was der Klient hören möchte – basierend auf den Erkenntnissen, die sie inzwischen gewonnen haben. Ein guter Wahrsager findet manchmal die verblüffendsten Dinge heraus, die er aus winzigen Informationsbruchstücken zusammengesetzt hat. Einige Angehörige dieser »Zunft« würden zweifellos hervorragende Manager abgeben.

Andererseits kenne ich viele Führungskräfte, die als Wahrsager keine Chance hätten.

Menschenkenntnis erfordert, alle Sinne zu öffnen. Ich glaube, daß man fast alles, was man dafür braucht, lernen kann – zumindest mehr, als so manchem lieb ist – indem man beobachtet und zuhört, Augen und Ohren aufsperrt – und den Mund hält!

Aggressiv zuhören

Die Fähigkeit zuzuhören, wirklich zu verstehen, was jemand sagt, hat natürlich weit größere Auswirkungen auf das Geschäftsleben als gute Menschenkenntnis. Im Verkaufsbereich beispielsweise gibt es wohl kaum ein Attribut, das wichtiger wäre. Man kann sogar behaupten, daß Verlauf und Ausgang der meisten Situationen im Geschäftsleben verschieden sind, je nachdem, ob jemand zuhören kann oder nicht.

Als ich mich darauf vorbereitete, dieses Buch zu schreiben, fragte ich mehrere Geschäftsfreunde – von denen manche große Unternehmen leiten – welche Ratschläge sie geben würden, wollten sie ihre Erfahrungen zu Papier bringen. Bei fast allen stand an erster Stelle: »Gut zuhören lernen.«

Der Leiter einer bekannten Vertriebsorganisation empfahl: »Beobachten Sie das Verhältnis Zuhören/Reden.« Und ein Pepsi-Cola-Manager erzählte mir von dem wohl größten Coup seines Unternehmens, und daß er seiner Firma und sich selbst viel Zeit erspart hätte, wäre er ein besserer Zuhörer gewesen.

Pepsi, berichtete er, hatte schon seit längerem versucht, mit Burger King ins Geschäft zu kommen und, da sie glaubten, der Fast-Food-Konzern würde Coca-Cola niemals fallenlassen, seine Strategie darauf konzentriert, dem Kunden die Wahl zu überlassen. Tatsächlich stellte Burger Kings Unternehmensphilosophie das Prinzip der Wahl in den Vordergrund ihrer Werbekampagnen (»Ganz wie Sie es wollen«), aber, wie man Pepsi gegenüber mehr als einmal betonte, bezog sich dieser Slogan auf den größeren Rahmen, dem Konsumenten innerhalb eines begrenzten Menüangebotes, *zu dem auch Cola gehörte,* Qualitätsware zu bieten.

Endlich verstand Pepsi »den Wink mit dem Zaunpfahl« und änderte seine »Schlachtplan«. Von nun an war die Devise: zwischen Pepsi und Burger King besteht eine geschäftliche »Seelenverwandtschaft«, denn beide, jeweils die Nummer zwei am Markt, hatten sich zum Ziel gesetzt, die jeweilige Nummer eins von der Spitzenposition zu verdrängen. Und wäre es, da beide gleichermaßen für optimale Produktqualität kämpften, nicht sinnvoll, Cola durch Pepsi zu ersetzen?

»Wissen Sie«, meinte ein Burger King-Mitarbeiter, »wir haben schon seit Monaten versucht, Ihnen das klarzumachen. Ich bin froh, daß endlich mal jemand zugehört hat.«

Aggressiv beobachten

Ich fliege oft auch lange Strecken, um jemanden persönlich zu treffen, selbst wenn ich vieles, was zu sagen ist, auch telefonisch übermitteln könnte. Wenn es wichtig ist oder sich um eine langfristige Geschäftsbeziehung handeln könnte, möchte ich mein Urteil aus meinen Beobachtungen und weniger aus dem Gehörten ableiten. Der Eindruck, den man bei einer persönlichen Begegnung gewinnt, ist oft ganz anders als der, den ein Telefongespräch vermittelt.

Beobachten ist ein aggressiver Akt. Viele Menschen enthüllen ihr wahres Ich, ohne daß der andere es bemerkt, es sei denn, dieser versteht es, aggressiv zu beobachten.

Die Art der Selbstdarstellung oder die Signale, die jemand sendet, sind sowohl bewußt als auch unbewußt. »Körpersprache«, wie man diese Signale für gewöhnlich nennt, ist ganz sicher wichtig, aber bei weitem nicht alles. Die meisten visuellen Aussagen sind bewußt und beabsichtigt – die Art, wie sich jemand kleidet, sich verhält und all die anderen Mittel und Möglichkeiten, einen bestimmten Eindruck zu erwecken. Aber diese Signale sind für Sie nur dann brauchbar, wenn Sie sie auch empfangen.

Aggressives Beobachten bedeutet, ein Gesamtbild zusammenzusetzen, alle bewußten und unbewußten Signale zu erkennen, zu analysieren und zu brauchbaren Erkenntnissen umzuformen. Wenn ich jemanden persönlich kennenlerne, versuche ich zuallererst, das »Terrain zu sondieren«, sozusagen den Rahmen oder die Grenzen, die ich beachten muß, aufgrund dessen, was ich sehe und höre, abzustecken, um mir eine optimale Ausgangsbasis zu schaffen.

Aggressiv beobachten impliziert nicht, hastig zu beobachten – übereilte Schlußfolgerungen zu ziehen, allzu bereitwillig nach konventionellen Interpretationsmöglichkeiten zu greifen oder Dingen eine falsche oder nicht existente Bedeutung beizumessen. Ich habe z. B. bei Meetings außerhalb meines Büros festgestellt, daß manche Leute sich, wenn es ernst wird, nahezu in die Situation »hineinlehnen«, oft sogar unbewußt Gegenstände auf ihrem Schreibtisch ein Stück nach vorn schieben. Oder sie lehnen sich an diesem Punkt zurück und versuchen, auf den Gesprächspartner völlig entspannt zu wirken.

Man sollte weder die eine noch die andere Verhaltensweise verallgemeinern, noch voreilige Schlüsse daraus ziehen; das wäre ebenso dumm wie irreführend. Fast jede aufschlußreiche Wahrnehmung sollte im umfassenderen Kontext der Situation und dessen, was man außerdem noch hört oder sieht, gedeutet werden.

Unsere sogenannte Schulbuchweisheit propagiert die Ansicht, lässig auf einem Stuhl zu sitzen sei ein Zeichen für mangelnde Autorität. Oft hat sich das Gegenteil bewahrheitet. Wer von uns hat nicht schon irgendwann einmal mit dem allzu »Beflissenen« zu tun gehabt, dem, der kerzengerade, leicht nach vorne gebeugt, wie zum Absprung bereit, auf der Stuhlkante sitzt, Ihnen jedes Wort vom Munde abliest – und absolut nichts tut! Das sind oft die »Klar-mach-ich-doch-für-dich-Typen« unserer Schulzeit, die Übereifrigen, die »Superschnellen«, die glauben, nicht das, was sie tun oder sagen bringe sie an die Spitze, sondern die »Gelegenheiten«, die den Weg abkürzen helfen. Leute, die zu »aufrecht« oder zu aufmerksam sind, machen mich nervös.

Die Haltung eines Menschen ist auch in anderer Hinsicht sehr interessant. Eine der wohl gewinnbringendsten Beobachtungen, die man im Umgang mit seinen Mitmenschen machen kann, ist, wie sie die äußere Form im Verhältnis zur eigentlichen Substanz bewerten. Es liegen Welten zwischen den Begriffen *Haltung* und *Pose.*

Es stört mich, wenn ich merke, daß jemand eine bestimmte Pose einnimmt, wenn seine Nonchalance ein wenig zu einstudiert wirkt oder sein Bemühen, größer zu scheinen oder den Bauch einzuziehen, zu offensichtlich ist. Die Büros dieser Leute oder deren Ausstattung spiegeln meistens die gleiche Geisteshaltung wider. Ein Büro, das mit Diplomen und Dankschreiben »tapeziert« ist oder einen ganz bestimmten Eindruck beim Besucher hervorrufen soll, gibt tatsächlich einiges preis – allerdings im negativen Sinn. Wenn Sie mit solchen Menschen Geschäfte machen, sollten Sie stets auf der Hut sein. Sie interessieren sich wahrscheinlich mehr für den Schein als für das Sein, mehr für das Aussehen als für die Ausführung.

Natürlich ist das fruchtbringendste, konsequenteste und enthüllendste Beobachtungsinstrument das Auge. An den Augen läßt sich am sichersten ablesen, was jemand wirklich denkt, auch wenn alle anderen Zeichen in eine andere Richtung weisen.

Denken Sie daran, daß man sich auch im Geschäftsleben durch Blicke zu verständigen sucht, wenn es nicht mit Worten geht. Wenn Sie das nächste Mal ein Gespräch mit mehreren Personen, die nicht zu Ihrem Unternehmen gehören, führen müssen, achten Sie auf Blickkontakte, und Sie werden feststellen, was sie wirklich denken, wer von ihnen den größten Einfluß hat und ob Sie sie nicht tödlich langweilen.

Ergo Ego

Das Ego macht den Unterschied aus – den Unterschied zwischen Theorie und Praxis, zwischen Wunschdenken und Realität, zwischen dem wirklichen und dem erhofften Verlauf der Ereignisse, zwischen dem, was man in Harvard lernt und was nicht. Ein Betrieb mit 2500 Angestellten beschäftigt 2500 Individuen, wovon jeder einzelne seine eigene Auffassung von der Realität hat. Das Ego ist der Grund dafür, daß das, was eigentlich geschehen sollte, unterbleibt, während andrerseits Dinge passieren, die nicht vorgesehen waren, wobei in beiden Fällen mehr Zeit als notwendig vergeudet wird.

Das menschliche Ego kann, auch wenn es zu ausgeprägt ist, Ihr stärkster Verbündeter sein. Vieles geschieht nur deshalb, weil irgend jemand rein psychologisch nicht in der Lage war, *nicht* dafür zu sorgen, daß es geschieht. Wenn Sie das Ego eines Menschen und seinen Einfluß auf den Verlauf der Ereignisse im Geschäftsleben erkannt haben, können Sie es zu Ihrem eigenen Vorteil nutzen, indem Sie ihm schmeicheln, es vorsichtig nach Schwachstellen erkunden oder den Schaden, den es anrichten könnte, auf ein Minimum reduzieren.

Wie stark das Selbstbewußtsein eines Menschen ausgeprägt ist, läßt sich relativ leicht herausfinden. Die meisten erfolgreichen Geschäftsleute haben ein gigantisches Ego, mit einem Dutzend Hände und Füße bewehrt, wie es manchmal scheint. (Interessanterweise lassen sich Frauen im allgemeinen schwerer einschätzen. Selbst heute noch ist das Selbstverständnis der Frau – die Definition ihrer Persönlichkeit – weniger auf ihren Beruf bezogen als bei ihrem männlichen Gegenpart.)

Aber ein überdimensionales Ego ist nicht unbedingt ein starkes Ego. Oft ist genau das Gegenteil der Fall: jemand mit geringem Selbstbewußtsein hat das Bedürfnis, sich besonders selbstsicher zu geben. Und ein schwach ausgeprägtes Ego ist nicht immer ein Zeichen für Schwäche. Ich kenne viele tüchtige Geschäftsleute, die äußerst zurückhaltend und bescheiden sind.

Ich ziehe den Umgang mit selbstbewußten Menschen vor, wie wohl die meisten Geschäftsleute. Solche Führungskräfte sind eher gewillt, auch einmal ein annehmbares Risiko einzugehen, versuchen nicht, sich »herauszureden«, wenn etwas mißlungen ist, und erreichen meistens am schnellsten, daß etwas geschieht.

Menschen mit schwach ausgebildetem Ego sind schwerer einzuschätzen, was natürlich Ihre eigene Planung erschwert. Sie erwarten weniger von sich selbst – und deshalb müssen Sie, wenn Sie beruflich mit ihnen zu tun haben, wesentlich mehr Zeit für sie aufwenden und mit weniger guten Ergebnissen rechnen.

Sobald Sie festgestellt haben, wie stark das Selbstbewußtsein eines Menschen ausgeprägt ist, wird es Ihnen auch gelingen, eine Reihe pragmatischer Fragen zu beantworten, z. b.: Wie direkt und ehrlich sind seine Antworten? Wie schnell trifft er eine Entscheidung, und läßt er sich danach leicht umstimmen? Ist er konsequent? Kämpft er »in vorderster Linie« oder lieber aus »der sicheren Deckung« heraus? Nimmt er die Fakten wie sie sind, oder wie er sie sehen möchte?

Und, was wohl am wichtigsten ist: wie sicher ist er?

Der »Sicherheitsquotient« eines Menschen hat unmittelbaren Einfluß auf sein Verhalten in einer geschäftlichen Situation. Ist er halsstarrig oder zugänglich? Ist für ihn die äußere Form wichtiger als der Inhalt? Welche Unmäßigkeiten oder Nichtigkeiten könnten relevant werden? Sagt er vielleicht das eine und tut etwas ganz anderes? Handelt er offen oder lieber hinter Ihrem Rücken?

Anstatt ständig das Ego des anderen herauszufordern oder zu bedrohen, ist es weit einfacher und wirkungsvoller, wenn Sie seinen Einfluß auf Ihre Geschäftsbeziehung zu akzeptieren und zu verstehen versuchen und diese Information zu Ihren Gunsten nutzen.

Ein letzter Punkt ist noch zu bedenken, und das ist *Ihr* Selbstbewußtsein. Nichts blockiert die Einsicht in die Psyche eines anderen Menschen so sehr wie Ihr eigenes Ego. Sie sollten sich Ihrer Stärken und Schwächen bewußt sein und erkennen, wie sie Ihre Reaktion auf andere Menschen beeinflussen. Es ist schwer, Erfolg zu haben, wenn Sie davon ausgehen, daß das, was Sie selbst motiviert, auch für andere als Triebfeder gilt.

Brauchbare Eindrücke

Es ist schon mehrmals vorgekommen, daß sich eine potentielle Geschäftsbeziehung nicht nach meinem Wunsch entwickelte, und dennoch verstärkte der positive Eindruck, den ich von dem oder den übrigen Beteiligten hatte oder die Art, wie sie in einer Situation reagierten, in mir den Wunsch, auch weiterhin mit ihnen in Kontakt zu bleiben. Daraus ergaben sich bisweilen echte Chancen, die mich für die anfängliche Enttäuschung oft mehr als entschädigten.

1975 begannen wir uns darum zu bemühen, Chris Evert unter Vertrag zu nehmen. Aber sie entschied, zunächst unabhängig zu bleiben. Dennoch, im Laufe mehrerer intensiver Gespräche beeindruckten mich ihr Charakter, ihre Offenheit und ihr Geschäftssinn so sehr, daß ich zu der Überzeugung kam, sie zu managen sei »goldrichtig« und deshalb eines Tages auch realisierbar. Fünf Jahre später wurde sie unsere Klientin.

Es ist mir auch schon passiert, daß ich dachte: »Mein Gott, bin ich froh, daß diese Situation vorbei ist.« Und obwohl ich niemals behaupten würde, daß ich mit jemandem unter keinen Umständen wieder ins Geschäft kommen möchte, müßten die Bedingungen bei solchen Leuten schon ganz besonderer Art sein. In jungen Jahren ließ ich mich noch leichter von Äußerlichkeiten blenden – von Geld, Macht und Glamour. Aber mit zunehmendem Alter weiß ich Charakter und innere Qualitäten meiner Geschäftspartner zu schätzen und sehe, wie unwichtig eine glitzernde Fassade sein kann, ob es sich dabei um Ruhm, gesellschaftliche Stellung oder Aussehen handelt.

Menschen, die sich durch Oberflächliches beeindrucken lassen, sollten Ihnen zu denken geben, denn man kann ihnen leicht etwas »vormachen«.

Seien Sie auch wachsam bei einem Geschäftspartner, der sich gerne auf seinen »guten Freund« (gewöhnlich jemand, dessen Name bewußt »Eindruck schinden« soll) beruft, oder auf seine enge persönliche Beziehung zu einem anderen Geschäftsmann anspielt. Sollten Sie den »Freund« zufällig kennen, wäre es vielleicht einmal ganz interessant, seine Version dieser Beziehung kennenzulernen. Wenn es sich herausstellt, daß die beiden sich nur ein- oder zweimal begegnet sind, sollten Sie darüber nachdenken, wie zutreffend andere Behauptungen sind. Ich habe einmal einen Mitarbeiter zur Rede gestellt, von dem ich definitiv wußte, daß er die als »guten Freund« bezeichnete Person *überhaupt* nicht persönlich kannte. Er gab mir darauf eine der schlagfertigsten Antworten, die ich je gehört habe:

»Ich meinte damit«, erwiderte er, »daß er einer meiner besten Freunde am Telefon ist.«

Auch die Mitarbeiter Ihres Geschäftspartners können Ihnen aufschlußreiche Informationen liefern, z. B. kann eine tüchtige Sekretärin durchaus dazu beitragen, daß Sie sich eine bessere Vorstellung von ihrem Chef machen können.

Das gleiche gilt für andere Untergebene. Ich hatte z. B. eine Reihe von Besprechungen mit dem Topmanager einer bekannten Sportartikelfirma. Er galt allgemein als kompetenter Mann, schien aber äußerst eingeschüchtert und unfähig, auch nur das geringste Zugeständnis zu machen. Als ich seinen Vorgesetzten kennenlernte, fand ich meine Vermutungen bestätigt – er war ein Mann, der nicht delegieren konnte.

In einem Unternehmen neigen viele Mitarbeiter dazu, bestimmte charakteristische Eigenschaften ihres Vorgesetzten zu kopieren. Wenn Sie den Chef kennen, können Sie einiges über sie erfahren, indem Sie beurteilen, inwieweit es ihnen gelungen ist, seine Stärken und Schwächen anzunehmen.

Vor einigen Jahren hatte ich in Australien ein Geschäftsessen mit dem Direktor einer größeren lokalen Fernsehstation. Er selbst war nicht ganz unbekannt, aber sein Chef, Besitzer eines internationalen Kommunikationskonglomerates, galt als einer der mächtigsten und berühmtesten Männer des Landes.

Der Vorgesetzte des Direktors hatte mich vorher bereits mehrmals zum Essen eingeladen, und ich wußte, daß er nie die Rechnung des Restaurants unterschrieb. Nach dem Essen stand er einfach auf und ging. Das geschah wahrscheinlich aus reiner Eitelkeit, war aber sehr beeindruckend: denn entweder hatte er in allen Restaurants in Australien ein Konto, oder sein »Tick« war so bekannt, daß jeder Geschäftsführer wußte, wohin er die Rechnung schicken mußte.

Jedenfalls praktizierte der Direktor an dem Tag, als wir zusammen aßen, das gleiche Verhalten. Als ich nach der Rechnung fragen wollte, meinte er, das sei bereits erledigt. Dann stand er, mit leicht blasiertem Gesichtsausdruck, vom Tisch auf und verließ das Lokal. Es war ihm dann äußerst peinlich, als ein besorgter Angestellter, der ihn für einen Zechpreller hielt, die Straße hinter ihm herjagte.

Offenbar gibt es keine festen, unfehlbaren Regeln dafür, wie man den wahren Charakter eines Menschen oder den Kern seiner Persönlichkeit hinter der geschäftlichen Fassade entdeckt. Aber wenn es Bezugspunkte oder eine Vergleichsbasis mit bestimmten Situationen oder Menschen gibt, sollten Sie sie prüfen und sehen, welche Schlußfolgerungen sich daraus ergeben.

Wie aufschlußreich Gepflogenheiten sein können

Ich spielte einmal mit dem Leiter eines *Fortune 500**-Unternehmens und seiner Frau ein gemischtes Doppel. Während des ganzen Matches schimpfte er mit ihr und machte sie für jeden Punktverlust verantwortlich. Sie spielte zwar nicht wie Martina Navratilova, aber er war auch nicht gerade ein Björn Borg und ebenso dafür verantwortlich, daß sie verloren. Er war einfach unfähig, einen Fehler zuzugeben und sie war der ideale Sündenbock. Wenn er den Ball nicht retournieren konnte und den Punkt verlor, warf er ihr vor, sie habe ihn abgelenkt oder hätte den Ball zurückschlagen müssen. Das sagte mir einiges darüber, was ich künftig auf geschäftlicher Basis von ihm zu erwarten hatte.

Manche Menschen geben gerade in den unbedeutendsten Situationen einiges von ihrem Innersten preis. Wie jemand einen Kellner oder Steward behandelt, läßt »tief blicken«. Wie schnell jemand in einer bestimmten Situation die Geduld verliert oder ob er sich schon über den kleinsten Fehler aufregt, kann Ihnen für später wertvolle Erkenntnisse vermitteln.

Vor kurzem verhandelte ich mit dem Präsidenten eines der größten internationalen Sportverbände. Schon früher hatte ich mehrmals seine niedrige »Reizschwelle« und sein Verhalten im Zustand der Erregung beobachten können: er schob schließlich die ganze Situation als unliebsamen Störfaktor beiseite und lehnte es ab, darüber nachzudenken. Ich wußte, wenn wir geduldig und unbeirrt an unserer Position festhielten, würde ihn das schließlich so irritieren, daß er die strittigen Punkte unserer Verhandlung als nebensächlich abtun würde – und genauso kam es dann auch.

Im Geschäftsleben ist man ständig gehalten, auf der Hut zu sein – was, so glaube ich, die einzig richtige Art ist, ein Geschäft mit Erfolg abzuschließen – und andere dazu zu bringen, in ihrer Wachsamkeit nachzulassen. Je weniger formell die Situation oder die Gepflogenheiten, desto größer die Bereitschaft, die Maske fallenzulassen. Sie werden überrascht sein, wieviel

* Liste der 500 bedeutendsten amerikanischen Kapitalgesellschaften.

man in einer quasi geschäftlichen oder gesellschaftlich-geschäftlichen Situation erfahren kann.

Deshalb bin ich ein entschiedener Befürworter von Geschäftsessen, sei es morgens, mittags oder abends. Wenn es um eine sich anbahnende oder neue Geschäftsbeziehung geht, ist mein Interesse, den Partner zu beobachten, oft genauso groß wie an dem Geschäft, das zur Diskussion steht.

Ich hatte einmal ein Geschäftsessen mit einem Mann in New York, den ich zwar nicht persönlich, aber von mehreren Telefongesprächen her kannte, und von dem ich wußte, daß er mein zukünftiger Verhandlungspartner sein würde.

Als die Speisekarte kam, erzählte er mir, er halte gerade streng Diät und wolle nur eine Tasse Kaffee. Wir saßen in einem ziemlich luxuriösen Restaurant, und ich fand es vielsagend, daß er sich nicht durch die Umgebung dazu zwingen ließ, mehr zu bestellen.

Als der Ober kam, fragte ich ihn aus Höflichkeit nochmals, ob er nicht vielleicht doch einen Salat wolle, und er meinte: »Vielleicht doch«, und fügte noch hinzu, »Ach, ich nehme das gleiche wie Sie.«

Das fand ich noch interessanter, und ich fragte mich unwillkürlich: Wenn er seine Meinung so schnell ändert, wie »endgültig« ist dann seine Verhandlungsposition, wie leicht läßt er sich von dem, »der den Ton« angibt, beeinflussen, und ob er nicht eher zu Konzessionen bereit ist, die mehr auf Konventionen beruhen als auf seiner eigenen Überzeugung?

Von all diesen Überlegungen darf man natürlich keine allzu wörtlich nehmen. Aber ich war der Meinung, dabei einige Erkenntnisse gewonnen zu haben, die mir später bei diesem Mann von Nutzen sein konnten.

Es ist auch ratsam zu verfolgen, wie sich jemand benimmt, der wie ein »Fisch auf dem Trockenen« schwimmt, oder auch eine kleine Gruppe, die gezwungen ist, in einer anderen als der vertrauten Umgebung zu agieren und zu kooperieren. Deshalb sorge ich gerne für eine neue Zusammenstellung in einer Gruppe von Freunden, Klienten und Geschäftspartnern. Es ist sehr aufschlußreich zu sehen, wie einige unserer Klienten aus dem Sport auf Leute aus dem Wirtschaftsleben reagieren.

Das beeinflußt meine Entscheidung darüber, wieviel ich Kunden und Lizenznehmern vor Vertragsabschluß über meine Klienten enthülle. Einige von ihnen – z. B. Arnold Palmer, Gary Player, Jackie Stewart, John Newcombe und Jean-Claude Killy – finden sich sofort zurecht; sie lassen sich überallhin »verpflanzen«. Ihre ausgeprägte Persönlichkeit stellt einen Schlüsselfaktor unserer Promotion dar.

Andere wiederum haben, wenn sie nicht über sich selbst oder mit Fachleuten sprechen, absolut nichts zu sagen.

Was Übergangsperioden aussagen

Formale geschäftliche Situationen, straff strukturierte Konferenzen, Verhandlungsgespräche oder andere Formen beruflicher Interaktionen sind fast immer unergiebig, weil die meisten Menschen bei derartigen Anlässen ein »Pokergesicht« aufsetzen.

Deshalb sollte man seine Beobachtung auf Beginn und Ende einer Begegnung konzentrieren, auf Übergangsperioden, in denen die Achtsamkeit nachläßt. Bei einem zweistündigen Meeting können Ihnen die ersten Minuten – bevor man zum eigentlichen Thema kommt – und die letzten Minuten – wenn man im Aufbruch begriffen ist – mehr über den Gesprächspartner verraten als die dazwischenliegende Zeitspanne. Das sind, leider, die Augenblicke, in denen man am wenigsten auf der Hut ist. Versuchen Sie deshalb, gerade dann Ihre Wahrnehmungsgabe zu schärfen.

Beobachten Sie Ihren Gesprächspartner auch während einer Unterbrechung, eines unvorhergesehenen Gedankenaustausches oder in Situationen, die den formalen Verlauf eines Gespräches ändern. Die meisten Geschäftsleute spielen bis zu einem gewissen Grad eine bestimmte Rolle, und wenn irgend jemand »aus der Reihe tanzt«, könnte die Fassade ein wenig abbröckeln. Allein dadurch, daß man beobachtet, wer »stört« und wie die anderen verbal oder durch Blicke darauf reagieren, können Sie einiges in Erfahrung bringen.

Eine Szene aus dem Film *Der Pate* ist in meinen Augen ein perfektes Beispiel dafür: Der Pate hat gerade ein Angebot der Mafia-Bosse, ins Drogengeschäft einzusteigen, mit Nachdruck abgelehnt, als Sonny, sein hitzköpfiger, ältester Sohn, damit herausplatzt, daß die genannten Bedingungen an sich schon eine Beleidung für seinen Clan seien.

Das führt natürlich zu dem Versuch, den Paten zu beseitigen. Die anderen Dons haben ganz richtig die Schwachstelle erkannt, denn dadurch, daß Sonny gegen die Bedingungen protestiert hatte, war zu erkennen, daß er eher als sein Vater bereit sein würde, eine Beteiligung in Betracht zu ziehen.

Obwohl es sich beim Paten um eine Fiktion handelt, ist die darin enthaltene psychologische Aussage durchaus real.

Lehrmeister Golf

Ich bin ein leidenschaftlicher Golfspieler. Ich spiele schon sehr lange und habe mehr Zeit als ich sollte damit verbracht, zu erforschen, was mich so daran fasziniert, einen kleinen weißen Ball in ein kleines dunkles Loch zu schlagen.

Zum Teil finde ich es auch wohl deshalb so interessant, weil Golf die verschiedenartigsten Emotionen freisetzen und eine breite Skala von Persönlichkeitsmerkmalen sichtbar machen kann.

Ich habe oft behauptet, daß man nach einer Runde Golf eher sagen kann, wie jemand in einer geschäftlichen Situation reagiert als nach hundert persönlichen Gesprächen. Vielleicht enthüllt gerade Golf mehr von der menschlichen Psyche als andere Spiele und Gelegenheiten. Möglicherweise trägt auch das Milieu dazu bei – das satte Grün des Rasens und die sanften Hügel. Erstaunlich, wieviel man bei einem so einfachen Spiel lernen kann ...

Der geschenkte Putt

Der geschenkte Putt ist ein kurzer Schlag, der dem Golfspieler von seinem Spielpartner oder Gegner zugestanden werden kann. Es ist interessant, das breite Verhaltensspektrum zu beobachten, das allein mit diesem winzigen Aspekt des Golfsports verbunden ist.

Manche Leute lehnen den geschenkten Putt grundsätzlich ab und bestehen darauf, alle Bälle korrekt einzulochen und die Schläge korrekt zu zählen.

Das heißt im Geschäftsleben: diesen Leuten kann man nur schwer einen Gefallen erweisen.

Andere warten gar nicht erst, sondern gehen gleich davon aus, daß es ein geschenkter Putt ist – selbst wenn der Ball noch zwei Meter vom Loch entfernt liegt. Das sind normalerweise Leute mit ausgeprägtem Ego, die, wenn sie darüber nachdächten (was sie nie tun), sowieso davon überzeugt wären, daß sie den Ball ins Loch »zwingen«.

Das bedeutet in der Geschäftssprache: sie würden nicht um einen Gefallen bitten, sie *erwarten* ihn.

Am interessantesten sind für mich diejenigen, die den Ball »halbherzig« einzulochen versuchen, sozusagen »mit links«; klappt es, ist es gut – klappt es nicht, waren sie eben »nicht richtig bei der Sache« und zählen den Schlag automatisch als geschenkten Putt.

Im Geschäftsleben kann man solche Leute nur schwer »festnageln«. Sie neigen zu Selbsttäuschung und Übertreibungen und geben Ihnen gerne eine »abgerundete« Version dessen, was sie ursprünglich gesagt haben.

»Wie viele Schläge haben Sie?«

Ich habe ein paarmal mit dem Boß eines großen Unternehmens Golf gespielt. Auch wenn er schlecht ist, behauptet er: »Ich habe 79 Schläge.« Natürlich gehören dazu einige »nachträglich« geschenkte Putts (nachdem der Ball den Rand gestreift hatte) und ein schwaches Gedächtnis, wenn es darum geht, die Schläge zu zählen. Erstaunlich ist, daß der Mann tatsächlich glaubt, er habe 79 Schläge.

Solche Menschen machen mich im Geschäftsleben leicht nervös. Sie haben die Fähigkeit, Fakten »kreativ«, auf eigene Art und Weise, zu interpretieren und an ihrer Version festzuhalten, bis sie zum Credo geworden ist.

„Wo liegt Ihre Schwäche?«

Die meisten Menschen machen keinen Hehl aus ihren Schwächen. Aber manche übertreiben dabei, stellen sie doppelt so schlimm dar wie sie in Wirklichkeit sind. Das sind diejenigen, die Sie hereinlegen wollen, die das Spiel erst dann genießen, wenn sie Ihnen »das Geld aus der Tasche ziehen« können. Und vermutlich verhalten sie sich im Geschäftsleben nicht anders.

Manche untertreiben, spielen ihr Handicap bewußt herunter. Das sind die Menschen, die alle Welt darüber täuschen wollen, wie gut sie wirklich sind. Sie versuchen auch, von ihren schlechten Leistungen abzulenken, indem sie vorgeben: »Heute ist einfach nicht mein Tag.« Wie oft hat man *das* nicht schon gehört!

Winterregeln

Winterregeln – die Ihre Position auf dem Fairway verbessern – gelten dann, wenn die Bahn in schlechtem Zustand ist. Es stimmt nachdenklich, wenn man sieht, wie breit der Fairway für jemanden werden kann, besonders, wenn ein Baum zwischen Ball und Grün steht. Da braucht man kein psychologisches Spezialwissen: solche Leute betrügen!

Die Golfregeln

Die Platzregeln – oder welche Regeln für einen spezifischen Kurs gelten – sind klar und eindeutig auf der Rückseite der Zählkarte vermerkt. Erstaunlich ist nicht nur, wieviel Interpretationsmöglichkeiten so mancher Spieler dafür findet, sondern auch, welche mentalen »Verrenkungen« er dabei macht, um sich seine Version zurechtzulegen. Ich spiele lieber mit jemandem, der sagt: »Sehen Sie den weißen Pfosten da drüben? Nehmen wir den als Anhaltspunkt!« als mit einem, der mir noch drei Löcher weiter seine Version erklärt.

Menschen beobachten, in den Griff bekommen – mein Sieben-Stufen-Plan

Offensichtlich sind nicht sieben oder siebzig oder siebenhundert Schritte notwendig, um seine Menschenkenntnis mit Hilfe des gezielten Einsatzes all seiner Sinne zu verbessern. Wäre das so kategorisch, gäbe es auch ein entsprechendes Unterrichtsfach. Was ich jedoch kategorisch behaupten möchte, ist, daß gute Menschenkenntnis auf der Beachtung einiger fundamentaler Regeln beruht:

Stufe 1: Aggressiv zuhören

Hören Sie nicht nur genau zu, *was* jemand sagt, sondern auch, wie er es sagt. Die meisten Leute sagen mehr, als sie beabsichtigen. Machen Sie einmal eine Pause – ein etwas unbehagliches Schweigen veranlaßt sie vielleicht, noch mehr von sich preiszugeben.

Stufe 2: Aggressiv beobachten

Haben Sie vielleicht einmal, wenn Sie sich eine Talkshow oder ein Interview angesehen haben, gedacht: »Der ist aber nervös!« oder »Aha, die Frage ist ihm aber unangenehm!«?

Man muß kein Buch über Körpersprache gelesen haben, um bestimmte Bewegungen oder Gesten zu deuten oder anhand der Kleidung zu »hören«, was jemand zu sagen hat.

Stufe 3: Weniger reden

Sie lernen, hören und sehen automatisch mehr – und machen weniger Schnitzer. Fast jeder kann und *sollte* sich beim Reden zurückhalten.

Stellen Sie Fragen, aber versuchen Sie nicht, sie selbst zu beanworten.

Stufe 4: Dem ersten Eindruck einen zweiten Blick gönnen

Normalerweise ist der erste Eindruck für mich ausschlaggebend, aber erst, wenn ich ihn sorgfältig geprüft habe. Bevor Sie ihn als Teilaspekt einer Geschäftsbeziehung aktzeptieren, sollte ein Prozeß intensiven Nachdenkens und Beobachtens stattgefunden haben.

Muhammad Ali sagte einmal zu mir: »Ich bin berühmter als Jesus.« (Ein Satz, den er möglicherweise von den Beatles entliehen hat.) Ich erschrak über diese Behauptung und tat sie zunächst als reine Prahlerei ab. Monate später mußte ich aus irgendeinem Grund wieder daran denken, und ich begann, mir all die Moslem-, Hindu- und nichtchristlichen Länder vorzustellen, in denen Ali große Popularität genoß. Die Behauptung war zwar immer noch wichtigtuerisch, aber ich mußte zugeben, daß auch etwas Wahres daran sein konnte.

Stufe 5: Lassen Sie sich Zeit, um das Gelernte anzuwenden

Wenn Sie im Begriff sind, eine Verhandlung oder ein Telefongespräch zu führen, lassen Sie sich einen Augenblick Zeit, um darüber nachzudenken, was Sie wissen und welche Reaktion Sie auslösen wollen. Und was können Sie, so sollten Sie sich fragen, aufgrund des Bildes, das Sie sich von Ihrem Gesprächspartner gemacht haben, sagen oder tun, um Ihr Ziel zu erreichen?

Schritt 6: Verschwiegen sein

Diskretion ist ein essentieller Bestandteil der Menschenkenntnis. Das, was Sie erfahren haben, nutzen, heißt ganz sicher *nicht,* dem anderen zeigen, für wie unsicher Sie ihn halten oder ihm all die Fehler vorzuhalten, die Sie anhand Ihrer Intuition oder Beobachtungen bemerkt haben. Wenn Sie Ihrem Gesprächspartner auch nur andeuten, was Sie wissen, haben Sie jede Chance vertan, Ihre Erkenntnisse effektiv zu nutzen.

Sie schulden dem anderen nicht den gleichen Einblick in Ihr Innenleben, den Sie in seines hatten. Denken Sie daran: Sie können das Gelernte nur dann anwenden, wenn er weniger über Sie weiß.

Der sicherste Weg, Ihren Gesprächspartnern einen negativen Eindruck von Ihrem »Sicherheitsquotienten« zu vermitteln, ist der, ihnen alles über Ihre Leistungen zu erzählen. Überlassen Sie es anderen, Ihre Qualitäten und Erfolge hervorzuheben.

Stufe 7: Distanziert sein

Wenn Sie sich selbst dazu bringen können, eine geschäftliche Situation aus der Distanz zu betrachten, insbesondere, wenn sie äußerst brisant ist, schärft sich Ihre Beobachtungsgabe automatisch. Sobald dem anderen »der Kragen ein wenig zu eng wird«, enthüllt er mehr als er will. Wenn Sie genauso hitzig reagieren, werden Sie nicht nur unvorsichtiger, sondern offenbaren auch mehr von sich selbst.

Ich betrachte mich als Protagonisten der Aktion, im Gegensatz zur Reaktion, gleichgültig, um welche Art geschäftlicher Situation es sich handelt.

Sie sollten agieren anstatt zu reagieren, damit Sie Ihre Erkenntnisse auch wirklich anwenden und Ihre Wahrnehmungen in Steuerungsmechanismen umwandeln können. Reagieren heißt, versäumen, eine Situation distanziert zu betrachten, und bedeutet in den meisten Fällen, auf einen eindeutigen Vorteil zu verzichten.

Wenn Sie nicht reagieren, können Sie auch nicht überreagieren. Sie steuern selbst, anstatt gesteuert zu werden.

2. Eindrücke vermitteln

1964 ging ich mit Bob Hope und Arnold Palmer durch Seattle, als eine Frau auf uns zukam und den Komiker fragte: »Wissen Sie nicht mehr, wer ich bin? Wir haben uns doch vor zwei Jahren in Cincinnati kennengelernt!" Bob Hope war sehr höflich, hatte aber offensichtlich nicht die geringste Ahnung, wen er vor sich hatte. Nachdem sie weg war, sagte er zu Arnold und mir: »Ist das zu glauben? Da lernt man jedes Jahr Tausende von Menschen kennen, und da glaubt jemand, daß man nach zwei Jahren seinen Namen noch weiß!«

Ich habe ein sehr schlechtes Namensgedächtnis, und ich vermute, vielen geht es nicht besser. Gleichgültig, wie oft ich jemandem begegnet bin – wenn ich nicht hundertprozentig weiß, daß der Betreffende meinen Vor- und Nachnamen behalten hat, sage ich zu Beginn des Gespräches: »Ich bin Mark McCormack.«

Das scheint zwar unwichtig, aber genau darum geht es, will man im Geschäftsleben den richtigen Eindruck machen. In unserer täglichen Routinearbeit ist nur selten Platz für Heldentaten oder große Gesten. Ebenso, wie man gerade aus dem Trivialen, das andere äußern oder tun, am meisten lernt, hinterläßt auch das Triviale, das Sie tun oder laut äußern, den nachhaltigsten Eindruck.

Wie man sich Ihnen gegenüber verhält, basiert auf Ihren eigenen bewußten und unbewußten Äußerungen. Die Wahl Ihrer Kleidung, die Art der Begrüßung – all das gehört zum Eindruck, den Sie auf andere machen, beeinflußt, wie man Sie einschätzt, bewirkt, daß man Sie so sieht, wie Sie es beabsichtigt haben.

Hier handelt es sich um eine kunstvolle Form der Manipulation. Eines der größten Ärgernisse in unserem Leben besteht wohl darin, daß andere nicht immer das tun, was wir wollen. Aber wenn es Ihnen gelingt, ihren Eindruck von Ihnen zu steuern, können Sie erreichen, daß sie das gleiche *wollen* wie Sie.

In nahezu jeder geschäftlichen Situation versuchen sich die Partner gegenseitig abzuschätzen. Jeder versucht, auf mehr oder weniger subtile Weise, den anderen zu beeinflussen. Derjenige, der die dabei entstehenden Eindrücke besser im Griff hat, erreicht, ganz sicher kurzfristig, aber wahrscheinlich auch auf lange Sicht, mehr.

Einer meiner Freunde nennt diesen Brennpunkt des zwischenmenschlichen Kontaktes die »Pyrotechnik des Geschäftslebens«. Obwohl ich mit dieser Terminologie, was die Effektivität und Tragweite des Eindrucks betrifft, den man hinterläßt, durchaus einverstanden bin, bringt sie die Subilität dieses Vorganges nicht klar genug zum Ausdruck.

Oft täuschen sich gerade die Menschen, die glauben, manipuliert und gesteuert zu werden, denn die erfolgreichsten Führungskräfte beeindrukken auf viel unaufdringlichere Weise: manchmal nur durch eine simple Handlung oder Geste, die zwar niemand vermissen würde, wenn sie fehlte, die aber auffällt, wenn sie vollzogen wird.

Häufig, und ganz besonders bei Verhandlungen, trägt allein die Formulierung eines Satzes dazu bei, die Dynamik einer Beziehung zu verändern. Dabei kommt es u. U. nur darauf an, ein oder zwei Worte auszulassen oder hinzuzufügen, oder z. B. zu sagen, »In diesem Punkt stimme ich Ihnen zu«, auch wenn das nicht der Wahrheit entsprechen sollte, bevor Sie Ihren Satz durch »aber ...« entkräften.

Ich ging einmal mit Ray Cave, dem Herausgeber und Chefredakteur von *Times* zum Essen. Als wir das Restaurant betraten, begrüßte Ray den Empfangschef mit den Worten: »Nett, Sie *wieder* zu sehen!«

Der Empfangschef fühlte sich geschmeichelt und gab uns gleich den besten Tisch. Nachdem er weg war, sagte ich zu Ray: »Ich dachte, du wärst noch nie hier gewesen!« »War ich auch nicht«, antwortete er.

Eine Kollegin von Ray, Patricia Ryan, Chefredakteurin von *People*, vertraute mir einmal an, daß sie vor einem unvermeidlichen Geschäftsessen, bei dem sie fürchtete, eingeschüchtert oder nicht ernst genommen zu werden, sich erst einmal einen Scotch bestellt. Sie macht sich eigentlich nicht viel aus Alkohol, aber dadurch, daß Sie Scotch statt Fachinger bestellt, erhält das Gespräch von vornherein auf subtile Weise eine rein geschäftliche Note.

Diese Subtilität erfordert ständige Selbstkontrolle – die bewußte Verknüpfung von dem Eindruck, den Sie machen, mit dem, den Sie machen *möchten.* Oft hinterlassen gerade die Leute, die glauben, besonders zu wirken und dabei eine »Schau abziehen«, einen nachhaltigen Eindruck, und zwar einen denkbar schlechten.

Aber noch schlimmer als eine falsche Selbsteinschätzung ist mangelnde Selbstkontrolle. Haben Sie einmal einen Manager beobachtet, der einen Flughafenangestellten anbrüllt und beschimpft, weil es Probleme mit der Reservierung gibt? Da ist der einzige, in dessen Macht es noch stehen könnte, ihm einen Platz in der Maschine zu verschaffen – und er hat nichts Besseres zu tun, als ihn zu verärgern!

Das nennt man ein Sich-selbst-der-größte-Feind-sein-Syndrom. Selbst wenn Sie mit Recht etwas einzuwenden haben, wenn Sie es in einem Ton oder in einer Art vorbringen, die andere als anmaßend empfinden müssen, wird Ihnen garantiert niemand zuhören.

Halten Sie sich all die subtilen, tagtäglich sich bietenden Gelegenheiten vor Augen, einen positiven Eindruck zu machen, und all die weniger subtilen, negativ aufzufallen. Es ist genauso leicht, den richtigen Eindruck zu erwecken, wie Leute so zu behandeln, wie sie behandelt werden möchten. Es ist schwieriger, sie so zu behandeln, wenn sie nicht so behandelt werden möchten.

Der gute Eindruck, den Sie machen, gestattet Ihnen, unvollkommen zu sein. Wenn Sie die kleinen Gelegenheiten, einen nachhaltigen Gesamteindruck von Kompetenz, Effektivität, Reife und fairer Härte zu hinterlassen, nutzen und wie jemand wirken, mit dem man gerne Geschäfte macht, dann übersieht man eher gelegentliche Abweichungen. Man vergibt Ihnen die eine oder andere »untypische« Verhaltensweise, wenn das Gesamtbild überwiegend positiv ist.

Eröffnungszüge

Sie sollten einmal in Betracht ziehen, genau das Gegenteil von dem zu tun, was man von Ihnen erwartet. Der Erfolg ist oft bemerkenswert.

Wenn jemand Aggressivität erwartet, kann man mit Bescheidenheit erstaunlich viel erreichen. Wenn jemand mit Härte rechnet, ist eine sofortige, unbedeutende Konzession, die man macht, ein hervorragender Schachzug. Je mehr mein Gesprächspartner glaubt, daß ich etwas von ihm will, desto größere Mühe gebe ich mir, ihn davon zu überzeugen, daß er etwas von *mir* will.

Vor kurzer Zeit waren wir sehr daran interessiert, einen noch unentschlossenen Fernsehstar unter Vertrag zu nehmen. Die Dame wußte, wie sehr uns daran gelegen war, und erwartete, gleich darauf angesprochen zu werden. Während der ersten beiden Zusammenkünfte sprachen wir von mir und meinem Unternehmen, über ihre Karriere, ihre beruflichen Möglichkeiten und wie ich an ihrer Stelle davon Gebrauch machen würde.

Ich erwähnte nicht einmal das Thema Promotion. Natürlich fragte sie sich, warum wir sie nicht »in die Zange nahmen«, und sie begann ihrerseits, uns zu bedrängen.

Wenn ich merke, daß jemand glaubt, meine Reaktion in einer bestimmten Situation zu kennen, sage ich oft gleich in den ersten Minuten etwas, das ganz andere Rückschlüsse zuläßt. Zumindest wirkt das entwaffnend, und je undurchsichtiger jemand scheint, desto transparenter und aufgeschlossener wird der Gesprächspartner.

Im Gegensatz dazu lasse ich, wenn man von mir erwartet, ich würde mich in »geheimnisvolles Dunkel hüllen«, ganz nebenbei ein oder zwei Bemerkungen fallen, die dem anderen zeigen, daß ich mehr weiß, als er glaubt.

Bei internationalen Geschäften, habe ich festgestellt, kann die Sprachbarriere – sei sie vorgetäuscht oder real – ein wirksames Mittel sein. Ein *no comprendre* und seine hundert anderen linguistischen Variationen haben selten die beabsichtigte Wirkung verfehlt.

Gerade wir Amerikaner haben weniger Fremdsprachenkenntnisse als Angehörige anderer Nationen (oder wir weigern uns oder fühlen uns zu unsicher, zu sprechen); deshalb sind Sprachbarrieren unsere »Achillesferse«, und viele ausländische Manager profitieren davon. Der Geschäftsmann, der geschickt einen oder zwei perfekte Sätze in der Sprache seines Verhandlungspartners in ein Gespräch einflechten kann, wird feststellen, wieviel allein damit schon gewonnen ist.

Kultur und Bräuche sind selbst in den verschiedenen Regionen der USA unterschiedlich. Z. B. wird sich ein in New York geborener und aufgewachsener Geschäftsmann, der in den Südstaaten zu tun hat, oft schmerzlich seiner eigenen Grenzen bewußt, und für viele Südstaatler gelten Geschäftsleute aus dem Norden noch immer als »Yankees«. Sobald ein sichtbarer kultureller Kontrast vorhanden ist – z. B. Groß- vs. Kleinstadt, Unterhaltungsindustrie vs. Wall Street, ist eine Partei eindeutig im Vorteil.

Ich habe auch schon erlebt, daß Geschäftsleute ihre Kultur und Bräuche »exportieren«. Wir arbeiten mit einem sehr erfolgreichen Sport-Promoter in Japan zusammen; sein Name ist Atsushi Fujita und seine Methoden sind gelegentlich ein wenig unkonventionell. Vor einigen Jahren wollte Fujita die japanischen Fernsehrechte für den *Rose-Cup* erwerben, als ein japanischer Fernsehsender dem zuständigen Komitee direkt ein Angebot unterbreitete. Als Fujita davon erfuhr, suchte er noch in derselben Nacht mit seiner kleinen Tochter an der Hand den Direktor der Fernsehstation auf und teilte ihm mit, wenn er das Angebot nicht zurückzöge, würde er, Fujita, in Amerika sein Gesicht verlieren. Zwei Tage später war Fujita wieder allein im Geschäft.

Die Botschaft der Briefe

Sowohl die interne als auch die externe Korrespondenz sollte Ihnen eine willkommene Gelegenheit sein, sich der Geschäftswelt in möglichst günstigem Licht zu präsentieren.

Ich nehme es sehr genau mit jeder Art von schriftlicher Kommunikation, die meinen Namen trägt. Ich bestehe darauf, daß die Form korrekt (»angenehm fürs Auge«) ist und daß sie keine orthographischen oder Tippfehler enthält. Es gibt nur wenige Dinge im Geschäftsleben, mit denen sich soviel mit so wenig erreichen läßt.

Ich werde ungehalten, wenn mir eine Sekretärin sagt: »Das ist fast richtig.« Die Korrespondenz ist ein sehr sublimer Ausdruck für die Art, ein Geschäft zu führen, und ich will nicht den Eindruck erwecken, daß ich mein Geschäft »fast richtig« führe, wenn ich eine so simple, unübersehbare Möglichkeit habe, mich positiv von anderen abzuheben.

Ich versuche immer, mir die Zeit zu nehmen, meiner Korrespondenz eine persönliche Note zu geben – angefangen von ein paar Zeilen bis hin zu ganzen Absätzen – und auf die individuellen Interessen des Empfängers einzugehen, die wenig oder gar nichts mit dem eigentlichen Anliegen des Briefes zu tun haben müssen.

Ich erwähne z. B. einen Geschäftsabschluß, den er, wie ich gehört habe, gerade getätigt hat; ich mache eine Anspielung auf eine lokale Sportmannschaft, die ihn interessiert (»Was ist mit den Browns? Haben Sie das Spiel am Sonntag gesehen?«); ich erkundige mich nach seiner Familie oder zeige ihm meine Anteilnahme, hoffe, daß er jetzt weniger Streß oder bald den erhofften Erfolg hat.

Es ist ganz besonders wirkungsvoll, eine geschäftliche Anfrage persönlich abzufassen. Sie fällt mit Sicherheit auf, weil sich der Empfänger unwillkürlich fragt: »Woher weiß er denn das?«, was – wenn schon nichts anderes – so doch zumindest beweist, daß man »seine Hausaufgaben gemacht hat«.

Ich führe auch Listen von den Weihnachtskarten und Präsenten, die ich jedes Jahr verschicke. Herbst und Winter sind bei uns, wie wohl in den meisten Unternehmen, die arbeitsreichsten Jahreszeiten, und so wäre es nur allzu verständlich zu sagen, »Dieses Jahr lasse ich es, und außerdem ist es im Grunde reine Formsache oder wird gar nicht zur Kenntnis genommen«. Das tun viele Leute, und gerade das tue ich *nicht*.

Formale Briefe sind deshalb so langweilig, weil sie so furchtbar unpersönlich sind. Ich kenne niemanden, der gesagt hätte: »Heute habe ich einen wunderbaren Vordruck erhalten!« Noch schlimmer als ein Musterbrief, der mit »Sehr geehrte Damen und Herren ...« beginnt, ist wohl einer, in dem der Platz für den Namen (meistens auch noch falsch geschrieben) ausgespart, und der mit »falscher« Tinte unterschrieben ist. Haben Sie schon mal eine gedruckte »Signatur« gesehen, die echt wirkt?

Seit es Speicherschreibmaschinen gibt, ist es sowieso unverständlich, warum noch Vordrucke verschickt werden. Aber sie halten sich zäh, ein Triumph der schlechten Form über einen möglicherweise guten Inhalt.

Einen Brief grundlos mit der Bemerkung »Persönlich und vertraulich« zu versehen, garantiert nahezu einen nachdrücklichen negativen Eindruck. Solche Täuschungsmanöver tragen selten dazu bei, angenehm aufzufallen. Wenn Sie auf solche »Tricks« zurückgreifen müssen, damit man Ihre Briefe liest, dann läuft bei Ihnen einiges falsch.

Unter gewissen Umständen ist Schnelligkeit von Vorteil. Telegramm, Telex und Telefax werden meistens vorrangiger eingestuft als Briefe, die mit der regulären Post kommen. Sie wirken eindringlicher und werden deshalb fast immer direkt an den Empfänger, ohne Umweg über die Sekretärin, weitergeleitet. Dasselbe gilt für Luftpost-Expreß, obwohl von dieser Art des Postversandes heute schon so häufig Gebrauch gemacht wird, daß sie an Bedeutung eingebüßt hat.

Sie werden nach Ihren Mitarbeitern beurteilt

Wie wir gesehen haben, ist Ihre Sekretärin Ihre offizielle Verbindung zur Außenwelt, und ihr Verhalten trägt zu dem Bild bei, das sich die Außenwelt von Ihnen macht. Wenn ihr Benehmen schroff ist, hält man auch Sie für unfreundlich. Neigt sie zu Indiskretionen, unterstellt man auch Ihnen diese Untugend. Brüstet sie sich gerne mit »klingenden

Namen«, glaubt man dasselbe von Ihnen. Gilt sie als dienstbeflissen und anmaßend, fällt es auf Sie zurück.

Die Sekretärin eines leitenden Managers beim Britischen Fernsehen macht es mir ständig unmöglich, eine Zusammenkunft mit ihrem Chef zu arrangieren. Schon mehrmals habe ich versucht, »irgendwann in den nächsten zwei Wochen« einen Termin zu bekommen, aber jedesmal wimmelt sie mich mit der Begründung »Er ist zu beschäftigt« ab. Ich weiß, wenn ich direkt an ihn herankäme, ließe sich leicht ein geeigneter Zeitpunkt finden.

Natürlich soll eine Sekretärin eine Art Beschützerrolle übernehmen. Indem sie Sie abschirmt, gibt Sie Ihnen die Gelegenheit, in einer geschäftlichen Situation zu agieren statt zu reagieren. Es gibt positive wie negative Arten der Abschottung. Oft ist der Unterschied genauso gering wie zwischen der Frage: »Wen darf ich melden?« und »Wer sind Sie?«

Sekretärinnen wirken manchmal wie Ausbilder auf dem Exerzierplatz, und ich kenne Führungskräfte, die dieser rüde Ton amüsiert, die ihre Sekretärin sogar noch dazu ermutigen. Ich glaube, diese Leute sind der Meinung, das Benehmen ihrer Vorzimmerdame trage dazu bei, daß man sie selbst für wichtiger hält, als sie sind.

Natürlich gilt das auch für andere Mitarbeiter. Wenn sie Ihnen direkt unterstellt sind, ist es sehr wahrscheinlich, daß man Sie, zumindest zum Teil, nach ihrem Verhalten beurteilt. Sollten Sie also ein paar »Fehler« an ihnen entdecken, liegt es in Ihrem eigenen Interesse, sie auszumerzen.

Die Wahl der richtigen Kleidung

Das MCA-Universal-Filmstudio war für seine strenge Kleiderordnung – dunkler Anzug, weißes Hemd – bekannt (und die Manager wurden oft mit einem »Da kommen ja unsere Pinguine« begrüßt). Interessant ist, daß der Topmanager, Lew Wasserman, alles andere als ein Formalist war. Aber er leitete ein schnell wachsendes Unternehmen in einer schnellebigen Industrie, und er wußte, daß man sich die »Hollywood-Typen« als zigarrenrauchende »Bastarde« vorstellte, die gerne die Fakten frisierten und den Vertrag »passend« machten. Die Kleidervorschrift von MCA beeindruckte deshalb in zweifacher Hinsicht: Sie schuf ein positives Image von Verläßlichkeit – und zerstörte das negative Bild.

Ihre Art, sich zu kleiden, trägt in hohem Maße dazu bei, daß man sich unverzüglich ein bestimmtes Bild von Ihnen macht.

Wenn Sie der Meinung sind, daß *Sie* einen Menschen anhand seiner Kleidung beurteilen können, sollten Sie damit rechnen, daß es umgekehrt genauso ist. Dabei hat sich herausgestellt: je konservativer die Kleidung, desto schwerer ist jemand einzuschätzen. Wenn jemand ohne Socken, mit Sandalen, halb zugeknöpftem Hemd und Goldketten auf der nackten Brust zu einer geschäftlichen Besprechung kommt, läßt das nicht eben beruhigende Rückschlüsse auf seine Gesamtpersönlichkeit zu.

Vor ein paar Jahren stellten wir eine Führungskraft ein, die am ersten Arbeitstag mit gutsitzenden grauen Hosen, offenem Seidenhemd und konservativem blauem Blazer erschien. Ich bat seinen Vorgesetzten, ihm zu sagen, daß diese Aufmachung nicht zu unserem Büro passe.

Viele unserer Klienten sind um die Zwanzig, und die meisten von ihnen, besonders die Tennisspieler, bevorzugen legere Kleidung. Aber viele dieser Zwanzigjährigen sind auch Millionäre, und sie vertrauen uns ihr Geld an, das wir vereinnahmen, verwalten und anlegen.

Sie ziehen es vor, wenn unsere Manager wie Bankiers und nicht wie Tennisspieler, selbst wie gutgekleidete, aussehen.

Coco Chanel hat einmal gesagt, wenn eine Frau schlecht angezogen sei, bemerke man ihre Kleidung; sei ihre Kleidung tadellos, bemerke man die Frau, die in ihr steckt.

Ich denke, diesen Ausspruch sollte so manche – männliche wie weibliche – Führungskraft beherzigen. Im allgemeinen sollte Ihre Geschäftskleidung so wenig wie möglich über Sie verraten – außer, daß sie wie angegossen paßt.

Absolute Pünktlichkeit

Bei einer neuen Geschäftsbeziehung versuche ich immer, Situationen zu schaffen, die es mir erlauben zu zeigen, daß ich absolut pünktlich bin. Ich habe gesagt, daß ich um zehn Uhr anrufe, und ich rufe Punkt zehn Uhr an! Ich habe versprochen, daß jemand am nächsten Montag meinen Brief auf dem Schreibtisch hat, und der Brief ist am Montag da. Ich komme auf die Minute genau, wie angekündigt, zu einer geschäftlichen Verabredung.

Stehlen Sie niemandem die Zeit

Die häufigste Klage eines Managers ist der akute Zeitmangel – der Tag hat einfach nicht genug Stunden, um alles zu erledigen. Aber denselben Leuten ist die Zeit plötzlich ganz gleichgültig, wenn es nicht ihre eigene ist.

Der schnellste Weg, einen schlechten Eindruck zu machen, ist der, die Zeit eines anderen zu vergeuden: sorglos damit umzugehen oder sie länger als notwendig in Anspruch zu nehmen.

Wenn Sie nichts zu sagen haben, sollten Sie auch auf ein persönliches Gespräch verzichten. Eine wirklich wichtige Kontaktperson wird auf Ihr »Ich wollte Sie nur einmal wiedersehen« damit reagieren, daß sie in Zukunft alles daran setzen wird, Ihnen aus dem Wege zu gehen.

Versuchen Sie auch zu verhindern, daß Besucher ihre Zeit in Ihrem Büro vergeuden. Es ist nervtötend, endlos warten zu müssen, während der Gesprächspartner pausenlos telefoniert. Noch schlimmer sind völlig belanglose, private Telefonate zu ertragen, die mit einem einfachen »Ich bin gerade in einer Besprechung. Kann ich in ein paar Minuten zurückrufen?« erledigt werden könnten. Wenn Sie ein Gespräch führen *müssen* und einen Besucher haben, sollten Sie sich entschuldigen und so kurz wie möglich fassen.

Es gibt jedoch drei Ausnahmen: Wenn Sie einen Untergebenen einweisen und ihm Ihre Telefontechnik demonstrieren wollen; oder wenn Ihnen daran gelegen ist, daß er bestimmte Fakten aus erster Hand erfährt, weil Sie der Ansicht sind, das Telefonat trage wesentlich zur gerade stattfindenen Besprechung bei; und wenn Sie glauben, Ihren Besucher durch den Namen des Anrufers zu beeindrucken.

Anfang 1970 versuchte mich der amerikanische Vizepräsident Spiro Agnew, dem ich ein- oder zweimal begegnet war, zu erreichen, weil wir die Rechte für seine Kurzgeschichte über Golf mit dem Titel *»I can play better than this, but I never have«* vertreten sollten.

Ich hatte versucht, ihn von meinem Hotel in Chicago aus anzurufen, aber er war unabkömmlich, und sein Büro hatte mich gefragt, wie ich zu erreichen sei. Ich hatte die Nummer des Hotels und des Büros von A. C. Spectorski, dem Herausgeber des *Playboy*, angegeben.

Während der Besprechung mit Spectorski meldete seine Sekretärin: »Der Vizepräsident der Vereinigten Staaten ist für Mr. McCormack am Telefon.« Obwohl der Anruf nichts mit unserem Geschäft zu tun hatte, gewann unser Gespräch für ihn enorm an Bedeutung.

Heimvorteil

Es gibt Zeiten, wo die beste Verkaufstechnik der Welt einfach darin besteht, irgendwo »aufzutauchen« – ein Flugzeug zu besteigen und jemandem »entgegenzukommen«, ihn in seinem Büro aufzusuchen. Manchmal ist das eine Frage des Protokolls, manchmal des Gespürs für eine bestimmte Situation.

Aber im allgemeinen gilt die Regel, daß Sie in Ihrem eigenen Terrain Vorteile genießen. Das hat weniger mit einer »Macht ausstrahlenden Chef-Etage« als vielmehr mit dem territorialen Imperativ zu tun. Selbst wenn Ihr »Büro« aus einem winzigen Raum besteht, ist es oft am besten, Ihren Besucher in Ihrem eigenen »Reich« zu empfangen.

Zum einen führen *Sie* hier Regie. Sie können die Besprechung steuern, was anderswo nicht der Fall ist.

Zweitens fühlt sich die andere Partei aufgrund des territorialen Imperativs als »Eindringling«. Es gibt Spannungen, wie unterschwellig sie auch sein mögen. Allein dadurch, daß Sie höflich sind und dafür sorgen, daß der andere sich wohl fühlt, können Sie zum Abbau dieser Spannungen beitragen und schon vor Beginn der Besprechung einen Vertrauensvorschuß für sich verbuchen.

Die einzige Veränderung in einem Büro, die ich akzeptiere, ist gedämpftes Licht. Ansonsten ist ein »Macht ausstrahlendes« Büro für mich entweder sehr groß oder ordentlich, sauber und zweckmäßig – ein Platz, dem man ansieht, daß dort Geschäfte abgewickelt werden.

Meinen, was man sagt

Dow Finsterwald, ehemaliger Profi-Golfweltmeister, heute Vorstand des Broadmoor Golfclubs in Colorado Springs, bat mich einmal um einen Gefallen. Er hatte ein Bild von Leroy Neiman gesehen, das ihn und Arnold Palmer beim Golf zeigt, und fragte, ob ich ihm einen signierten Druck davon besorgen könne. Ich sprach mit einem unserer Manager, der öfter mit Neiman zu tun hatte; er sah keine Probleme, und ich teilte Dow das mit.

Einen Monat später rief ich unseren Manager aus Japan an und erzählte ihm, daß ich zu Beginn meiner beruflichen Laufbahn einmal jemandem etwas versprochen und es dann vergessen hatte, und daß mich das noch nach Jahren belastet hätte. Mir wurde klar, daß der Mann keine Ahnung hatte, wovon ich eigentlich redete, aber als ich am Schluß der Geschichte angekommen war, rief er: »Mein Gott, der Neiman-Druck!« Eine Woche später wurde er abgeschickt.

Im Geschäftsleben werden viele Versprechen gegeben – und gebrochen, was unnötigerweise einen schlechten Eindruck macht. Wenn Sie *sagen*, Sie werden etwas tun, dann *tun* Sie es auch! Wenn Sie es nicht können, wollen oder der Mühe Wert finden, sollten Sie gar nicht erst eine Zusage machen. Finden Sie eine Ausrede – aber sagen Sie nicht, »Ich will es versuchen«. Das erweckt zwangsläufig den Eindruck, Ihr Versuch sei *fehlgeschlagen*.

Wenn Sie versprechen, jemanden am nächsten Tag zurückzurufen und halten sich nicht daran, kann das eine Beziehung empfindlich stören. Es gibt in der Geschäftswelt zwar kein Gesetz, das Sie zwingt, anzurufen, aber Sie sollten es dann auch gar nicht erst versprechen.

Es ist genauso unklug, im Namen Ihrer Firma eine Zusage zu machen, wenn auch nur die geringste Möglichkeit besteht, daß Ihr Firma nicht hinter Ihnen steht.

Vor vielen Jahren versicherten mehrere Leute der Wilson Sporting Goods Arnold Palmer, daß es keine Schwierigkeiten geben würde, wenn er aus dem Vertrag mit Wilson aussteigen wolle. Einige Zeit später, als Arnolds Partnerschaft mit Wilson sich zu verschlechtern begann, beschloß ich, diese Zusicherungen auf ihren Wahrheitsgehalt zu prüfen. Arnold und ich aßen mit Bill Holmes, dem Leiter von Wilson, und ich fragte ihn: »Kann Arnold nun ohne weiteres aus dem Vertrag heraus?« Holmes erwiderte sichtlich nervös: »Meine Antwort ist nein.«

Dieses Beispiel war uns eine Warnung. Wir hatten angenommen, daß jemand befugt war, für seine Firma zu sprechen, weil er für sie arbeitete. Arnolds Enttäuschung über Wilson führte letztlich dann doch zur Auflösung des Vertrages.

Wenn Sie versprechen, etwas in einer Woche zu liefern, und Sie brauchen dafür einen Monat, ist es schlimmer, als wenn Sie sich erst gar nicht festgelegt hätten.

Jemandem eine Gefälligkeit erweisen

Man erweist im Geschäftsleben jemandem auf seine Bitte hin oder ungefragt einen Gefallen, um ihn sich auf irgendeine Weise zu verpflichten. Oft sind sich beide Parteien dieser Geste nicht einmal bewußt. Sie mögen einen Geschäftspartner, und freuen sich, ihm gefällig sein zu können, aber die obligatorische Natur unterscheidet einen »geschäftlichen« Gefallen von einem »persönlichen«.

Auch hier ist die Subtilität entscheidend. Je stärker das Gefühl, daß man dem anderen einen Gefallen »schuldet«, desto weniger effektiv ist er.

Ich habe Führungskräfte kennengelernt, die genau Buch über jede Gefälligkeit, die man ihnen erwiesen hat und die sie jemandem schulden, zu führen scheinen. Mir macht es nichts aus, mit solchen Leuten zusammenzuarbeiten: bei ihnen kommt es nur darauf an, ihnen einen Dienst zu erweisen, aber selber nie um etwas zu bitten. Die Pluspunkte, die Sie dann auf Ihrem »Konto« verbuchen können, sind für sie so wichtig, daß sie schließlich alles daransetzen, ihre »Schulden« bei Ihnen zu begleichen.

Man unterscheidet drei Kategorien von Gefälligkeiten: solche, die leicht übersehen, ignoriert oder falsch gedeutet werden; die, die man kurzfristig würdigt; und diejenigen, die sich auf lange Sicht »auszahlen«.

Zur ersten Kategorie gehören all die Gefälligkeiten, die unbemerkt oder sogar gegen unseren Willen geschehen. Es gibt Gesten, wenn man z. B. für jemanden ein Telefongespräch führt oder einem Kollegen hilft, von denen der andere gar nichts ahnt. Man kann nicht erwarten, daß jemand etwas anerkennt, von dem er nichts weiß, und es bleibt daher Ihnen überlassen, ihn darüber aufzuklären. (»Wir haben uns letzte Woche eingehend mit Ihrem Assistenten unterhalten.« Oder: »Ich habe dem und dem erzählt, wie sehr wir Ihre Hilfe schätzen.«)

Der offenkundige Gefallen ist auch eine interessante Sache. Ist er zu auffällig, kann er leicht mißdeutet (oder richtig gedeutet) werden. Er erweckt ein Gefühl der Verpflichtung. Eine unübersehbare Gefälligkeit kann aber auch ein Schuß sein, der nach hinten losgeht. Wie oft sind wir nicht schon gebeten worden, für irgend jemanden Hemden, Golfschläger oder Eintrittskarten zu besorgen, und dann ist die Farbe oder Größe falsch, die Schwungweite nicht die richtige oder der Platz nicht gut; daraus entstehen mehr Frustrationen, als wenn man abgelehnt hätte. Das ist so, als würde man einen Menschen vor dem Ertrinken retten, ihm dabei den Arm brechen und später noch dafür verklagt werden.

Die Gefälligkeit, die man »in guter Absicht« erweist (wie auch die in jemandes Namen, aber ohne sein Wissen) fällt auch in diese Kategorie. Ihre guten Absichten sind vielleicht nicht immer im Interesse des anderen, und das stört ihn, oder bleiben unbemerkt, und das wiederum stört Sie.

Die zweite Kategorie hat mit Zeit zu tun. Gemeint ist, sich die Zeit zu nehmen, jemanden zu treffen, mit jemandem zu essen (wenn der Zweck der Zusammenkunft auch in einem Fünf-Minuten-Gespräch erreicht worden wäre) oder sich bei einem Telefongespräch oder Brief die Zeit zu nehmen, um sein persönliches Interesse oder seine Anteilnahme auszudrücken.

Eine der besten langfristig wirksamen Gefälligkeiten besteht darin, als Mittelsmann zu fungieren – zwei Parteien zusammenzubringen, an denen Sie kein unmittelbares Interesse haben. *Beide* werden sich mit Sicherheit daran erinnern.

Bei jedem Gefallen – ob er nun groß oder klein, lang- oder kurzfristig wirksam ist – sollte man das, was man versprochen hat, auch halten oder dem anderen erklären, warum man dazu nicht in der Lage ist.

Auf dieser halb-geschäftlichen Ebene scheinen die Leute das beste Langzeitgedächtnis zu haben – und vergessene oder unerfüllte Versprechen ihr Eigenleben. Jahre können vergehen, und aus heiterem Himmel bringt derjenige, dessen Erwartungen Sie enttäuscht haben, das Thema wieder zur Sprache, als sei es erst gestern gewesen.

Folgende Gesten und Gefälligkeiten werden unweigerlich bemerkt, anerkannt und langfristig erwidert:

Etwas für die Kinder tun

Manchmal sind die eindrucksvollsten Gesten die indirekten. Mein Sohn Todd war, als er noch zur Schule ging, ein Fußballfan. Einer meiner Geschäftspartner arrangierte ein Treffen mit dem Verteidiger der Minnesota Vikins, Fran Tarkenton. Todd war begeistert – und *ich* vergaß es nie!

Wenn sie einen Klienten oder Kunden beeindrucken wollen, tun Sie etwas für seine Kinder! Es bedeutet ihm weit mehr als alles, was Sie für *ihn* tun könnten!

Was wissen Sie über die Familien Ihrer wichtigsten Geschäftspartner? Haben Sie sich je dafür interessiert oder die Zeit genommen, etwas darüber herauszufinden? Das sind Informationen, die sich auszahlen könnten.

Vor fünf oder sechs Jahren erfuhr der schon zuvor erwähnte Fujita, daß die Tochter eines seiner Geschäftspartner, eines Managers der Japan Airlines, ein Tennisfan und ihr Idol Mártina Navratilova war.

Vor kurzem arrangierte er ein Damen-Tennisturnier in Tokio; er erinnerte sich an diese »belanglose« Tatsache und rief den Manager, der inzwischen Repräsentant der JAL in Europa geworden war, an. Er erzählte ihm, daß die Navratilova an dem Turnier teilnähme und lud seine Tochter als ihre persönliche Betreuerin nach Japan ein. Die Tochter sagte begeistert zu – und der Vater hätte nicht dankbarer sein können.

Es gibt wirklich keinen Weg, der näher an Japan Airlines heranführen würde.

Jemanden aus einer Verpflichtung entlassen

Viele Leute machen Zusagen, die sie dann aus den verschiedensten Gründen nicht mehr halten können oder wollen. Die Umstände haben sich geändert, aufgrund neuer Informationen erscheint ihnen ein Geschäftsabschluß nicht mehr wünschenswert, oder sie haben sich von einem Vorgesetzten umstimmen lassen.

Als Jurist fiele es mir leicht, auf der Einhaltung eines Vertrages oder einer geschäftlichen Zusage zu bestehen. aber ich konnte oft feststellen, daß ich für mein Unternehmen und mich selbst auf lange Sicht weit mehr erreicht habe, wenn ich besonderen Umständen Rechnung getragen und jemanden aus einer Verpflichtung entlassen habe.

Einige Jahre lang hatten wir einen Beratervertrag mit Wilkinson Sword. Mitte der 70er Jahre steckte der Konzern in einer Krise, und Chris Lewington, der Vorstandsvorsitzende, kam zu mir und sagte: »Mark, wir haben im Augenblick Schwierigkeiten; ich möchte Sie deshalb um Ihr Einverständnis bitten, wenn wir Ihren Honorarvorschuß vorerst um einiges senken!«

Ohne zu zögern erklärte ich mich einverstanden. In den folgenden Jahren, als Wilkinson wieder prosperierte, glichen sie nicht nur die Honorardifferenz aus, sondern erweiterten unsere Geschäftsbeziehung beträchtlich, als sie von Allegheny International übernommen wurden.

Jemanden aus einer Verpflichtung entlassen bedeutet, »Jemandem das Recht zugestehen, seine Meinung zu ändern«. Natürlich ist die Versuchung groß, einzuwenden: »Aber Sie haben doch gesagt...« oder »Sie haben aber versprochen...« Wenn Sie sich die Zeit nehmen, anzuhören, *warum* jemand seine Meinung geändert hat und sehen das Ganze dann aus der Perspektive der gesamten geschäftlichen Beziehung, stellen sie vielleicht fest, daß es in Ihrem eigenen Interesse ist, zu verzichten.

Nachgiebigkeit

Eine bereits vorhandene Geschäftsbeziehung zu vertiefen ist fast immer einfacher als eine neue aufzubauen. Wenn Sie es verstehen, den richtigen Eindruck zu hinterlassen, erreichen Sie, daß man immer wieder gerne mit Ihnen zusammenarbeitet. Dazu muß man vor allem aber auch wissen, wie weit man bei Verhandlungen gehen kann.

Zu meinen engsten Freunden und Geschäftspartnern gehört Kerry Packer, der u. a. *Channel Nine,* Australiens größte Werbefernsehstation, betreibt. Vor einigen Jahren rief David Frost, ebenfalls mit Packer befreundet, ihn an, um ihm die Rechte für seine Bänder mit Nixon-Interviews zu verkaufen. Frost hatte viel Geld in dieses Projekt investiert und brannte darauf, seine Auslagen wieder hereinzubekommen.

Er forderte 175000 Dollar, aber Packer wollte nicht mehr als 60000 Dollar zahlen. Die beiden verhandelten endlos am Telefon, kamen aber zu keinem Ergebnis. Ein solches Patt kann, besonders unter Freunden, in einem Fiasko enden.

Schließlich bekannte Frost ganz offen: »Kerry, ich *brauche* die 175000 Dollar ganz einfach, und ich weiß, daß die Bänder das wert sind.«

Packer war ein paar Minuten still. Dann meinte er: »Ich habe eine Idee, David: werfen wir eine Münze.«

Frost hüstelte nervös, zögerte und flüsterte dann: »In Ordnung, Kopf.«

»Du hast gewonnen«, sagte Packer.

Was ist für Sie von größerem Wert – ein kurzfristiger Gewinn oder eine langfristige Geschäftsverbindung? Manchmal ist Nachgiebigkeit die beste Verhandlungstaktik.

Berechtigtes Lob

Übertriebene Schmeichelei ist leicht zu durchschauen und kann »ins Auge gehen«. Aber es ist durchaus berechtigt, einen Geschäftspartner zu loben – seine tatsächlich vorhandenen Fähigkeiten, von denen Sie profitiert haben, anzuerkennen und zu würdigen. Wenn Sie der Meinung sind, jemand habe – was auch Ihnen zugute kam – besonderes Geschick bewiesen, sollten Sie Ihrem Gefühl ruhig Ausdruck verleihen. (Aber nicht, weil er gerade etwas von Ihnen gekauft hat. Das fiele in die Kategorie Schmeichelei und schafft eher Mißtrauen als Vertrauen.)

Eine der wirkungsvollsten Formen des Lobes besteht darin, denjenigen, dem das Lob gilt, vor anderen oder in seiner Firma besonders vorteilhaft herauszustellen. Vor ein paar Jahren, als Noel Morris geschäftsführendes Vorstandsmitglied von Slazenger in Australien war, versuchte ich die Dauer von Gary Players und Jack Nicklaus' Verträgen von seiner Dienstzeit abhängig zu machen. Er fühlte sich geschmeichelt, daß Players und Nicklaus' Interessen und Einkünfte direkt mit seiner Person gekoppelt werden sollten, und es wäre nicht zu unserem Schaden gewesen, wenn jemand, der so weit oben in der Firmenhierarchie rangierte wie Morris, sich direkt um die Belange unserer Klienten gekümmert hätte. Es stellte sich dann allerdings heraus, daß der Vorstand unser Ansinnen nicht billigte. Aber dennoch hatten beide Parteien ihr Ziel verwirklicht.

Freunde gewinnen

Wenn alle Bedingungen absolut gleich sind, kauft man lieber bei einem Freund. Sind die Konditionen verschieden, kauft man *trotzdem* lieber bei einem Freund. Versuchen Sie deshalb, Freunde zu gewinnen.

Nicht jeder Geschäftspartner muß deshalb gleich Ihr Busenfreund werden. Aber Sie sollten ihn gelegentlich anrufen, herausfinden, womit er gerade beschäftigt ist, eventuell Probleme »durchkauen« und vor allem Ihr Interesse zeigen.

In unserer Branche ist es besonders wichtig, einen Klienten anzusprechen und zu fragen, wie er am Wochenende gespielt hat, ob er noch Schwierigkeiten mit dem zweiten Aufschlag oder seinem Golfschläger hat, usw. Das ist im Grunde so einfach, und trotzdem vergessen sogar meine Mitarbeiter manchmal, was diese scheinbar belanglosen Telefonate für die persönliche Beziehung zu unseren Klienten bedeuten. Mir ist auch einmal dieser Fehler unterlaufen, bis ich unsanft eines Besseren belehrt wurde.

Nachdem wir ein paar Jahre im Geschäft waren und Arnold Palmer, Gary Player und Jack Nicklaus zu unseren Klienten zählten, wußte ich sehr wohl, wie gut unsere Firma war und daß wir die Interessen eines Profi-Golfspielers besser vertreten konnten als jeder andere. Für mich gab es keinen Zweifel darüber, daß jeder Golfspieler, der sich nur mit dem besten Manager zufriedengeben wollte, zu uns kommen *mußte.*

Ich übersah dabei, daß viele Neulinge im Profi-Golf das ganze Spektrum der Dienstleistung, die wir anboten, und die gesamte Skala unserer Talente gar nicht kannten. Und falls doch, so wurde unsere reservierte Haltung und unser Versäumnis, dem Ego der prospektiven Schützlinge ein paar »Streicheleinheiten« angedeihen zu lassen, als Kälte und Arroganz ausgelegt.

Wir machten uns – im Gegensatz zu einigen anderen Firmen – nicht die Mühe, Freunde zu gewinnen, und so kam es, daß wir in den 70er Jahren einige der vielversprechendsten jungen Golfspieler an die Konkurrenz verloren.

Wenn Sie nicht darauf bedacht sind, Freunde zu gewinnen, müssen Sie darauf gefaßt sein, mit neutralen oder ablehnend eingestellten Partnern zu verhandeln.

Wenn Sie Ihre Freunde nicht halten können, sollten Sie besser dafür sorgen, daß Sie der Konkurrenz um Meilen voraus sind.

Ratgeber und Vertraute suchen

Ratgeber und Vertraute gehören zu den effektivsten Geschäftsverbindungen. Beide arbeiten gerne mit Ihnen zusammen, wollen Ihnen helfen und, wenn möglich, gefällig sein.

Die Rolle des Mentors kann jeder übernehmen, dessen Rat und Anleitung Sie suchen, dem Sie vertrauen und den Sie respektieren. Nach kurzer Zeit schon ist die Grenze zwischen Rat und Gefälligkeit fließend.

Sich einen Vertrauten suchen bedeutet *nicht,* Vertraulichkeiten oder Geschäftsgeheimnisse weitergeben, sondern Ihre persönlichen Gefühle von Zeit zu Zeit mitzuteilen, Informationen weiterzuleiten, die Ihnen nicht schaden, dem anderen aber nutzen, oder ihn dazu ermutigen, *Ihnen* Vertrauen zu schenken.

Ich wußte z. B., daß David Foster, früher im Vorstand von Colgate, immer versuchte, dazu beizutragen, daß seine Werbeagentur der Konkurrenz »um eine Nasenlänge voraus« war, besonders als Colgate sich als Golf-Sponsor engagierte. Ich gab ihm alle Informationen, die ich auf dem Golfplatz bei den Profis sammeln konnte, und oft wußte er noch vor seiner Firma von den Möglichkeiten, die sich in diesem Bereich boten. Niemand erlitt dabei einen Schaden, aber Foster verhalf seiner Agentur dadurch zu einer Spitzenposition. Mit Colgate haben wir seither lebhafte Geschäftsbeziehungen.

Verschwiegen sein

Ich glaube nicht, daß man die Bedeutung der Verschwiegenheit im Geschäftsleben überbetonen kann. Vielleicht freut sich so mancher darüber, wenn Sie eine Indiskretion begehen, aber insgeheim, im Unterbewußtsein, wo Vertrauen eine wichtige Rolle spielt, ist ein »Vertrauensbruch« etwas Negatives.

Wenn einer unserer leitenden Mitarbeiter Chris Evert Lloyd erzählen würde, wie Martina Navratilovas berufliche Pläne aussehen, müßte Chris sich fragen: »Was erzählt er wohl Martina über mich?«

Es ist ganz einfach: Wenn Sie das Vertrauen, das man Ihnen entgegenbringt, enttäuschen, handeln Sie letztlich Ihren eigenen Interessen zuwider. Das ist eine Lektion, die man offenbar nur durch eigene Erfahrung lernt. Man muß nur ein einziges Mal dabei »erwischt« werden: Das Resultat ist so peinlich, so demütigend und so unnötig, daß man diese Lehre nie wieder vergißt.

Einer unserer Finanzexperten hatte sich einmal mit Virginia Wade über bestimmte Aktivitäten eines anderen Klienten unterhalten. Virginia, die manchmal etwas boshaft sein kann, versuchte – mit Erfolg – noch mehr Informationen aus ihm herauszuholen. Später hatte sie jedoch ein schlechtes Gewissen, erzählte mir von dem Zwischenfall und bat mich dringend, mit dem Betreffenden zu sprechen. Wir hatten eine eingehende Unterredung, und heute ist er vorsichtiger mit seinen Äußerungen.

Wir haben in unserem Unternehmen eine Faustregel: Wenn der Name eines anderen Klienten in einem Brief auftaucht, gehen wir davon aus, daß der Genannte ihn zu Gesicht bekommt. Wenn es z. B. darin heißt: »Falls Sie John Havlicek nicht wollen, wie wär's dann mit John Madden?« – garantiere ich Ihnen, daß auf irgendeine Weise beide davon erfahren.

Selbst wenn Sie zu wissen glauben, wem die Loyalität des Adressaten gilt oder wo seine Interessen liegen, sollten Sie sich nicht darauf verlassen, daß Ihre Bitte, etwas vertraulich zu behandeln, respektiert wird. Vertrauen Sie es deshalb auch nie einem Blatt Papier an!

Selbst wenn Sie nichts zu verbergen haben, ist Verschwiegenheit im Geschäftsleben ein dringliches Gebot. Wir hatten einmal einen wichtigen Klienten, der eine »flüchtige« Geschäftsbeziehung zu einem »Berater/

Mentor« außerhalb seiner Firma unterhielt. Wenn er sich gerade in einem »Tief« befand, erklärte er uns immer, er wolle diesen Mann loswerden und fragte, was wir davon hielten. Eines Tages machten wir den Fehler, es ihm zu sagen.

Wir hatten den Einfluß der anderen Person unterschätzt und ihn uns so zum Gegner gemacht. Dadurch litt letztlich auch die Beziehung zu unserem Klienten. Es wäre wesentlich besser geworden, wenn wir nichts gesagt hätten und neutral geblieben wären.

Indiskretion und Vertrauensbruch schaffen Probleme. Zumindest aus der Retrospektive ist es oft kaum verständlich, daß man selbst dafür verantwortlich ist.

Der wichtigste persönliche Vorzug im Geschäftsleben

Der wichtigste Vorzug ist zweifellos der gesunde Menschenverstand. Wenn Sie ihn nicht schon besitzen, dürfen Sie allerdings auch nicht mehr darauf hoffen, und nichts, was ich Ihnen sagen könnte, würde daran etwas ändern.

Neben dem gesunden Menschenverstand ist Humor – die Fähigkeit, über sich selbst oder eine Situation zu lachen – ein bedeutsamer persönlicher Vorzug.

Lachen ist wohl die größte, konstruktivste Kraft, die hilft, Spannungen abzubauen: deshalb sollten Sie derjenige sein, der sie steuert. Wenn es Ihnen gelingt, aufzuzeigen, was an einer Situation oder Kontroverse komisch oder absurd ist, die Spannung dadurch zu nehmen und zu erreichen, daß die andere Partei Ihre Gefühle teilt, haben Sie schon einen großen Vorteil. Es gibt nur wenige uneingeschränkt gültige »Geheimrezepte« im Geschäftsleben, aber dieses gehört dazu, und es hat – soweit mir bekannt ist – *noch nie versagt.*

John F. Kennedy war auf diesem Gebiet ein Meister. Er brachte den Kongreß und eine zumeist feindlich gesinnte Presse mit seinem Humor, der bisweilen das einzige war, was für ihn sprach, auf seine Seite. Kein Präsident scheint sich seither darüber Gedanken gemacht zu haben.

Ein ausgeprägter Sinn für Humor ist unzweifelhaft einer der positivsten und nachhaltigsten Eindrücke. Ein einziger humorvoller Kommentar, der zeigt, daß der Sprecher sich selbst nicht so wichtig nimmt, ist etwas, woran man sich noch lange erinnert.

Es ist auch empfehlenswert, Konferenzen mit einem humorvollen Wort zu eröffnen. Die Teilnehmer müssen sich nicht vor Lachen »biegen«, aber eine launige Bemerkung zu Beginn schafft die richtige Atmosphäre für das, was folgt.

Und schließlich sorgt Humor dafür, daß man nicht die Perspektive verliert, was – neben dem Profit – vielen ein leichtes zu sein scheint.

Vor ein paar Jahren machte die Ford Motor Company eine Zeit durch, in der die »Rechenkünstler« buchstäblich das Unternehmen leiteten und veranlaßten, daß überall Fabriken geschlossen wurden, um Kosten einzusparen. Sie hatten bereits dafür gesorgt, daß einige Niederlassungen in Massachusetts und Texas aufgelöst wurden und schienen ihre neuerworbene Macht zu genießen.

Robert McNamara, der damalige Generaldirektor der Ford-Werke, berief eine Konferenz ein, in der er mit seinen leitenden Angestellten die Empfehlung, eine weitere Zweigstelle zu schließen, erörtern wollte. Jeder war dagegen, aber wegen der düsteren Prognosen der Finanzexperten wagte niemand, offen Stellung zu beziehen.

Schließlich sagte ein mit allen Wassern gewaschener Ford-Veteran namens Charlie Beacham: »Warum machen wir nicht ganz dicht? *Dann* könnten wir erst Geld sparen!«

Das Eis war gebrochen; es wurde entschieden, mit der Schließung noch eine Weile zu warten, und die »Erbsenzähler« begannen wieder, sich mit Buchführung statt mit Unternehmensführung zu beschäftigen.

Sie selbst sein

Jeder hat bestimmte Prinzipien oder sollte sie zumindest haben, nach denen er sich im Privat- wie auch im Geschäftsleben richtet. Aber im Namen des »Prinzips« werden auch die meisten Sünden begangen.

»Prinzipien« sind oft nur ein Deckmantel für ein angeschlagenes Ego. Es gibt natürlich immer gefühllose, ablehnend eingestellte Menschen, und ich glaube, daß es in bestimmten Situationen durchaus gerechtfertigt ist, im Namen des verletzten Selbstbewußtseins etwas dagegen zu unternehmen. Aber man sollte es nicht »Prinzip« nennen, denn das wäre eine gefährliche Form des Selbstbetruges.

Im übrigen muß man wissen, ob die Rolle, die man spielt, zu einem paßt. Wenn sich Ihnen einmal die Frage stellt, wann Sie eine bestimmte Rolle spielen und wann Sie lieber Sie selbst sein sollen, so kann ich Ihnen nur den Rat geben, sich an das letztere zu halten.

Offensichtlich spielen viele Geschäftsleute eine »Rolle«. Wenn Sie sich ständig nur »ungeschminkt« mit all Ihren Fehlern zeigen, würden Sie kaum etwas erreichen. Das Geheimnis besteht darin, sich von Ihrer »Schokoladenseite« zu zeigen, indem Sie eine »Rolle spielen«, die Ihre Stärken betont und Ihre Schwächen kaschiert.

Im klassischen Sich-selbst-der-größte-Feind-sein-Fall geht es um den, der nicht zwischen Ehrlichkeit und Taktgefühl unterscheiden kann. »Ehrlichkeit ist nicht immer der beste Ratgeber« heißt ein Ausspruch. Ich halte ihn für irreführend, weil er impliziert, daß es im Geschäftsleben unter bestimmten Umständen durchaus legitim ist, zu lügen. Es wäre viel angemessener und zutreffender, zu sagen: »Ehrlichkeit mit Maß ist ein guter Ratgeber.« Das heißt, die Wahrheit kann in Worte gekleidet werden, die weder verletzend noch selbstzerstörend sind.

Das andere Extrem ist, um jeden Preis gefallen zu wollen. Es gibt Leute, die ihre Position ihrem Talent zur Schmeichelei zu verdanken haben. Aber vielleicht sagen sie einmal etwas, das sich nicht aufrechterhalten läßt, oder machen Versprechungen, die sie nicht halten können. Wenn sie wortbrüchig werden, sieht man die Ursache in ihrem Mangel an Autorität, und letztlich bieten sie ein Bild der Schwäche.

Gefühle steuern

Niemand von uns kann es sich leisten, sich ausschließlich mit einer Sache zu befassen, und nicht selten fließen Gefühle, die mit einer bestimmten Angelegenheit verknüpft sind, auf eine andere über. Wenn einem gerade ein großes Geschäft »durch die Lappen« gegangen ist, muß man sich beherrschen, um seine Enttäuschung nicht an der nächsten Person, mit der man zu tun hat, auszulassen. Wenn Sie besonders im Streß sind, können sich leicht Ungeduld und Verärgerung in Telefongesprächen oder Konferenzen bemerkbar machen.

Emotionale Abgrenzung, d. h., die Gefühle, die mit einer bestimmten Situation gekoppelt sind, auf die spezifische Situation zu beschränken, ist daher ein Rat, den man leicht geben, aber nur sehr schwer befolgen kann.

Ich habe dieses Problem teilweise dadurch gelöst, daß ich meinen Arbeitstag und meine Woche funktionsgerecht abgrenze – morgens Briefe beantworte, nachmittags Telefongespräche führe, Besprechungen nur an bestimmten, dafür vorgesehenen Tagen ansetze, usw.

Es ist auch wichtig, sich zu zwingen, aktiv statt passiv auf bestimmte Ereignisse zu reagieren. Z. B. nehme ich selten Anrufe entgegen, ich ziehe es vor, selber die Initiative zu ergreifen. Geht der Anruf von Ihnen aus, werden Sie Ihre Gefühle wahrscheinlich eher mäßigen, als wenn Sie durch ein Gespräch unterbrochen werden.

Emotionale Abgrenzung ist zum Teil der bewußte Prozeß, Distanz zwischen einer Situation und sich selbst zu schaffen.

Sie müssen nicht perfekt sein

Es gilt heute nicht mehr als bewundernswert oder taktisch klug zu sagen, daß man John De Lorean kennt – geschweige denn, Geschäfte mit ihm gemacht hat. Ich sehe keinen Grund darin, es zu verheimlichen. De Loreans »Sünde« war seine Arroganz, nicht seine Inkompetenz, und es läßt sich nicht leugnen, daß jemand, dem ein so kometenhafter Aufstieg in der knallharten, bürokratischen Hierarchie von General Motors gelungen war, etwas von seinem Metier verstehen mußte.

Ich lernte De Lorean kennen, als er schon Vorstand von Pontiac war. Im Laufe einiger Gespräche (er war übrigens für seine blitzschnellen Entscheidungen bekannt) konnte ich ihn mehr oder weniger davon überzeugen, daß sich Pontiac unbedingt mit der amerikanischen Skimannschaft zusammentun und sie mit einer siebenstelligen Summe sponsern sollte. Wir vereinbarten, uns in ein paar Wochen in Pontiacs Werbeagentur Mac Manus, John und Adams in Detroit zu treffen, um noch einige Details zu klären und das Geschäft zum Abschluß zu bringen.

Das ist genau die Art von Promotion, die die Werbeleute am meisten hassen. Sie wußten, daß De Lorean und ich *etwas* vereinbart hatten, aber sie hatten keine Ahnung, *was*. Sie waren sich nicht einmal im klaren darüber, welche Aufgabe ihnen dabei zugedacht war.

Als der »Große Tag« kam, war ich wie aufgedreht. Da saß der »Goliath« aus Detroit, einer der mächtigsten Männer der Autoindustrie, und ihm gegenüber, am anderen Ende des Tisches, saß ich, ein aufstrebender junger

Unternehmer. Dazwischen all die nervösen Mac Manus-Experten – *und dabei hatte ich das Geschäft schon längst in der Tasche!* Ich fühlte mich unbesiegbar.

Das Meeting begann um 9.01 Uhr. Es war für 9.00 Uhr angesetzt, aber wir warteten noch eine Minute auf Ernie Jones, den Leiter der Werbeagentur, dann schaute De Lorean auf seine Uhr und sagten: »Fangen wir an.«

Als das Gespräch auf die spezifische Verflechtung zwischen Ski-Team und Pontiac kam, fühlte ich mich in meinem Element. Ich machte zunächst einige Vorschläge und hielt dann einen ziemlich langen Monolog darüber, wie man die Ski-Asse mit Pontiacs langjährigem Markenzeichen, dem Indianerkopf, koppeln könne.

Während ich sprach, bemerkte ich, daß die Augen der Anwesenden unruhig zwischen De Lorean und mir hin und her wanderten. De Lorean blieb völlig regungslos, aber ich fühlte, daß ich auf die anderen nicht den gewünschten Eindruck machte und daß es vielleicht an der Zeit sei, den Mund zu halten.

Nach einer Minute – die mir endlos vorkam – lächelte De Lorean und sagte: »Mark, Sie haben uns wirklich gründlich unter die Lupe genommen. Pontiac hat gerade mehr als drei Millionen Dollar ausgeben, um den Indianerkopf *loszuwerden* und ein neues Logo zu entwickeln!«

Das Geschäft kam trotzdem zustande, aber ich glaube, ich bin seit damals nie wieder so schlecht vorbereitet zu einer Besprechung gegangen.

Jemand hat einmal gesagt: »Jeder kann sich einmal irren. Erst wenn man sich öfter irrt, macht man einen Fehler.« Sie müssen nicht vollkommen sein, aber Sie sollten aus Ihren Unvollkommenheiten lernen.

3. Vorteil

Vorteil heißt die Zauberformel, nicht nur im Tennis, sondern auch im Geschäftsleben. Das bedeutet, daß Sie alle Informationen, die Sie über den anderen besitzen und die Sie ihm über sich selbst zugestanden haben, in die Waagschale werfen, damit sie sich zu Ihrer Seite neigt. Vorteile erkennt man oft nur mit Hilfe der Intuition.

Zu Beginn geht es darum, seine »Hausaufgaben zu machen«, die Spieler und alle wichtigen Aspekte des Spiels zu kennen. Dann muß man wissen, wie gespielt wird – herausfinden, was der andere will oder ihn davon überzeugen, daß er etwas Bestimmtes möchte und einen Weg finden, es bereitzustellen. Dahinter steht natürlich die Maxime, möglichst weniger zu geben als man dafür zurückbekommt.

Ich glaube fest daran, daß es in jedem Wirtschaftsbereich Chancen gibt, die geradezu darauf zu warten scheinen, daß man sie ergreift. Seien Sie nicht zu gierig, zu energisch oder zu ungeduldig – aber halten Sie nach Ihrer Chance Ausschau. Über kurz oder lang zeigt sie sich von selbst. Dann sollten Sie bereit sein, alles, was notwendig ist, zu tun, um sie zu wahren.

Die Details kennen

Sie können keinen Punkt gewinnen, ohne vorher die Fakten zu kennen. Sie allein garantieren Ihnen zwar noch nicht den Sieg, aber sie können verhindern, daß sie ihn anderen überlassen müssen. Solange Sie nicht alle oder die meisten konstanten »Größen« kennen, die eine Situation definieren, operieren Sie aus dem »Dunkel« heraus. Es wäre möglich, daß es gerade auf dieses Faktum ankommt, das Ihnen unbekannt ist, weil es vielleicht nicht unmittelbar zu erkennen war.

Es gibt im Geschäftsleben viele abkürzende Verfahren, aber mangelnde Kenntnis der Details gehört nicht dazu. Befassen Sie sich deshalb mit der notwendigen »Wühlarbeit«. Nehmen Sie sich die Zeit und machen Sie sich die Mühe, alles über die Unternehmen und die Leute, mit denen Sie zu tun haben, herauszufinden. Die Merkmale, die eine bestimmte Situation definieren, beginnen dann, sich von selber, wie bei einem Puzzle, zusammenzufügen.

Es gibt noch eine zwei Kategorien von Fakten, die unmittelbar und von innen heraus erschlossen werden müssen. Sie ergeben sich aus der Situation selbst – aus dem, was andere sagen oder tun, woraus sich neue und brauchbare Erkenntnisse gewinnen lassen. Ich kenne zahllose geschäftliche Situationen – auch aus eigener Erfahrung –, wo ein einziger Sachverhalt plötzlich sicht- oder spürbar wurde, der die Dynamik oder festgelegte Strategie völlig veränderte.

Das erstemal, als ich versuchte, die amerikanischen Fernsehrechte für die British Open-Golfmeisterschaften zu verkaufen, passierte genau das. Ich hatte mit dem Ressortleiter eines Senders verhandelt, und als das Geschäft schon beinahe perfekt war, brachte ich einen unserer Topmanager aus dem Bereich Fernsehen und er einen Bevollmächtigten aus der Abteilung »Business Affairs« (im Fernsehjargon Bezeichnung für die Finanz- und Rechtsabteilung) mit.

Innerhalb weniger Minuten wußte ich, daß das Meeting ergebnislos enden würde. Der Ressortleiter, der das Reden übernahm, war nicht geneigt, vor seinem Bevollmächtigten auch nur das geringste Zugeständnis zu machen – oder in irgendeiner Form von den Vereinbarungen, die die beiden wohl vorher getroffen hatten. Die Anwesenheit meines »Fernsehsachverständigen«, mit dem sie schon des öfteren zu tun gehabt hatten, trug nur dazu bei, die Situation noch zu verschärfen. Das Ganze führte einfach zu nichts, und wenn man versucht hätte, ein Ergebnis zu erzwingen, wären unsere Standpunkte noch weiter auseinandergerückt.

Sobald wie möglich schlug ich deshalb vor, das Gespräch zu beenden und beiden Parteien Zeit zu lassen, ihre Positionen zu überdenken. Am nächsten Tag rief ich den Bevollmächtigten an, und, abseits vom Einflußbereich der anderen, handelten wir einen Rechtsvertrag aus, der heute noch in Kraft ist.

Die Spieler kennen

Man versucht, Menschen einzuschätzen, Ihren wahren Charakter zu erkennen, Schwachstellen zu finden usw., um diese Informationen zum eigenen Vorteil zu nutzen, indem man für das, was man über den anderen weiß, die richtige Stimuli zu finden versucht.

Mehrere Jahre lang hatte ich mich bemüht, André Heiniger, den Vorstandsvorsitzenden von Rolex, zu veranlassen, die Finanzierung eines elektronischen Punktzählers und Zeitnehmers für Wimbledon zu übernehmen. Er hielt das für reine Geldverschwendung und setzte die Herstellung eines Zeitnehmers für Sportveranstaltungen mit der Massenproduktion von Uhren wie Seiko und Timex auf eine Stufe.

Ich wußte, meine einzige Chance, ihn umzustimmen, bestand darin, ihn nach Wimbledon zu bekommen, was mir schließlich 1979 auch gelang.

Als wir in der königlichen Loge saßen, Tee tranken und das Finale verfolgten, konnte ich sehen, wie sehr er alles genoß: die ein wenig antiquierte Eleganz des Centre Court, die Spannung des Spiels, die einzigartige und reizvolle Atmosphäre.

Nach dem Spiel wandte sich Heiniger zu mir und sagte mit einer ausladenden Handbewegung: »Das *ist* Rolex!«

Die Situation analysieren

Wenn Sie die Details, die Spieler und die wichtigsten Aspekte kennen, können Sie damit beginnen, eine Situation zu analysieren. Dazu sollten Sie einen Schritt »zurücktreten«, herauszufinden versuchen, welche Möglichkeiten Ihnen offenstehen.

Ich befürworte die Methode, »auf Distanz« zu gehen, sich einem Moment Zeit zu lassen, um ein bedeutendes geschäftliches Ereignis – sei es positiv oder negativ – aus einer größeren Perspektive zu betrachten. Ich versuche immer wieder, Abstand zu den Ereignissen zu gewinnen. Ich sehe dieses Bedürfnis nicht anders als die Notwendigkeit, ein Telefongespräch zu führen oder an einer Besprechung teilzunehmen. Das ist vielleicht nicht lehr-, aber lernbar, das kann ich aus eigener Erfahrung bestätigen. Würde sich jeder mit größerer Regelmäßigkeit daran halten, hätte unser Bruttosozialprodukt einen ungeahnten Anstieg zu verzeichnen.

Vor Jahren lernte ich einen Geschäftsmann, den venezuelanischen Reeder und Erdölmagnaten Raphael Tudela, kennen. Ich respektiere und bewundere ihn sehr; er ist für mich das Urbild des gewitzten Selfmade-Mannes. Es ist ihm gelungen, in weniger als zwanzig Jahren ein Milliardenunternehmen buchstäblich aus dem Nichts aufzubauen. Er hält nichts von schriftlichen Verträgen, man weiß, daß sein Wort gilt. Er ist ein typisches Beispiel dafür, daß jeder »seines eigenen Glückes Schmied« ist: mit seinen Hauptaktivitäten, der Erdölspekulation, ist er deshalb so erfolgreich, weil er Chancen sieht und ergreift, die niemand außer ihm erkennt.

Mit anderen Worten – Raphael Tudela versteht es, auf geradezu geniale Weise seinen Vorteil zu wahren. Das beste Beispiel dafür, daß er die Fakten kennt, weiß, was der Kunde will und einen Weg findet, es zu beschaffen, ist die Geschichte, wie er zur Erdölbranche kam.

Mitte der 60er Jahre betrieb Tudela, der eigentlich Erdölingenieur war, eine Glasfabrik in Kanada. Sein Traum war schon immer, ins Erdölgeschäft einzusteigen. Als er von einem Geschäftsfreund erfuhr, daß Argentinien beabsichtigte, für $ 20 Millionen Butangas zu kaufen, flog er dorthin und versuchte, den Kontrakt zu bekommen. »Erst wenn ich den Auftrag habe«, erklärte er mir, »fange ich an, darüber nachzudenken, woher ich das Gas nehme.«

Als er – ein Glasfabrikant, ganz auf sich selbst gestellt, ohne Geschäftsverbindungen oder Erfahrung in der Erdölbranche – nach Argentinien kam, mußte er feststellen, daß er illustre Konkurrenz hatte: British Petroleum und Shell.

Als er seine Fühler ein wenig ausgestreckt hatte, stellte er aber auch fest: Argentinien besaß einen gewaltigen Überschuß an Rindfleisch, für das es verzweifelt Käufer suchte. Weil er diese beiden Fakten kombinierte, gelang es ihm, seinen ersten »Vorteil« zu verbuchen und Shell und BP »abzuhängen«. »Wenn Sie für $ 20 Millionen Butangas bei mir kaufen«, schlug er der argentinischen Regierung vor, »nehme ich für $ 20 Millionen Rindfleisch von Ihnen ab. Man sicherte ihm den Vertrag unter der Bedingung zu, daß er einen Käufer fand.

Tudela flog daraufhin nach Spanien, wo gerade eine namhafte Schiffswerft wegen Auftragsmangel geschlossen werden sollte – ein politisch brisantes Vorhaben und deshalb für die spanische Regierung von höchstem Interesse. Tudela machte der Regierung den Vorschlag: »Wenn Sie mir Rindfleisch im Werte von $ 20 Millionen abnehmen, lasse ich in Ihrer Werft einen Supertanker für den gleichen Preis bauen.« Die spanische Regierung war begeistert und bat Argentinien durch ihren dort akkreditierten Botschafter, das Rindfleisch direkt nach Spanien zu transportieren. Wieder einmal hatte Tudela seine Chance gewittert und genutzt.

Seine letzte Station auf dem Weg zum Erfolg war die Sun Oil Company in Philadelphia. »Wenn sie meinen Supertanker, der gerade in Spanien gebaut wird, chartern, kaufe ich für $ 20 Millionen Butangas bei Ihnen.«

Sun Oil war einverstanden und Tudela hatte seinen Traum, ins Erdgas- und Erdölgeschäft zu kommen, verwirklicht.

Blitzschnell reagieren

Im allgemeinen halte ich mich an die Regel, in geschäftlichen Situationen zu agieren anstatt zu reagieren, und so die Gefahr zu verringern, vorschnell zu handeln. Eine Ausnahme ist allerdings, wenn die Umstände zu einem späteren Zeitpunkt nicht mehr die gleichen sind und die Gelegenheit, wenn Sie sie nicht spontan ergreifen, verpaßt ist.

Die Notwendigkeit, opportunistisch zu handeln, blitzschnell zu reagieren, unterstreicht noch einmal, wie wichtig gute Menschenkenntnis ist – nicht nur zu hören, was der andere sagt, sondern was auch unterschwellig mitklingt. Nur dann können Sie erkennen, wann Sie, um Ihre Chance zu ergreifen, augenblicklich handeln müssen. Wir hatten vor einiger Zeit eine Besprechung mit McDonald's in Chicago; es ging um die Erneuerung der Zusicherung, die Weltmeisterschaft im Dreikampf finanziell zu unterstützen, die wir für sie arrangieren und für das Fernsehen aufzeichnen wollten.

Im Verlauf des Gesprächs verdichtete sich das Gefühl – obwohl es niemand offen aussprach –, daß man bei McDonald's weit weniger Bereitschaft dazu zeigte, als wir vermutet hatten. Erstens dämpfte das mangelnde Interesse des Auslands an der Veranstaltung die Begeisterung ganz gewaltig, und zweitens war der Zeitpunkt für das Meeting denkbar schlecht gewählt. McDonald's hatte sich gerade erst bereit erklärt, das Schwimmbecken für die Olympischen Spiele 1984 in Los Angeles zu finanzieren, und dieses Engagement war im Augenblick absolut vorrangig.

Dennoch konnte man direkt spüren, daß sie in der Stimmung waren, *irgend etwas* zu fördern, und wer konnte wissen, wie lange dieser Impuls andauern würde? Zweifellos nicht länger als die Besprechung selbst.

Aus »heiterem Himmel« erklärte unser Verkaufsleiter für den Bereich Fernsehprogramme, daß die Triathlon-Idee möglicherweise ausgedient habe und man vielleicht über ein konzeptionell völlig neues, aber sonst ähnliches Projekt diskutieren könnte: eine internationale Tauchmeisterschaft, die einmal im Jahr in McDonald's neuem Schwimmbecken stattfinden sollte.

Und da unser Mitarbeiter gemerkt hatte, daß der Augenblick reif war, wurde das Meeting für uns ein Erfolg.

Wie man sein Glück schmiedet

»Ohne Fleiß kein Preis« heißt ein altes Sprichwort, oder, wie Gary Player einmal sagte: »Je mehr Mühe ich mir gebe, desto mehr Glück habe ich.«

Im Laufe der Jahre haben wir mehr Glück gehabt, als uns vielleicht zusteht, aber wir haben auch gelernt, unsere Chance zu suchen anstatt zu warten, bis sie auf dem »Präsentierteller« lag. Das macht, glaube ich, den eigentlichen Unterschied zwischen den »Erfolgreichen« und den weniger Erfolgreichen im Geschäftsleben aus. Die »von Natur aus Bevorzugten« bemerken den kleinsten Riß und verstehen es, einen klaffenden Abgrund daraus zu machen. Die, die »nie eine Chance hatten«, würden sie nicht einmal als solche erkennen, wenn sie absolut unübersehbar vor ihrer Nase läge.

Um »sein eigenes Glück zu schmieden« muß man erkannt haben, worin es besteht. Dann ist es im Grunde nicht mehr schwer, seine Chance zu ergreifen.

Mr. Goodfather (das ist sein wirklicher Name) ist Florist und kümmert sich um die Bepflanzung der Büros mehrerer Unternehmen in Cleveland, zu denen auch Jones und Laughlin Steel gehört. Er erfuhr, daß die Eaton Corporation, ein großer Konzern in Cleveland – und ein Jones und Laughlin-Kunde – seine Büroräume in das gleiche Gebäude verlegte und rief bei Eaton an, um ihn ebenfalls als Klienten zu gewinnen.

Als er bat, mit jemandem zu sprechen, der für die Büros zuständig sei, wurde er fälschlicherweise mit dem Mann verbunden, dem die Büros tatsächlich unterstanden, nämlich mit Del De Windt, Vorstandsvorsitzender von Eaton.

»Ich kümmere mich um die Bepflanzung bei Jones und Laughlin Steel«, sagte Goodfather, »und ich möchte einen Termin, um über Ihre Büroräume zu sprechen.«

Am nächsten Morgen wurde Goodfather in seiner Arbeitskleidung mit der blauen Kappe – sein Markenzeichen – in den Konferenzraum gebeten, wo schon mehrere Topmanager von Eaton, mit Jones und Laughlin-Akten vor sich, versammelt waren.

Nachdem die Verwechslung aufgeklärt war, lachten alle, und damit hätte unsere nette kleine Geschichte auch ohne Pointe enden können. Aber während Goodfather Anstalten machte zu gehen, wandte er sich noch an einen der Manager und sagte: »Was nun die Pflanzen betrifft...«

Er erhielt den Auftrag.

In Krisen Chancen sehen

Viele Leute sehen in einer Krise nur eine potentielle Katastrophe. Sie sind aber viel wachsamer und agiler als sonst, und ihre erhöhte Sensitivität ließe sich leicht in einen merkbaren Vorteil verwandeln.

Neulich rief uns ein wichtiger Klient an; er war in Panik, weil einer seiner Lizenznehmer beschlossen hatte, auf seine Option zu verzichten, was den Verlust eines siebenstelligen Einkommens und eine Menge negativer Publicity bedeutet hätte. Unser für diesen Klienten zuständige Mitarbeiter reagierte blitzschnell, und als ich von der Situation erfuhr, hatte er bereits einen sogar noch »besseren Ersatz« für unseren Klienten gefunden.

Das klingt nicht schlecht. Aber zufällig zahlt uns dieser Klient weit weniger, als wir wert sind. Er hatte davon profitiert, daß seine Repräsentation in der Aufbauphase unserer Firma einen echten Prestigegewinn darstellte.

Wäre unser Mitarbeiter nicht so übereifrig gewesen, die Krise zu überwinden, hätte ich die Gelegenheit nutzen und unserem Klienten ein paar Fakten klarmachen können: es sei wirklich bedauerlich, daß er seinen Lizenznehmer verloren habe; es ließe sich gewiß ein Ersatz finden, aber das würde viel Zeit und Mühe und ganz sicher einen oder zwei Anrufe bei Leuten kosten, die uns einen Gefallen schuldeten (was übrigens den Tatsachen entsprach). Dann wäre ich auf unsere Provision zu sprechen gekommen, um zu sehen, ob der Klient bereit war, unseren Einsatz angemessen zu honorieren.

Einer der besten Ratschläge, die ich Ihnen geben kann, ist der, nie vorschnell zu reagieren, wenn eine Krise eintritt oder sich abzuzeichnen beginnt. Sagen Sie einfach, Sie brauchen Zeit zum Nachdenken. Finden

Sie irgendeine Entschuldigung, aber überstürzen Sie nichts. Erst wenn Sie überprüft haben, ob in dieser Krise nicht auch eine echte Chance steckt, sollten Sie handeln. Dadurch behalten Sie zumindest einen klaren Kopf bei der Bewältigung des Problems, und wenn Sie klug sind und sich nicht selbst in die Krise verwickeln lassen, werden Sie erkennen, daß sie auch äußerst interessante Aspekte haben kann.

Geduld üben

Leute, die geschäftlich mit mir zu tun haben, staunen oft über die Gelassenheit, mit der ich eine schlechte Nachricht aufnehme. Das war nicht immer der Fall, und obwohl ich Hiobsbotschaften bis heute noch nicht liebe, habe ich doch gelernt, damit fertig zu werden. Schlechte Neuigkeiten sind selten so schlecht, wie sie auf den ersten Blick scheinen – und geschäftliche Katastrophen selten so katastrophal! Mit den Jahren habe ich gelernt und erkenne es immer wieder, wie wichtig Geduld und wie zerstörerisch Ungeduld sein kann. Ich finde es erstaunlich, wie die Zeit eine Situation verändern, Probleme lösen oder bedeutungslos machen, eine Kontroverse abschwächen und eine ganz neue Perspektive hinzufügen kann. Den Spruch »Kommt Zeit, kommt Rat« sollte sich jeder frischgebackene, übereifrige Manager »hinter die Ohren« schreiben.

Was hat das nun damit zu tun, wie man sich Vorteile verschafft? Sehr viel. Man muß, wie eine Katze auf der Lauer, warten können, bis sich eine Chance bietet. Warten und sich in Geduld üben hat sich auf so vielen Gebieten bewährt, daß es mir schwerfällt, nur ein oder zwei Beispiele anzuführen und dadurch Gefahr zu laufen, die Bedeutung dieser Tugend zu schmälern. Ich möchte jedoch betonen, daß gerade in unserem Metier, in dem ich seit zwanzig Jahren tätig bin, 90% der Erfolge auf Geduld und 90% der Mißerfolge auf den Mangel daran zurückzuführen sind.

Vor kurzem haben wir Herschel Walkers* neuen Vertrag mit den New Jersey Generals abgeschlossen, der – was den realen Dollarwert betrifft – wohl der größte in der Geschichte des Mannschaftssports ist. Allein die Tatsache, daß wir es waren, die die Verhandlungen führten, beweist, daß Geduld sich auszahlt.

* Berühmter amerikanischer Football-Star.

Schon zwei Jahre vorher waren wir daran interessiert, Herschel unter Vertrag zu nehmen, und nach mehreren Gesprächen mit Vince Dooley, seinem Coach an der Universitiy of Georgia, auch überzeugt, daß uns das gelingen würde.

Anfang 1983 erhielt ich einen Brief von Vince, in dem er uns für unsere Geduld (!) dankte und ein Treffen mit Herschel vorschlug. Der Brief erreichte mich genau an dem Tag, an dem Herschel Schlagzeilen machte, weil er als nichtgraduierter Student einen Vertrag mit einem Profi-Team abgeschlossen hatte.

Unsere Teamsport-Abteilung war wie vor den Kopf geschlagen. Aber ich versuchte sie damit aufzumuntern, daß uns ganz sicher nicht alle Fakten bekannt und sowohl Herschel als auch Vince von unserer Arbeit beeindruckt waren, daß wir mit ein wenig Geduld vielleicht doch noch mit Walker ins Geschäft kommen könnten und daß er sicher nicht zum letztenmal von uns gehört hätte.

Zwölf Monate später wurde Herschel unser Klient.

Selbstdisziplin

Ein riesiger Abgrund klafft zwischen den Geschäftsleuten, die smart sind, und denen, die sich dafür halten. Letztere trifft man am häufigsten im mittleren und auf der untersten Ebene des Management an: es sind die, die allem und jedem außer sich selbst die Schuld daran geben, daß sie nicht Karriere machen. Die Ironie dabei ist, daß viele von ihnen als ziemlich helle Köpfe, oft mit erstaunlichem Sinn für das Wesentliche, gelten.

Aber ihre Instinkte sind schlecht. Sie machen nicht den richtigen Gebrauch von ihren Wahrnehmungen. Eigentlich wissen sie genau, was man sagen sollte und was nicht und wann der Zeitpunkt gekommen ist, zu sprechen oder zu schweigen, aber sie können einfach nicht »aus ihrer Haut heraus«. Sie begehen unüberlegt eine Indiskretion oder meinen, ungeschminkt die Wahrheit sagen zu müssen, selbst wenn ihnen bewußt ist, daß sie damit sich selber schaden. Das ist ein Zeichen für mangelnde berufliche Reife, die sich, unabhängig vom Alter, bei vielen bemerkbar macht.

Wenn eine geschäftliche Situation mit Verschwiegenheit gehandhabt werden muß – wie hoch würden Sie dann Ihre Diskretion einschätzen?

Wenn eine humorvolle oder besänftigende Bemerkung den »Dampf« aus einer Kontroverse genommen hätte – wie geschickt haben Sie dann die Rolle des Vermittlers gespielt? Und wenn Sie wieder im Begriff waren, impulsiv zu reagieren – haben sie es geschafft, diesem Drang zu widerstehen?

Wie effektiv haben Sie das, was Sie über andere wissen, genutzt, und inwieweit ist es Ihnen gelungen, das, was man über Sie weiß, zu steuern?

4. Beruflicher Aufstieg

Eines der erfolgreichsten Broadway-Musicals der letzten Jahre war *How to succeed in business without really trying**. Hauptperson war ein junger Angestellter, der ständig versuchte, seinem Chef zu imponieren. In einer Szene kam er schon ein paar Minuten vor neun Uhr ins Büro, knöpfte sein Hemd auf, lockerte seine Krawatte, zerzauste sich die Haare, füllte Zigarettenkippen in die Aschenbecher und verstreute Papiere und Dokumente überall im Raum. Als der Boß ein paar Minuten später auftauchte, fand er seinen Mitarbeiter offensichtlich am Schreibtisch »zusammengebrochen«, weil er die ganze Nacht durchgearbeitet hatte.

Die Szene war zwar übertrieben, aber witzig, denn sie dramatisierte die oft geradezu lächerlichen Anstrengungen, die so mancher macht, um beruflich vorwärtszukommen.

Ich hatte niemals das »Vergnügen«, mir meinen Weg nach oben erkämpfen zu müssen, da ich direkt aus der Anwaltskanzlei zum eigenen Geschäft gekommen bin. Aber ich habe viele dabei beobachtet: Geschäftsfreunde, die es bis zur Firmenspitze gebracht haben; Leute, die nicht nur Stars im Sport, sondern auch im Geschäftsleben waren; und natürlich auch unsere eigenen Führungskräfte, von denen viele direkt nach dem Wirtschafts- oder Jurastudium zu IMG kamen. Ein Unternehmen ist in dieser Hinsicht ein ausgezeichnetes Beobachtungsfeld.

Warum gelingt es – bei vergleichbarem Werdegang und gleichwertigen Fähigkeiten – manchen, sich sofort einen Platz an der Spitze zu erobern, während andere dazu verdammt scheinen, für immer im Morast der mittleren Managementebene zu versinken?

Ich glaube, die Antwort liegt darin, daß man nicht genug zwischen Fähigkeiten und Effizienz, die darin besteht, daß man eben diese Fähigkeiten einsetzt, um bestimmte Resultate zu erzielen und Ziele zu erreichen, differenziert.

Diejenigen, die nicht besser sind als ihre Fähigkeiten, werden nun einmal keine Superstars. Die Stars kombinieren ihre Qualitäten mit anderen Eigenschaften: sie verfügen über ein gewisses Know-how und gutes Einfühlungsvermögen und beherrschen perfekt die »Spielregeln«. Sie »brin-

* Wie man Karriere macht, ohne sich Mühe zu geben.

gen« etwas und können Resultate vorweisen: das liegt vor allem daran, daß sie es verstehen, ihre Ideen und sich selbst innerhalb wie außerhalb des Unternehmens gut zu »verkaufen«.

Einer unserer Klienten, John Madden, der heute als Sportmoderator für CBS arbeitet, war viele Jahre Coach der lange Zeit erfolgreichen Oakland Raiders Football-Mannschaft. Während der Meisterschaften hatten sie einen absoluten Profi-Stürmer, Fred Belintnikoff, eingesetzt.

Madden sagte einmal über ihn: »Wenn er nur seinen Fähigkeiten entsprechend gespielt hätte, wäre er nie in die Nationalmannschaft aufgenommen worden. Er war nicht besonders schnell, nicht besonders groß und wirkte sogar ein wenig unbeholfen. Ich hab' ihm oft vom Spielrand aus zugeschrien: »Fall bloß nicht hin, Fred! Nicht hinfallen!« Er war Spitze, wenn es darum ging, Pässe anzunehmen oder den Ball ins Ziel zu bringen.«

Fred Belintnikoff *war* erstklassig. Er kannte die Spielregeln, verstand etwas von Teamwork, hatte die Hintertüren und Schwachstellen im Spielsystem erkundet und sich seine eigene Taktik zurechtgelegt, die es ihm gestattete, immer dort zu sein, wo die Verteidigung des Gegners gerade nicht war. Er war in seiner Position ein Superstar.

Die Regeln beherrschen

Ist es ein Spiel, sich seinen Weg durch die Hierarchie nach oben zu bahnen? Ich würde sagen: ja! Es sind eigentlich mehrere Spiele, die gleichzeitig stattfinden. Wenn Sie Karriere machen wollen, sollten sie sie ernst nehmen und bemüht sein, sie so gut wie möglich zu beherrschen.

Als Arbeitgeber ist Ihnen daran gelegen, echtes Talent zu erkennen und sich nicht durch Äußerlichkeiten täuschen lassen. Als Arbeitnehmer müssen sie versuchen, einen Weg zu finden, um denen, die wirklich Entscheidungen treffen, zu zeigen, was in Ihnen steckt, ohne sich andere zum Feind zu machen.

Das kann schwierig werden. Sie müssen

1) einige Positionen »überspringen«, um noch Ranghöhere auf sich aufmerksam zu machen;
2) gleichzeitig die »Übergangenen« überzeugen, daß auch sie dabei gut abschneiden, wenn sie Ihnen helfen, »oben« Eindruck zu machen;

3) verhindern, daß diese mittleren Manager (denen natürlich die eigene Karriere am Herzen liegt) Sie einengen oder Ihr Verdienst als ihr eigenes ausgeben; und
4) müssen Sie darauf achten, daß Sie sich das Wohlwollen Ihrer Kollegen und die Unterstützung Ihrer Untergebenen auch weiterhin erhalten.

Das Ganze ist nicht nur ungeheuer kompliziert, sondern kann zuweilen auch recht unerfreulich werden. Kein Wunder, daß es soviele frustriert, für ein Unternehmen zu arbeiten.

Der berufliche Aufstieg ist eines der wirklichen Probleme im Geschäftsalltag, auf das Sie keine Schule vorbereitet. Ein akademischer Titel kann Türen öffnen, aber wenn Sie die Schwelle erst einmal überschritten haben, müssen Sie zeigen, was Sie wirklich wert sind. Ist es möglich, »eine gute Figur« zu machen, ohne andere in ein »schlechtes Licht« zu setzen? Kann man das Spiel gewinnen, auch ohne ein Meister der Intrige zu sein?

Ich glaube, die Antwort lautet »ja«. Aber zuerst einmal muß man die Spielregeln perfekt beherrschen und die realen Faktoren erkennen, die das Beziehungsgeflecht in einer Unternehmensstruktur wesentlich beeinflussen. Diese Gegebenheiten variieren von Betrieb zu Betrieb, aber dennoch lassen sich drei generelle Regeln aufstellen:

Regel 1: Der Stärkste überlebt

Der Darwinismus ist in fast jeder pyramidenförmig angeordneten Struktur dominierend, und ein Unternehmen ist in dieser Hinsicht nicht nur keine Ausnahme, sondern das beste Beispiel. Es gibt einfach nicht so viele Generaldirektoren wie Direktoren, weniger Direktoren als Abteilungsleiter usw. Das bedeutet, daß ein natürlicher, wenn auch noch so unterschwelliger Antagonismus zwischen den verschiedenen Managementebenen, den verschiedenen Stufen der Pyramide, besteht. Ein Geschäftsfreund hat dieses Symptom einmal, auf seine eigene ränkevolle Firma bezogen, als »Nahrungskette« bezeichnet.

Regel 2: Ihre Kollegen sind Ihre natürlichen Verbündeten

Es ist verwunderlich, wie oft scheinbar intelligente Menschen diese Tatsache verkennen. Wenn Sie Ihre Kollegen »vor den Kopf stoßen«, brauchen Sie keinen anderen Feind mehr in Ihrem Unternehmen.

Regel 3: Es gibt ein System

»Das System« ist vielleicht nicht einmal erwünscht oder unfehlbar, aber es ist in allen Unternehmen vorhanden. Um beruflich vorwärtszukommen, sollten Sie das System in ihrer Firma kennen und sich seiner zu bedienen verstehen. Das ist der einzige Weg, in ihm, mit ihm und durch es etwas zu erreichen.

Langfristig Eindruck machen

Fast alles, was ich in Kapitel 2 darüber gesagt habe, wie man einen guten Eindruck macht, gilt auch für den beruflichen Aufstieg, mit einem Zusatz: innerhalb eines Unternehmens wird man über einen längeren Zeitraum eingeschätzt und beurteilt. Daraus ergibt sich zwangsläufig, daß Berechnung weniger Erfolg verspricht als das Bemühen, Freunde und Verbündete zu gewinnen. Natürlich findet man auch Rat außerhalb des Betriebes mit Hilfe von wenigen gut geplanten Anrufen und Zusammenkünften. In Ihrem Unternehmen haben Sie es leichter: Sie können sich jede Woche oder jeden Monat jemandem anvertrauen.

»Langfristig« bedeutet auch, daß ihre großen Siege und Niederlagen – jeder einzelne Erfolg oder Mißerfolg – weniger folgenschwer sind als Sie vielleicht annehmen. Haben Sie schon einmal die Beschwerde gehört: »In meiner Firma gilt wohl nur, was ich in letzter Zeit für sie getan habe?« Ich meine, diese Einstellung ist durchaus berechtigt, weil sie Teil des Abkommens ist: auch wenn Ihnen gelegentlich einmal etwas mißlingt, werden Sie nicht gleich entlassen. Wenn Sie, umgekehrt, zu lange auf dem Siegerpferd reiten, beginnt man sich vielleicht sogar über den Rest Ihres Rennstalls zu wundern.

Da man in einem Unternehmen über einen längeren Zeitraum beurteilt wird, ist Geduld noch unerläßlicher; man muß warten können, bis die Zeit zum Reden oder Handeln gekommen ist; wissen, wann man sich im Hintergrund halten und wann man in den Vordergrund treten sollte.

In einem Unternehmen »durchschaut« man Sie eher. Ihr wahres Ich muß irgendwann einmal durchbrechen und man entdeckt zwangsläufig Ihre Schwächen, aber auch Ihre Stärken. Deshalb täte jeder gut daran zu erkennen, daß man nur dann »vorwärtskommt«, wenn man mit anderen »auskommt«.

Das »Liebe-mich-um-meiner-selbst-willen«-Syndrom

Manche Leute sind zwar sehr tüchtig, legen aber großen Wert darauf, ihre Schwächen wie ihre Stärken »zur Schau« zu stellen.

Wir haben in unserem Unternehmen einen sehr kompetenten älteren Manager, der es versteht, seine Leute zu motivieren, ihre Loyalität zu sichern und immer mehr als ein »Eisen im Feuer« zu haben.

Aber er hat leider auch zwei große Fehler: er mischt sich überall ein und redet zuviel. Manchmal ärgert es mich, daß er das weiß, aber trotzdem darüber spricht, als ob es sich um ein persönliches Verdienst handelte. Er ist bemerkenswert tüchtig und wird auch kaum seine Stellung deshalb verlieren, aber seine Gewohnheiten sind in mehrfacher Hinsicht hinderlich.

Diejenigen, bei denen das »Liebe-mich-um-meiner-selbst-willen«-Syndrom (»Sie bekommen *das*, was Sie sehen«) auftritt, scheinen es für ein Zeichen von Selbstsicherheit zu halten, aber in Wahrheit beweist es eher das Gegenteil.

Neue Tricks kennenlernen

Wir haben einen Mitarbeiter, dem es immer wieder gelingt, aus einer Niederlage einen »Sieg« zu machen. Ungeachtet der Umstände ist für ihn stets das Ende der Welt gekommen, und nur ein Wunder könnte ihn noch retten. Und wenn er dann in »letzter Minute« für das »Wunder« sorgt, glaubt er, seine Vorgesetzten würden ihm sein heroisches Eingreifen nie vergessen.

Ein anderer Mitarbeiter, der inzwischen nicht mehr für uns tätig ist, schaffte es, aus jedem »Sieg« – zumindest stellte er es so dar – eine Niederlage zu machen. Immer sahen seine Einkommensschätzungen unglaublich vielversprechend aus – und lagen fast 100% über den realen Erträgen. Im Laufe der Zeit verdichtete sich natürlich das Gefühl, er sei nicht besonders kompetent und müsse ständig unter Druck gesetzt werden. Der langfristige Eindruck war noch verheerender: wir zogen automatisch von allem, was er sagte oder tat, die Hälfte ab.

Ein weiterer schlechter »Trick«, den ich kennengelernt habe, besteht darin, Klienten oder Kunden wie seinen »Augapfel« zu hüten. Daß manche Manager ihre geschäftlichen Beziehungen allein für sich beanspruchen, zeigt mir als Arbeitgeber, daß sie wenig vom Delegieren, von der Struktur eines oder ganz besonders ihres Unternehmens und von den darin relevanten Interaktionen verstehen. Ich zweifle nicht an der »Verkaufstaktik« dieser Leute, aber an ihren Führungsqualitäten.

Mir fallen noch Hunderte von Beispielen ein – von Mitarbeitern, deren Ausreden so ausgefallen sind, daß sie glauben, niemand würde auf die Idee kommen, sie nachzuprüfen – bis hin zu dem, der behauptet, wenn er außerhalb des Unternehmens etwas erreichen wolle, könne man nicht erwarten, daß er auch noch in der Firma Spitzenleistungen bringe. Es ist bekannt, daß gerade in einem Unternehmen manche Mitarbeiter bestimmte »Tricks« oder Verhaltensmuster entwickeln, die – so glauben sie – dazu beitragen, ihr Ansehen bei ihren Vorgesetzten zu erhöhen und sie für die Firma unentbehrlich aussehen zu lassen. Aber die meisten Muster sind zu durchsichtig und auf lange Sicht so vorhersehbar, daß sie das Gegenteil damit erreichen.

Da die Gesamtstruktur und der spezifische Charakter eines Unternehmens variieren, entdeckt man neue Tricks – das heißt, noch wirksame – vor allem dadurch, daß man in der eigenen Firma die Mitarbeiter beobachtet, die schnell Karriere gemacht haben.

In den »Drill«-Unternehmen findet man kaum Leute an der Spitze, die nicht ausgesprochen »zackig« wirken. Ich lege in meinem Unternehmen, das sich eigentlich aus einer Gruppe von zwölf eigenständigen, weltweit gestreuten Firmen zusammensetzt, besonderen Wert auf die innerbetriebliche Kooperation und Kommunikation. Die Führungskräfte, die es am weitesten gebracht haben, kennen diesen »Tick«: sie verstehen es, ihre eigenen Interessen innerhalb der übergeordneten Unternehmenszielsetzung zu verwirklichen; sie verhelfen ihrer Abteilung zu Ansehen, indem sie auch andere unterstützen.

Überlegen Sie jetzt einmal, wie Ihre »Tricks« aussehen! Vielleicht müssen Sie dann feststellen, daß Sie sich damit eher schaden als nützen.

Man sollte Ihr Verhalten nicht im voraus bestimmen können. Sie möchten doch sicher niemandem Grund geben zu sagen: »Aha, wieder die alte Masche!«

Drei unbeliebte Sätze

Viele Leute sagen gewisse Dinge, weil sie fälschlicherweise davon ausgehen, daß sie so den richtigen Eindruck machen, genauso, wie sie aus denselben Gründen bestimmte Äußerungen vermeiden.

Es gibt drei wenig beliebte Sätze, die man von mir allerdings oft zu hören bekommt. Viele Topmanager und Firmenvorstände wissen, wann sie angebracht sind:

»Ich weiß nicht«

Es ist erstaunlich, wieviel Angst manche Leute vor diesen Worten haben; sie denken wohl, daß sie sich damit ihre eigene Unfähigkeit bescheinigen.

Als ich Arnold Palmer kennenlernte, versprach ich ihm nur zwei Dinge: Erstens, ihm zu sagen, wenn ich etwas nicht wußte, und zweitens, für diesen Fall jemanden zu finden, der sich auskannte.

Heute weiß ich wahrscheinlich mehr als vor zwanzig Jahren, trotzdem sage ich noch genauso oft wie früher: »Ich weiß nicht.« Ich behaupte es auch, wenn ich es sehr wohl weiß – manchmal, um weitere Informationen zu erhalten oder bereits erhaltene miteinander zu vergleichen – aber meistens, weil ich der Überzeugung bin, daß man mit Bescheidenheit mehr erreicht als mit Besserwisserei. Selbst wenn Ihre Meinung feststeht, ist es mitunter ratsam, ihr den Beigeschmack des Endgültigen zu nehmen, indem man einräumt, nicht allwissend zu sein: »Ich weiß nicht, aber es scheint mir ...«

Wenn jemand unfähig ist, selbst in den unwichtigsten gesellschaftlichen Situationen »Ich weiß nicht« zu sagen, können Sie sich ein Bild von seinem Verhalten im Geschäftsleben machen.

Manchmal amüsiert es mich direkt zu beobachten, wie diese Leute bluffen, um sich an einer Unterhaltung beteiligen zu können.

Sie erkennen nicht, daß die Unfähigkeit zuzugeben, daß sie etwas nicht wissen, Zweifel an dem, *was* sie wissen, aufkommen läßt.

»Ich brauche Hilfe«

Vielen ist es unangenehm, um Hilfe zu bitten oder sie anzunehmen, weil sie glauben, dann als unfähig zu gelten. Wenn sie auch nur einen

Augenblick darüber nachdächten, würden sie merken, daß das System in einem Unternehmen zur Kooperation auffordert. Es wird vorausgesetzt, daß die Bewältigung bestimmter Aufgaben und die dabei notwendige Effektivität besser von einer Gruppe als vom einzelnen gewährleistet ist. Wir beschäftigen einen Mitarbeiter, der sich nicht davon abbringen läßt, alles im »Alleingang« zu erledigen. Niemand erfährt von einem Geschäft oder wird dabei um seine Mithilfe gebeten, bevor es nicht perfekt ist – aus Angst, nicht alle »Lorbeeren« dafür zu ernten. So manches Mal wäre es für ihn wie auch für unsere Firma besser gewesen, wenn er um Unterstützung gebeten und sich der verfügbaren Talente anderer bedient hätte.

Um jeden Preis auf Hilfe zu verzichten ist kurzsichtig und engstirnig. Nur wer mit anderen zusammenarbeitet, lernt, erweitert sein Wissen, vergrößert seine Erfahrungen und seinen Wert für das Unternehmen und zeigt, daß er Teamwork zu schätzen weiß.

Es gibt natürlich Grenzen. Wiederholt um das gleiche zu bitten, könnte als mangelnde Lernfähigkeit ausgelegt werden. Wohl auch deshalb neigen die meisten Mitarbeiter, besonders in Firmen, in denen das Konkurrenzdenken verbreitet ist, eher dazu, zu selten anstatt zu oft um Unterstützung zu bitten.

Genauso wichtig ist es zu wissen, wie man denen hilft, die nicht unter der gleichen Paranoia wie der »Alleinorganisator« leiden. Leute, die ihre Kenntnisse, ihre Kontakte und ihre »Geschäftsgeheimnisse« mit anderen innerhalb der Firma nur widerwillig weitergeben, werden selbst kaum mit Unterstützung rechnen können, wenn sie sie einmal brauchen.

Jedes fortschrittlich eingestellte Management wird sich daran erinnern und anerkennen, daß Sie bereit sind, Hilfe anzunehmen und Hilfestellung zu geben.

Es ist nicht verwerflich, seine eigenen Interessen im Auge zu behalten, ja sogar ein wenig eigennützig zu sein. In den besten Unternehmen ist es gelungen, Eigennutz und Firmeninteressen miteinander zu verbinden. Wenn Sie jedoch das Firmenziel den eigenen Ambitionen *opfern*, leiden ihre Leistungen und Ihr Ansehen.

»Ich habe mich geirrt«

Der Vorstand eines mittelständischen Unternehmens äußerte neulich seine Verärgerung über die konservative Haltung seiner Manager. »Das Problem ist«, sagte er, »daß sie alle Angst haben, einen Fehler zu machen.«

Ich glaube an die Philosophie, zu deren Leitsätzen gehört: »Nur wer sich keine Mühe gibt, macht keine Fehler.« Ich bin zu der Überzeugung gelangt: um im Beruf etwas zu erreichen, muß man ständig bis an seine Grenzen vorstoßen. Das bedeutet natürlich auch, daß man sich irren kann. Gute Führungskräfte tun zwar meistens das Richtige, wissen aber auch, warum sie sich geirrt haben und schämen sich nicht, es einzugestehen.

Den Leuten, die das geringste Vertrauen in ihre eigenen Fähigkeiten haben, fällt es am schwersten, ihre Fehler zu bekennen. Sie haben nicht verstanden, daß einen Fehler *machen* und einen Fehler *eingestehen* zwei völlig getrennte Vorgänge sind. Nicht der Fehler selbst, sondern wie man sich zu ihm stellt, ist entscheidend.

Diese Leute wären weit besser beraten und würden auch in den Augen ihrer Vorgesetzten einen wesentlich positiveren Eindruck machen, wenn sie ihren Fehler offen zugeben und versuchen würden, damit fertig zu werden, anstatt jedermanns Zeit damit zu vergeuden, etwas zu rechtfertigen, zu vertuschen oder bei anderen die Schuld zu suchen.

Ich habe erlebt, daß gute Manager bereitwillig einen Fehler eingestehen, weil sie wissen, sie können daraus nur lernen. Sie scheuen sich auch nicht, dieses »Experiment« zu wiederholen.

Die Fähigkeit, einen Fehler zuzugeben, ist deshalb so wichtig, weil sie eine reinigende Wirkung hat: sie gestattet dem Erfolgreichen, damit »zu leben«, den Fehler »ad acta« zu legen und zu wichtigeren Dingen überzugehen, die zum nächsten Erfolg führen.

Vertrauen

Kein Arbeitgeber würde einen Mitarbeiter einstellen, dem er nicht vertraut. Aber ich glaube, es gibt in einem Unternehmen immer Angestellte, denen man mehr vertraut als anderen, weil sie über ein hervorragendes Urteilsvermögen oder einen ausgezeichneten Charakter verfügen.

Von Zeit zu Zeit sehe ich mich mit dem Problem konfrontiert, daß Mitarbeiter die Fakten – ihrer Version der Realität entsprechend – zurechtbiegen oder mir weniger über eine Situation mitteilen oder mitteilen wollen, als sie wissen.

Ich finde es äußerst interessant zu beobachten, wie inkonsequent diese

Leute meistens sind. Wenn ich den Verdacht habe, daß jemand mir etwas verheimlicht, lasse ich mir nur seine Reisekostenabrechnungen kommen. Sie wirken wie eine Wahrheitsdroge.

Da ich im Jahr mehr als fünfzigtausend Kilometer reise, habe ich eine recht gute Vorstellung von den Kosten, die dabei anfallen, und man sollte glauben, daß unseren Mitarbeitern das bekannt ist. Trotzdem neigen gerade diejenigen, die ich im Verdacht habe, allzu verschlossen zu sein, dazu, ihre Rechnungen ein wenig zu »frisieren«, sie z. B. auf mehrere Stellen nach oben abzurunden oder – wie es scheint – mit dem Taxi hin und her zu fahren, bevor sie ihr Ziel erreichen.

Ich bringe diesen Punkt nicht immer gleich zur Sprache, sondern mache auf subtilere Art Gebrauch davon – wenn es um die nächste Gehaltserhöhung geht.

Reisekostenabrechnungen sagen viel über einen Menschen aus. Es ist sehr aufschlußreich nachzuprüfen, wer immer in den teuersten Hotels wohnen und in den besten Restaurants, selbst wenn er allein ist, essen muß. Man erkennt daran, auf welchem »Ego-Trip« er sich gerade befindet. In unserem Metier, wo Nobellokale mehr die Regel als die Ausnahme darstellen, kann man leicht die Mitarbeiter, die aus einer »Dienstreise« einen geplanten Urlaub machen, von denen unterscheiden, die selbst den Anschein vermeiden möchten.

Niemand läßt sich gerne betrügen, und keiner wird die Karriere eines Mitarbeiters fördern, der zu geheimnisvoll tut oder zu sehr auf sein eigenes Wohl bedacht ist. Wenn Sie der Meinung sind, die einzige Art, etwas zu erreichen, bestünde darin, die Leute, für die Sie arbeiten, zu hintergehen, dann sollten Sie sich besonders gut absichern, denn auf lange Sicht gibt es unzählige Möglichkeiten, Ihnen auf die Spur zu kommen.

Loyalität

Loyalität ist eine andere Form des Vertrauens. Nicht jeder Mitarbeiter hat erkannt, wieviel Wert ein Unternehmen darauf legt. Nur allzu oft wird Loyalität gegen einen zu geringen persönlichen Vorteil oder ein zu kurzsichtiges Ziel eingetauscht.

Wenn eine andere Firma Ihnen gerade ein Angebot gemacht hat, das Sie nicht ablehnen können, wären Sie natürlich dumm, es zu tun. Aber falls Sie nicht wirklich beabsichtigen, Ihren Arbeitsplatz zu wechseln, sollten Sie Ihren »Trumpf« vorsichtig ausspielen!

Niemand läßt sich gerne betrügen, aber auch nicht erpressen. Mit der *Drohung*, sich einen anderen Arbeitsplatz zu suchen, schaden Sie nur sich selber, denn Sie haben eigentlich Ihrem Arbeitgeber damit gezeigt, wie wenig Wert Sie auf Loyalität legen und, was noch schlimmer ist, Sie haben ja kein »As im Ärmel«! Sie geben etwas Wichtiges auf und tauschen nichts dafür ein. Auf mich hat noch keiner, der mir erklärt hat, er sei eine »Beute der Kopfjäger« geworden, besonders vorteilhaft gewirkt.

Wenn Sie tatsächlich ein Angebot haben, aber gerne in Ihrer Firma bleiben möchten, sollten Sie *betonen*, wie wichtig Ihnen Loyalität ist. Anstatt zu sagen: »Man hat mir das und das geboten. Entweder Sie bieten mir das gleiche oder ich gehe!« sollten Sie Ihre Worte geschickter formulieren: »Sie wissen, wem ich mich verpflichtet fühle. Was kann die Firma tun, damit ich dieses Angebot nicht annehmen muß?«

Einsatzbereitschaft – Detailgenauigkeit – Reaktionsgeschwindigkeit

Jeder untersteht einer höheren Instanz, angefangen vom Präsidenten der Vereinigten Staaten, der alle vier Jahre abgewählt werden kann, bis hin zum Vorstandsvorsitzenden, der die Aktionäre oder das Stammhaus zufriedenstellen muß. Und ob es Ihnen paßt oder nicht – Ihre Vorgesetzten beurteilen Sie nach drei Kriterien:

Einsatzbereitschaft

Wenn Sie sich nicht voll und ganz in Ihrem Beruf engagieren, sollten Sie darauf achten, daß Ihr Chef Ihr kleines Geheimnis nicht entdeckt.

Detailgenauigkeit

Die großen Dinge werden publik und daher psychologisch »bereinigt«. Es sind die kleinen Dinge, die man nicht für erwähnenswert hält, z. B. einen Bericht, den man nicht findet, oder eine unwichtige Aufgabe, die mißlungen ist, die Ihre Vorgesetzten erbittern und verärgern.

So unbedeutend das auch klingen mag – es gibt nichts, was auf Ihren Chef größeren Eindruck macht.

Das Büro ist kein persönliches Forum

Heute ist jeder so mit seiner Karriere beschäftigt, daß dieses Problem seltener als früher auftritt. Aber ich ärgere mich noch immer darüber, wenn einer meiner Mitarbeiter das Büro als persönliches Forum mißbraucht, gleichgültig, um was es sich dabei handelt: die Art, sich zu kleiden, die Weigerung, ein neues System anzuerkennen oder sich zu integrieren, weil man es für »Zeitverschwendung« hält, seine eigene Arbeitszeit festzusetzen oder seine Bedürfnisse in den Vordergrund zu stellen.

Selbstbehauptung im Unternehmen ist eine äußerst heikle Angelegenheit: auf der einen Seite ist Anpassung erforderlich, auf der anderen Seite möchte man sich positiv abheben.

Trennen Sie persönliche Anliegen von Firmen- oder übergeordneten Interessen. Behaupten Sie sich nur am richtigen Ort und zum rechten Zeitpunkt.

Bedienen Sie sich des Systems, anstatt es zu ändern

Ein Unternehmen funktioniert selten so, wie es in Organisationsplänen vorgesehen ist. Es wird von Menschen, Persönlichkeiten, Taktiken und Machtspielen beherrscht, die sich nicht anhand durchgehender oder gepunkteter Linien verknüpfen lassen.

Man muß das System *kennen,* um sich seiner bedienen zu können. Es gibt zu viele Leute, die ihre Zeit damit verschwenden, es zu bekämpfen. Der Erfolgreiche und Kluge nutzt seine Zeit sinnvoller, indem er lernt, es für sich einzusetzen.

Jedes Unternehmen hat seinen geheimen Organisationsplan, und das System selbst ist der beste Schlüssel dazu. Versuchen Sie zu verstehen, wie es arbeiten sollte, und Sie werden feststellen, wie es *wirklich* arbeitet. Wer trifft Entscheidungen? Wer gilt als »heißer Tip« und wer nicht? Wo bieten sich Abkürzungen und Hintertürchen an? Wie erreicht man wirklich etwas?

Ich glaube nicht, daß man nur mit Intrigen zum Ziel kommt. Haben Sie schon einmal bemerkt, daß die Leute, die sich am lautesten über die Firmenpolitik beklagen, immer zu ihren Opfern gehören? Ich bin davon überzeugt, daß es von essentieller Bedeutung ist, sich Sympathien zu schaffen. *Das* ist in meinen Augen der Schlüsselfaktor zum Erfolg. Dazu müssen Sie innerhalb wie außerhalb des Unternehmens dauerhafte Verbindungen knüpfen. Mit der Größe des Unternehmens wächst auch diese Notwendigkeit.

Auch hier sollten Sie Ihre Kollegen als potentielle Verbündete und nicht als Konkurrenten betrachten. Wenn es Ihnen gelingt, sich an einige der »Stars« zu »hängen«, können Sie sicher sein, daß auch Sie an ihrem kometenhaften Aufstieg teilhaben.

Wie man sich das Leben erleichtert, indem man es anderen leichter macht

Einer unserer Manager in New York beklagte sich ständig über unsere Rechtsabteilung in Cleveland. Er warf ihr vor, sich zuviel Zeit bei der Ausarbeitung oder Unterzeichnung seiner Verträge zu lassen und ihn dadurch in seiner Arbeit zu behindern. Ich kannte die Situation, und er hatte wahrscheinlich recht, aber er sah nicht, daß unsere Rechtsabteilung ihre eigenen Prioritäten setzte und er nicht immer die Nummer eins war. Dadurch, daß er sich dauernd beschwerte, machte er alles nur noch schlimmer.

Eines Tages nahm ihn der Leiter der Rechtsabteilung beiseite und meinte: »Jetzt zeige ich Ihnen mal, wie man mit Anwälten arbeitet. Das nächste Mal, wenn ein Vertrag eingeht, überprüfen Sie ihn selbst noch einmal und legen, bevor Sie ihn abschicken, ein Memorandum, das die Probleme, die Sie sehen und eventuelle Lösungsvorschläge enthält, bei. Vielleicht läßt sich die Abwicklung dadurch beschleunigen. Wenn nicht, versuchen wir etwas anderes.«

Es ist wohl überflüssig zu erwähnen, daß es dazu nicht kommen mußte.

Wenn Sie etwas von einer anderen Abteilung wollen, sollten Sie sich fragen: »Was kann ich tun, um es ihr leichter zu machen?" Wenn Sie Informationen vom Verkauf brauchen, sollten Sie nicht darauf bestehen, nur mit dem Verkaufsleiter zu sprechen, sondern herausfinden, wer sonst noch zuständig ist. Wenn Sie ein Problem mit einem anderen Ressort haben, vergewissern Sie sich, ob man das Problem dort überhaupt bemerkt hat, bevor Sie eine Lösung verlangen. Zeigen Sie den Leuten, daß Sie bereit sind, *mit* ihnen zu arbeiten anstatt zu verlangen, daß man *für* Sie arbeitet. Sie werden erleben, daß Sie mit der Unterstützung Ihrer Kollegen rechnen können, wenn Sie sie brauchen.

Mit Beschwerden geizen

Der schnellste Weg, an Glaubwürdigkeit zu verlieren, ist der, sich über den kleinsten Fehler aufzuregen, um große zu kaschieren. Das ist, als würde man als Scheidungsgrund angeben, daß der Ehepartner ständig die Zahnpasta aus der Mitte der Tube herausdrückt! Wir neigen wohl alle ein wenig dazu, aber ein solches Verhalten ist auch ein Zeichen für mangelnde Reife und schlechtes Urteilsvermögen. Darüber hinaus hat man wohl in den wenigsten Firmen Zeit, Sie einer Psychoanalyse zu unterziehen, um herauszufinden, wo das eigentliche Problem liegt.

Wenn Sie in eine Firma, gleichgültig auf welcher Ebene, eintreten, finden Sie an Ihrem neuen Arbeitsplatz eine bestimmte Menge »Chips« vor. Sie müssen beurteilen, wann und wo Sie sie einsetzen – entweder vergrößern Sie dadurch Ihren Gewinn, oder Sie sind gezwungen, das Spiel anderswo fortzusetzen.

Mit Ihrer Anwesenheit geizen

Ihre Effektivität im Unternehmen ist direkt proportional zu der Fähigkeit, mit Ihrer Anwesenheit zu geizen. »Wie und wo kann ich mit dem geringsten Zeitaufwand das meiste erreichen?« Viele Führungskräfte leben in der ständigen Angst, irgendwo ausgeschlossen zu werden. Wenn ein Ausschuß gegründet wird, meinen sie, sie müßten unbedingt dazugehören und keine Konferenz dürfe ohne sie stattfinden. Ich habe einmal in New York ein Geschäftsessen mit mehreren Mitarbeitern arrangiert, die ich längere Zeit nicht gesehen hatte. Später erfuhr ich, daß dieses zwanglose Beisammensein das »Lunch-Komitee« genannt wurde und einige Manager sich darüber aufgeregt hatten, daß sie nicht dazu »berufen« wurden.

Innerbetriebliche Kosmetik ist aus dem heutigen Unternehmen nicht mehr wegzudenken. Und obwohl Ausschüsse und Konferenzen wichtig sind, sollten Sie Ihre Wahl treffen und Ihre Anwesenheit bei Konferenzen oder Ihre Arbeit in Ausschüssen beschränken. Nehmen Sie dort teil, wo Sie am meisten erreichen und verzichten Sie auf die, wo Sie am wenigsten beitragen können. Wenn ich bei jedem Meeting die gleichen Gesichter sehe, beginne ich mich zu fragen, wann die Betreffenden Zeit für etwas anderes haben.

Was leisten Sie über die Stellenbeschreibung hinaus?

Wenn Sie Aufgaben, die über Ihre tägliche Routinearbeit hinausgehen oder Ihnen nicht ausdrücklich übertragen worden sind, übernehmen, ernten Sie vielerorts Lob und die größte Anerkennung.

In den meisten Fällen hat Ihr Arbeitsplatz schon existiert, als Sie ihn übernahmen, und wird noch existieren, wenn Sie gehen. Die Stellenbeschreibung ist eine konstante Größe. Was Sie darüber hinaus tun, findet Beachtung! Die meisten Positionen in einem Unternehmen sind zu drei Viertel funktionsbedingt, was die Verantwortlichkeiten und Pflichten, die damit verbunden sind, betrifft, und zu einem Viertel vom persönlichen Stil abhängig. Je mehr man diese 25% erweitern kann, desto größer die Chance, sich zu profilieren.

Wie sehen Sie selbst und wie sehen andere Ihre Aufgaben?

Vor ein paar Jahren hat einer unserer Mitarbeiter das Finanzressort der gesamten Unternehmensgruppe übernommen. Ungefähr einen Monat später wollte ich ihn sprechen und erfuhr, daß er in Pittsburgh sei, um einen Mr. Rogers aufzusuchen.

Pittsburgh? Ich konnte mich nicht daran erinnern, daß dort gerade irgendwelche Bankgeschäfte oder finanziellen Transaktionen anstanden, und der Name Rogers sagte mir nichts – was aber nicht weiter verwunderlich war, weil wir ständig mit Hunderten von Finanzexperten zu tun hatten.

Als ich kurze Zeit später mit dem Ressortleiter sprach, berichtete er mir, sein Gespräch mit Rogers sei äußerst zufriedenstellend verlaufen. Auf die Frage, wer Rogers sei, antwortete er: »Wissen Sie, das ist der, der immer in der Strickjacke herumläuft und ein Fernsehprogramm für Kinder macht!«

Mir war absolut nicht klar, wieso unser Finanz-Ressortleiter nach Pittsburgh fuhr, um Rogers unter Vertrag zu nehmen. Fairerweise muß ich sagen, daß zu seinen früheren Aufgaben auch der Abschluß von Lizenzverträgen für Kinderprodukte und -kleidung gehörte. Ich war zwar der Meinung, daß seine neue Position ihn voll und ganz in Anspruch nehmen würde, aber offenbar war ihm das nicht bewußt.

Das ist zwar ein extremes Beispiel, aber es ist zutreffend, daß die Mehrzahl Ihrer Kollegen und Mitarbeiter absolut keine oder eine falsche Vorstellung von Ihrem Aufgabenbereich hat. Wenn Sie schriftlich festhalten würden, wie Sie Ihre Pflichten sehen, und Ihr direkter Vorgesetzter schriebe auf, was Sie seiner Meinung nach tun sollten, wären Sie erstaunt über die Diskrepanz.

Warum ist das wichtig? Welchen Unterschied macht das aus? Zunächst einmal hat der klassische Schwachpunkt jedes Unternehmens, die »Kommunikationsschwäche«, hier seinen Ursprung. Ich habe einmal einen denkwürdigen und bemerkenswerten Satz gehört, der die Gefühle der meisten Angestellten ihrem Unternehmen gegenüber zusammenfaßt: »Die Sinnlosigkeit des Unternehmens ist unsere Realität.« Wenn Sie und Ihr Chef völlig verschiedene Vorstellungen von Ihren Zielen und Prioritäten haben – ist es da ein Wunder, daß Sie über manche Entscheidungen nur staunen können – wie auch darüber, daß andere gar nicht zu sehen scheinen, was Ihnen völlig klar ist?

Zweitens, und das betrifft den beruflichen Aufstieg, werden Sie womöglich anhand von Kriterien beurteilt, die Ihnen völlig neu sind – was wohl auch ein Grund dafür sein dürfte, daß so manches Mal die erwartete Anerkennung ausbleibt. Vergleichen Sie Ihre Vorstellungen mit denen Ihres Vorgesetzten. Worin besteht nach seiner Ansicht oder nach Auffassung anderer Ihre Aufgabe? Wenn Sie sich erst einmal auf die »Grundzüge« geeinigt haben, sind Sie weniger schockiert über das, was man sonst noch von Ihnen erwartet.

Meiden Sie die »Auge-um-Auge-Strategie« bei Ihren Vorgesetzten

Auch wenn Sie eine Schlacht gewinnen, verlieren Sie den Krieg. Und je mehr Sie das Recht auf Ihrer Seite glauben, desto größer ist auf lange Sicht der Schaden, den Sie mit Ihrer Strategie anrichten.

Vor ein paar Jahren gab es einmal eine unerfreuliche Kontroverse zwischen einem unserer Mitarbeiter und seinem Vorgesetzten. Eins führte zum anderen und er wurde schließlich um seine Kündigung gebeten.

Die Situation war ziemlich prekär, und der Mitarbeiter bat mich um ein Gespräch, weil er der Meinung war, wenn ich die Umstände kennen würde, könnte ich seinen Chef vielleicht noch umstimmen.

Ich sagte dem Mann, ich würde ihm gerne zuhören, könne aber nichts für ihn tun, weil meine Aufgabe primär darin bestehe, die Führungsstruktur des Unternehmens zu stärken. Ob sein Chef unrecht oder zu stark reagiert hatte, sei leider kein Thema mehr.

Die ganze Situation warf kein günstiges Licht auf den Vorgesetzten, aber *er* behielt seinen Job.

Patt

Nur selten sind Leute, die ein Unternehmen erwerben, auch diejenigen, die es leiten. Sollten Sie der Mann sein, dem man diese Aufgabe anbietet, vergewissern Sie sich, daß Sie nicht in eine Patt-Situation geraten.

»Wir haben gerade dieses Unternehmen gekauft und möchten, daß Sie es leiten...«

Sie können eine Firma nicht davon abhalten, an der falschen Stelle zu investieren oder sich auf ein Geschäft einzulassen, das nicht zu ihr paßt. Aber es zwingt Sie niemand, sich einem Team anzuschließen, das mit der Neuerwerbung »seinen Erfolg um jeden Preis fortsetzen« oder »daraus erst einen Erfolg machen« will; meistens endet das in einer Sackgasse.

Ein Unternehmen wird gewöhnlich aus zwei Günden erworben: entweder, weil es floriert – was bedeutet, daß man von Ihnen erwartet, daß Sie ihm zu noch größerem Erfolg verhelfen – oder weil es erfolglos ist, und die Käufer erwarten, daß Sie das ändern.

Es gibt ebenso viele verborgene wie sichtbare Gründe für den Mißerfolg eines Unternehmens. Manchmal kennt man schon vorher alle Probleme und Problemlösungen, aber diese Art der Voraussicht ist selten. Normalerweise entdecken Sie die eigentlichen Schwierigkeiten, und ob sie sich überhaupt beheben lassen, erst nachdem Sie eine Verpflichtung eingegangen sind. Wenn Sie eine Führungsposition in einer Firma übernehmen, von der Sie so gut wie nichts wissen, haben Sie einen denkbar schlechten Start. Viele Ihrer neuen Mitarbeiter zeigen Ihnen »die kalte Schulter«, weil sie das Geschäft besser zu kennen glauben, auch wenn sie es nicht leiten könnten.

»Es sieht zwar nur wie eine leichte Kursänderung aus, aber ...«

In fast jedem Unternehmen kennt man diese oder eine ähnliche Version. Eine leichte Kursänderung, besonders, wenn die dabei erforderlichen Eigenschaften nicht unbedingt zu Ihren Stärken gehören, stellt Sie vor zwei Probleme: entweder ist der neue Arbeitsbereich gut geführt, was bedeutet, daß Sie hier keine »Lorbeeren« verdienen können – oder er ist reformbedürftig – in diesem Fall wird Ihre Effektivität mit Sicherheit von »oben« gebremst.

»Wir haben diese Position eigens für Sie geschaffen...«

Ihre Stellung ist in Ihren Augen zwar nicht gerade besonders sinnvoll und Sie sind auch nicht einmal sicher, daß sie in der Praxis genauso aussieht wie in der Theorie, aber Ihr Gehalt ist besser und Sie haben mehr Verantwortung ... Vorsicht!

»Für diese Stellung brauchen wir jemanden mit Ihren Fähigkeiten...«

Seien Sie auf der Hut, wenn man Ihnen eine Stellung anbietet, bei der schon viele »auf der Strecke geblieben« sind. Es ist besser, sich einmal mit einem oder mehreren dieser »Abgehalfterten« zu unterhalten, bevor man sich »sein eigenes Grab schaufelt«.

Der Auslandsabteilung den Vorzug geben

Wenn man mir eine Stellung nach Wahl in einem Unternehmen, das ich nicht so gut kenne, anböte, würde ich mich für die Leitung der Auslandsabteilung entscheiden. Wenn alle anderen Faktoren gleich sind, könnte ich hier, davon bin ich überzeugt, mit einem Minimum an Zeit das Maximum erreichen.

Die amerikanischen Unternehmen, die ihr Gesamtpotential auf internationalen Märkten ausschöpfen, lassen sich an einer Hand abzählen.

Von allen Unternehmen auf der Welt sind die amerikanischen bei weitem die arrogantesten und chauvinistischsten. Nur ganz wenige ihrer Auslands-Abteilungen haben Zeit gefunden, sprachliche und kulturelle Barrieren abzubauen; sie ziehen es vor, diese Märkte für »nicht beeinflußbar« zu erklären.

Es gibt über acht Milliarden Menschen und weniger als 3% davon leben in den USA. Versuchen Sie, in die Auslandsabteilung eines Unternehmens zu kommen. Es dauert lange, bis Sie auch nur den »Rahm« abgeschöpft haben.

Ermüdung und Langeweile

Psychologen würden mir sicher erklären, ich sei der geeignete Kandidat für das »Ermüdungs-Symptom«: Ich arbeite zu hart und zu lange und unter extrem streßverursachenden Bedingungen. Mir ist nie aufgefallen, daß ich auch nur einmal in einer annähernd desolaten Verfassung gewesen wäre.

Ich treffe allerdings auch meine Vorkehrungen. Ich nehme mir Zeit für Bewegung, Entspannung und Ruhepausen, sogar für den »Büroschlaf«, und ich achte auf diese Erholungsphasen genauso wie auf wichtige geschäftliche Termine. Ich habe gelernt, meine Emotionen genauso abzugrenzen und einzuteilen wie meinen Arbeitstag. Ich schreibe alles auf, und da ich meine Notizen so aufbewahre, daß ich sie jederzeit wiederfinde, wenn ich sie brauche, kann ich etwas, sobald ich es schriftlich fixiert habe, beruhigt vergessen. Das Ergebnis ist, daß ich, wenn ich abschalte, auch den Streß hinter mir lasse.

Ich glaube, weit gefährlicher als das Gefühl, ausgebrannt zu sein, ist

Langeweile. Ich kenne auch keine ausgedehnten Perioden der Langeweile, obwohl ich natürlich, wie jeder andere auch, bisweilen einen »Leerlauf« habe.

Langeweile tritt dann auf, wenn die Lernkurve abflacht. Sie kann sich bei jedem, ungeachtet seiner Position, bemerkbar machen. Sie kommt sogar besonders häufig bei den Erfolgreichen vor, weil sie größere Anforderungen und mehr Stimuli brauchen als andere.

Ein untrügliches Zeichen für beginnende Langeweile ist, wenn man seine Arbeit zu gut kennt und »im Schlaf« weiß, welche Knöpfe wann gedrückt werden müssen. Dazu lasse ich es gar nicht erst kommen.

Ich definiere meine Arbeit ständig neu, suche mir zusätzliche Aufgaben und immer größere Herausforderungen. Wenn ich ein berufliches oder persönliches Ziel erreiche, ist es nur ein weiterer Schritt in einem konstanten Lernprozeß, der mich zu einem noch anspruchsvolleren Ziel führt.

Nur so wächst man mit seiner Arbeit und gewinnt an Bedeutung für das Unternehmen.

Wenn Sie sich langweilen, ist das Ihre Schuld. Sie geben sich einfach nicht genug Mühe, Ihre Arbeit interessant zu gestalten. Das ist wahrscheinlich auch der Grund dafür, daß man Ihnen nichts Besseres anbietet.

Finden Sie heraus, was Sie gern tun – und Sie werden damit Erfolg haben.

Da ich immer noch um vier oder fünf Uhr morgens aufstehe und achtzig bis neunzig Stunden in der Woche arbeite – obwohl ich das eigentlich gar nicht mehr müßte – gehört zu den ersten Fragen, die mir die Reporter oder Interviewer für gewöhnlich stellen: »Warum verlangen Sie sich soviel ab?«

Manchmal wünschte ich, ihnen eine bessere Antwort geben zu können als die simple Tatsache: »Ich liebe meine Arbeit.«

Was Sie im »Versand« lernen können

Sie lernen dort nicht, bescheiden zu sein, Respekt oder das Unternehmen von innen und außen bzw. der Basis an kennen, aber Sie erfahren etwas Wichtiges, vielleicht sogar ein wenig Erschreckendes über sich selbst.

Diejenigen, die Karriere machen, haben meistens das dringende Bedürfnis oder den Ehrgeiz, eine Aufgabe besonders gut zu erledigen, gleichgültig, worum es sich dabei handelt und was für sie dabei »herausspringt«. Sie bringen für jede Arbeit eine Haltung mit, die ihr erst Glanz verleiht. Zimmerleute, die später ihre eigenen Firmen gegründet haben, waren früher darauf bedacht, ihre Nägel noch gerader und genauer einzuschlagen als alle anderen. So mancher Restaurantbesitzer war früher ein besonders guter Kellner.

Wenn einige Führungskräfte im Versand angefangen hätten, würden sie dort wohl heute noch die Post sortieren – und das meiste falsch weiterleiten.

Teil B: Verkaufs- und Verhandlungstaktik

5. Das Verkaufsproblem

Die meisten Menschen, glaube ich, sind geborene Verkäufer. Schon in der Schule versuchen wir, uns so gut wie möglich zu verkaufen, damit uns unsere Klassenkameraden akzeptieren und die Lehrer gute Noten geben, oder wir versuchen, unsere Eltern zu überreden, uns abends ausgehen zu lassen, uns ihr Auto zu leihen oder eine neue Stereoanlage zu kaufen.

Unbewußt beherrschen wir schon viele Techniken des Verkaufens: Überredungskunst, Verhandlungsgeschick und den letzten Ausweg eines Teenagers, niemals ein »Nein« zu akzeptieren.

Wenn wir dann unser eigenes Leben führen, haben wir bereits gelernt, wie man das bekommt, was man will, wie wir unsere Fähigkeiten vermarkten und uns bei Einstellungsgesprächen am besten präsentieren.

Dann geschieht etwas: wir vergessen, wie man verkauft. Wir stellen unsere diesbezüglichen Talente in Frage. Plötzlich erscheinen uns die vertrauten Techniken fremd und geheimnisvoll, als müßten wir sie noch einmal ganz von vorn erlernen.

Und dennoch besteht die Kunst des Verkaufens in der *bewußten* Anwendung von Fähigkeiten, über die wir *unbewußt* verfügen – und die wir eigentlich schon lange praktiziert haben.

Das Problem ist – sobald wir mit der realen Welt konfrontiert werden, taucht ein neuer Faktor auf: zum erstenmal werden unsere Überredungskunst und unser Verkaufstalent beurteilt. Das kann einschüchternd wirken, und deshalb reagieren wir damit, daß wir uns einreden, nicht verkaufen zu können oder zu wollen, oder nicht zu wissen, was dazu gehört. Mit Hilfe dieser mentalen Sperren versuchen wir dann, unsere mangelnden Qualifikationen als Verkäufer zu rechtfertigen.

Verkaufen scheint nicht mehr wichtig zu sein

Eines der größten Probleme besteht wohl darin, daß der Verkaufsprozeß nicht mehr so wichtig scheint wie vor zwanzig Jahren. Historisch gesehen gelang jemandem der Aufstieg an die Firmenspitze meistens durch den Verkauf. Heute steht diese Sparte nicht mehr so hoch im Kurs und weckt eher unangenehme Erinnerungen an aufdringliche »Klinkenputzer« und »Hausierer«. Viele glauben, nur dem, der ein solides Management-Training nachweisen könne, würde es gelingen, Karriere zu machen. Daran ist schon etwas Wahres, aber die Annahme, daß man wegen seiner Führungsqualitäten auf Verkaufstalent verzichten könne, ist eine gefährliche Form der Selbsttäuschung. *Den* Vorstand oder Unternehmensleiter müßte ich noch kennenlernen, der nicht stolz ist auf seine Überredungskunst oder, mit anderen Worten, auf sein Verkaufsgeschick.

Auch das lernt man nicht in Harvard. Es ist ein offenes Geheimnis, daß unsere Universitäten ihre Hauptaufgabe in der Ausbildung von Führungskräften sehen, wobei sie völlig die Tatsache übersehen, daß es nichts zu führen gibt, wo nichts verkauft wird! Das entgeht vielen frisch gebackenen Betriebswirten, die bei ihrem Bestreben, möglichst schnell eine Spitzenposition zu erreichen, für den Verkauf und die darin enthaltenen Taktiken oft nur Geringschätzung empfinden.

Wir beschäftigen etliche Betriebswirte, und ich finde, daß ihr Mangel an Verkaufstalent zu ihren größten Wissenslücken gehört. Glücklicherweise haben die meisten dann in der Berufspraxis Gelegenheit, das Versäumte nachzuholen, aber ich kenne auch Angestellte in anderen Firmen, denen das nicht gelungen ist und die heute noch daran festhalten, daß Verkaufsgeschick nicht zu den Voraussetzungen bei Mitarbeitern auf Managementebene gehöre. Das nennt man bisweilen »mangelnde Tuchfühlung«. Ich würde es eher als »Mangel an gesundem Menschenverstand« bezeichnen.

Ich habe mich vor kurzem über einen Artikel in der *New York Times* amüsiert, in dem es um Morgan Stanley & Company ging, die aristokratische Investment-Bank, die dafür bekannt ist, daß sie nur Spitzenmanager anheuert. Sie hatte es geschafft, 12 Konkurrenten zu schlagen, die mit ihr um die Verwaltung des 4,7 Milliarden-Dollar-Vermögens der Teamster Union (Lastwagenfahrer-Gewerkschaft) gekämpft hatten. In der *Times* war darüber zu lesen:

»Bei einem der Meetings mit den Gewerkschafts-Bevollmächtigten – Funktionäre und Speditionsleiter – war ein Teil der Sitzung dem Werdegang der Morgan-Mitarbeiter, besonders der Manager aus eher bescheidenem Milieu, gewidmet.

Einer der Angestellten erwähnte, daß ihm sein Stipendium während Schul- und Studienzeit sehr geholfen habe. Ein anderer wies darauf hin, daß er nach der Schule direkt zur Marine gegangen sei; und ein dritter betonte, daß er als Sohn eines Eisenbahningenieurs auch nicht gerade »auf Rosen gebettet« gewesen sei. Und ähnliches bekam man von den meisten zu hören.

Es war, als wollten sie damit sagen: »Wir kennen das Image von J. P. Morgan, aber wir sind ganz normale Menschen«, meinte einer der Teilnehmer, der darauf bestand, anonym zu bleiben.«

Wer die Teamsters davon überzeugen kann, daß J. P. Morgan im Grunde »ein Mann der Gewerkschaft« sei, versteht etwas vom Verkaufen.

Verkaufen ist aufdringlich

Die meisten Menschen hassen es, aufdringlich zu erscheinen oder Aufsehen zu erregen. Haben Sie nicht auch schon einmal zustimmend genickt, obwohl Sie eigentlich ganz anderer Meinung waren? Oder mit dem Gedanken gespielt, ein zähes Steak zurückgehen zu lassen, und dann doch Ihre Meinung geändert?

Das Gefühl zu haben, Verkaufen sei aufdringlich, ist kein Problem, sondern ein Vorteil. Fast alle Spitzenverkäufer scheinen diesbezüglich einen sechsten Sinn zu haben: Sie können oft allein am Klang der Stimme erkennen, ob die Stimmung oder der Augenblick richtig sind. Und gerade weil sie nicht aufdringlich werden wollen oder wissen, daß sie sich damit nur selber schaden, verärgern sie ihre prospektiven Kunden nicht dadurch, daß sie es trotzdem versuchen.

Die alte erpresserische, übereilte Methode, den Fuß erst einmal in die Tür zu bekommen, ist längst überholt. Sie war ohnehin nicht besonders wirksam, aber vielleicht vor fünfzig Jahren noch notwendiger, weil ein Vertreter seine Kunden zum Teil nur alle sechs Monate zu Gesicht bekam. Heute, im Zeitalter der modernen Kommunikations- und Verkehrsmittel, gibt es keine Entschuldigung dafür, daß jemand nicht zu einem günstigeren Zeitpunkt wiederkommt, wenn er merkt, daß er unerwünscht ist. Er muß natürlich *gewillt* sein, es noch einmal zu versuchen.

Ein Verkaufserfolg ist direkt von der Wahl des geeigneten Zeitpunktes, von Geduld und Beharrlichkeit abhängig – und vom Einfühlungsvermögen in die jeweilige Situation und den Menschen, mit dem Sie es zu tun haben. Ein Gefühl dafür zu haben, wann man stört, kann das größte persönliche Plus eines Verkäufers sein.

Es hilft Ihnen auch dabei, an Ihr Produkt zu glauben. Wenn ich überzeugt bin, daß etwas sinnvoll ist und gerade für diesen Klienten absolut das Richtige, halte ich mich nicht für aufdringlich, ganz im Gegenteil, ich weiß, daß ich ihm einen Gefallen erweise.

Angst

Angst ist das eigentliche Problem beim Verkaufen: Angst vor Zurückweisung, Angst davor, zu versagen.

Ein großer Teil des Verkaufsvorganges – ob es sich dabei um ein Produkt, eine Dienstleistung oder etwas anderes handelt, besteht darin, sich selbst zu »verkaufen«, seine gesamte Persönlichkeit in die Waagschale zu werfen. Und was setzt man dabei aufs Spiel? Besonders gute Verkäufer müssen wahrscheinlich auch mehr Fehlschläge hinnehmen. »Je mehr Versuche, desto mehr Irrtümer«, heißt es.

Ablehnung im Verkaufsprozeß ist nur selten persönlich gemeint, aber das zu wissen, macht es auch nicht leichter, sie zu verkraften. Ich war immer der Ansicht, man sollte nicht zu »erhaben« darüber sein. Eine Zurückweisung akzeptieren bedeutet ja nicht, daß man sie gern hinnimmt. Analysieren Sie Ihre wahren Gefühle, und wenn Sie Enttäuschung, Verärgerung oder Wut empfinden, gestehen Sie es sich ruhig ein, anstatt vorzugeben, daß Sie nichts dergleichen empfinden.

Ich bin schon unzählige Male zurückgewiesen worden. Und trotzdem würde ich auch morgen wieder – vorausgesetzt, ich gebe mir besondere Mühe, und das, was ich anzubieten habe, ist wirklich sinnvoll – auf eine Ablehnung mit Frustration oder Zorn reagieren. Zu erkennen, daß sie nicht persönlich gemeint ist, schaltet nicht automatisch aus, daß man sie persönlich nimmt. Andernfalls könnte man daraus ebenso schließen, daß man sich vielleicht nicht genug eingesetzt hat.

Die Angst zu versagen stellt ein weiteres Problem dar. Verkaufsresultate sind so greifbar, so schwarz auf weiß meßbar, daß es sinnlos ist, davor die Augen zu verschließen.

Die meisten erkennen allerdings nicht, daß die Angst zu versagen, zu den positivsten Triebfedern im Geschäftsleben gehört. Wenn Sie dieses Gefühl nie verspürt haben, bedeutet Ihnen wahrscheinlich der Erfolg nicht genug.

Björn Borg, hieß es oft, sei ein eiskalter Spieler. Aber mir hat er einmal erzählt, daß er in entscheidenden Augenblicken furchtbar nervös sei, und daß er oft seinen ganzen Mut zusammennehmen müsse, um überhaupt aufzuschlagen.

Dasselbe gilt für Arnold Palmer, und ich glaube, daß diese menschliche Eigenschaft mehr zu seiner Popularität beigetragen hat als alle Siege. Seine Angst zu versagen, war deshalb so groß, weil sein Wunsch nach Erfolg so übermächtig war. Und wenn er versagte – einen Fehlschlag hatte – konnte man ihm seine Gefühle vom Gesicht ablesen und wußte, es *machte* ihm etwas aus.

6. Der richtige Zeitpunkt

Viele Ideen erweisen sich als Fehlschlag, nicht, weil sie schlecht sind oder fehlerhaft in die Praxis umgesetzt werden, sondern weil der Zeitpunkt nicht der richtige ist.

Vor einigen Jahren bemühten wir uns, in Südamerika eine Profi-Golftournee zu arrangieren. Wir wurden mit allen möglichen unvorhergesehenen Problemen konfrontiert: angefangen bei einer plötzlichen Währungsabwertung, die unsere Einnahmen erheblich schmälerte, bis hin zu einer verhängnisvollen Preisspirale, die unsere Kosten so in die Höhe trieb, daß an eine Fortsetzung der Tournee nicht zu denken war.

Der Zeitpunkt hätte nicht schlechter gewählt sein können, und es kostete uns viel Geld, das herauszufinden. Wir stellten dabei aber auch fest, daß die Südamerikaner Golf lieben. Und deshalb gelangten wir zu der Überzeugung, daß sich eines Tages, unter den richtigen Umständen, dieses spezifische Konzept bewähren mußte und daß wir diejenigen sein würden, die es in die Praxis umsetzen.

Viele Verkäufer sind allzu schnell bereit, eine gute Idee aufzugeben, nur weil der Zeitpunkt schlecht gewählt war. Wenn jemand »nein« zu einem Projekt oder einer Idee sagt, dann nicht immer deshalb, weil er den Vorschlag grundsätzlich ablehnt. Es ist ebenso möglich, daß er aus ökonomischen oder sonstigen firmeninternen Gründen, die Ihnen gar nicht bekannt sind, für diese bestimmte Person zu diesem spezifischen Zeitpunkt nicht das Richtige ist.

Und trotzdem hört man immer wieder: »Der und der lehnt das Projekt ab«, oder »Die und die Firma hat bereits »nein« gesagt«, oder »Sie haben dafür kein Geld«.

In fünf Jahren zurückkommen

Wenn Sie an ein Projekt glauben und überzeugt sind, daß es für Ihren Kunden genau das richtige ist, sollten Sie es unbedingt noch einmal versuchen. Ich kann Ihnen nicht sagen, wie oft ich schon erlebt habe, daß jemand beim zweiten Anlauf Erfolg hatte, weil der Moment günstiger war.

Schon eine Bewegung des Uhrzeigers oder das Rascheln eine Kalenderseite kann die gesamte Dynamik einer Verkaufssituation verändern und die Kaufbereitschaft dämpfen.

Kurz nachdem Bob Anderson Präsident von Rockwell International geworden war, schlug ich ihm vor, einen internen Werbefilm zu produzieren, in dem er verschiedene Zweigwerke besuchen und ihre Aufgabe innerhalb des Gesamtunternehmens erklären sollte. Das war nach unserer Erfahrung ein äußerst wirksames Mittel, um auch innerhalb großer multinationaler Konzerne, die geographisch oft meilenweit voneinander entfernt waren, ein Zusammengehörigkeitsgefühl zu wecken.

»Mark«, sagte Anderson zu mir, »ich habe meine Stellung gerade erst angetreten – der Name meines Vorgängers steht noch an der Tür. Das letzte, was *ich* jetzt tun würde, wäre, einen Film in Auftrag geben und darin die Hauptrolle spielen – aber versuchen Sie es in fünf Jahren noch einmal.«

Das tat ich – fast auf den Tag genau nach fünf Jahren. Und Rockwell zieht jetzt in Erwägung, die notwendigen finanziellen Mittel dafür bereitzustellen.

Das Eigenleben einer Verkaufssituation

Die Wahl des richtigen Zeitpunktes ist für den Verkaufsakt von elementarer Bedeutung. Das gilt sowohl für die Zeitspanne, die man für einen Geschäftsabschluß benötigt, als auch für die Frage, wann man im Verkaufsprozeß reden oder handeln sollte.

Der richtige Zeitpunkt läßt sich nicht systematisch ermitteln; dafür gibt es weder ein Geheimrezept, noch feste Regeln. Das Ganze ist mehr eine Sache der Wahrnehmung: unser Gehirn fängt sensorische Signale auf und setzt sie auf die Verkaufssituation um.

Wenn Sie die perzeptorische Komponente, z. B. die Wahl des richtigen Zeitpunktes, mit den zahllosen nicht greifbaren Faktoren verbinden – wie lange z. B. eine Idee reifen sollte, wann man jemanden am besten anruft, usw. – ist richtige oder geschickte Zeitplanung fast immer dem eigenen Urteilsvermögen überlassen.

Das heißt, daß die Leute, die mit einem angeborenen Sinn für die richtige Zeitwahl ausgestattet sind, über das größte Einfühlungsvermögen verfügen – sich selbst, ihren Kunden und der Situation gegenüber. Fast jeder Verkaufsakt, gleichgültig, ob es sich dabei um eine einfache Transaktion oder um eine Reihe komplexer Manöver, die sich über mehrere Jahre erstrecken, geht, hat seine eigenen sensorischen Signale, die jeder auffangen kann.

Hören Sie auf Ihren gesunden Menschenverstand

Die objektiven Fakten einer Verkaufssituation – ihre Natur und Komplexität, Ihr Kunde und bestimmte Informationen, die Sie erwerben, können Ihnen schon das meiste, was Sie über die zeitliche Planung wissen müssen, sagen. Verlassen Sie sich bei der Auswertung dieser Informationen auf Ihren gesunden Menschenverstand. Tun Sie das Naheliegende, wenn es naheliegt, etwas zu tun, und tun Sie nichts, wenn es nicht naheliegt, etwas zu tun.

Wenn Ihr Kunde Ihr Unternehmen oder Sie nicht kennt, wird der Verkaufsprozeß mit Sicherheit länger dauern. Wenn er von Ihrer ersten Präsentation nicht besonders angetan zu sein scheint, sollten Sie einiges daran ändern und es noch einmal versuchen. Wenn Sie wissen, daß er für seine Kaufentscheidung mehrere Monate braucht, zwingen Sie ihn nicht schon nach ein paar Wochen, zu einem Entschluß zu kommen.

Vor kurzem erhielt ich einen Anruf von einer Firma, die ein spezifisches Sportkonzept für eine bestimmte Art von Promotion brauchte. Zufällig hatte ich gerade eine Woche vorher ein Projekt unserer Tennisabteilung gesehen, das, mit ein paar unwesentlichen Veränderungen, genau dem entsprach, was der Klient suchte. (Das ist, nebenbei bemerkt, kein Beispiel für den richtigen oder falschen, sondern für den *perfekten* Zeitpunkt, der außerhalb der Kontrolle des Anbieters liegt, aber fast jedem dann und wann einmal »beschert« wird.)

Ich sagte dem Anrufer, daß ich darüber nachdenken, mit einigen Leuten darüber sprechen und mich in genau zwei Wochen wieder melden würde.

Obwohl ich wußte, daß wir genau das hatten, was sich der Klient vorstellte, war mir klar: Wenn unser Konzept wie eine wohldurchdachte Inspiration wirken sollte, mußte zwischen Problem und Problemlösungsvorschlag eine wohldosierte Zeitspanne liegen. Hätte ich mich schon am nächsten Tag wieder gemeldet, würden ihm vielleicht Zweifel gekommen sein, ob wir sorgfältig und intensiv genug überlegt hatten. Dadurch, daß ich ihm den genauen Zeitpunkt für meinen Anruf mitteilte, würde er nicht nur mit einem Ergebnis rechnen, sondern ihm mit großer Spannung entgegensehen.

Eine brauchbare und vernünftige Regel für eine gute Terminplanung ist: Nicht vorschnell handeln. Nehmen Sie sich Zeit, um zu überlegen, ob eine bestimmte Strategie notwendig ist oder die Zeit »Ihr Verbündeter« sein kann. Wenn nicht, können Sie immer noch handeln.

Hören Sie dem Kunden zu

Der Verkäufer ist für die optimale zeitliche Planung eines Verkaufsgespräches zuständig, aber er braucht dafür Anhaltspunkte vom Kunden. Deshalb ist Zuhören wichtiger als Reden, konzentrierte Aufmerksamkeit, um auch die Zwischentöne mitzubekommen, effektiver als ein »Ohrenbekenntnis«.

Sie erhalten viele Hinweise zur Wahl des für Sie günstigsten Zeitpunktes, wenn Sie die richtigen Fragen stellen. Z. B. sind viele Unternehmen zu bestimmten Zeiten im Jahr aufgrund ihrer Etatplanung oder anderer Überlegungen kaufwilliger als sonst. Diese Art der Information läßt sich durch gezielte Fragen erwerben. Und wenn Sie den Käufer gut kennen und sich die Zeit genommen haben, eine Geschäftsverbindung zu festigen, gibt man Ihnen auch während des Verkaufsprozesses wertvolle Anhaltspunkte, wann der Zeitpunkt geeignet ist, das eigentliche Verkaufsgespräch zu beginnen oder zu beenden oder wann Sie wen anrufen sollten.

Halten Sie sich an das Drehbuch

Der Zeitpunkt des Verkaufsgespräches kann für den Verkaufserfolg genauso wichtig sein wie das, was dabei gesagt oder getan wird. Wenn alle Variablen, die den richtigen Zeitpunkt bestimmen, einzeln erwogen und analytisch betrachtet werden müßten, bräuchte man für die korrekte »Antwort«, selbst bei der einfachsten Transaktion, mehrere Computer.

Zum Glück übernimmt unser Gehirn diese Aufgabe. Es verarbeitet die Daten mit Hilfe des sensorischen Systems und kommt zu Ergebnissen, die man nie durch analytisches Denken erzielt hätte. Zeitplanung ist also die Umwandlung der sensorischen Wahrnehmung in bewußtes Handeln oder bewußte Passivität (etwas in einem bestimmten Augenblick *nicht* zu sagen oder zu tun).

Dieser Prozeß wird verständlicher, wenn man sich den zeitlichen Bezugsrahmen als »Lebensdauer« eines Verkaufsvorganges oder als völlig vom eigentlichen Geschäft getrennt, sozusagen als dritten Geschäftspartner, vorstellt. Verkaufsaktivitäten scheinen eigenen Gesetzen zu folgen, die in einer Art Drehbuch festgelegt sind. Jeder, der schon einmal ein Geschäft »verpatzt« hat, weil er es zu früh oder zu spät abschließen wollte, also seine »natürliche Lebensdauer« verkürzt oder verlängert hat, kann das bestätigen.

Eine Verkaufssituation kann ein paar Sekunden oder Jahre andauern. Je komplexer die Transaktion, je mehr Phasen sie hat, desto wichtiger ist es, das Drehbuch »im Kopf« zu haben, sich auf sein »Eigenleben« oder seine »Lebensdauer« einzustellen. Der Zeitpunkt für die einzelnen Perioden, ihr Beginn und Ende, liegen bereits, wie Regieanweisungen, fest. Richtige Zeitplanung – die Umsetzung sensorischer Wahrnehmungen in angemessenes, bewußtes Handeln – beruht darauf, das Manuskript zu kennen und ihm zu folgen.

Viele Leute kennen es, haben aber ein überwältigendes Bedürfnis, davon abzuweichen. Sie haben es so eilig, ein Geschäft abzuschließen, daß sie versuchen, den Zeitrahmen zu komprimieren und direkt zum dritten Akt zu kommen. Sie möchten den Dialog umschreiben, oder lieber noch die Zeilen des Kunden komplett streichen. Sie sehen zwar die Anweisungen für die zeitliche Abfolge, ziehen es aber vor, sie zu ignorieren, und versäumen dadurch, der Situation das notwendige Gewicht zu verleihen. In ihrem neu geschriebenen Skript gibt es kein Happy-End.

Unmittelbarer Erfolg

Wir alle verspüren bisweilen das Bedürfnis nach unmittelbarem Erfolg. In den meisten Unternehmen wird dieser Drang noch auf alle möglichen Arten verstärkt: »Erledigen Sie das bitte schnell!« »Nehmen Sie sich gleich die nächste Sache vor!« oder »Ein Ball weniger zum Jonglieren bedeutet eine Sorge weniger!«

Selbst wenn wir andere veranlassen können, das zu tun, was wir wollen, geschieht das nicht immer zu dem von uns geplanten Zeitpunkt. Menschen und Ereignisse haben ihre eigene Gangart, die nur selten mit unserem Terminkalender übereinstimmt. Ein sicheres Zeichen für berufliche Reife ist die Fähigkeit, auf Erfolge warten und seinen Zeitplan dem anderer anpassen zu können.

Sowohl als Verkäufer wie auch als Firmenvorstand kenne ich keinen Aspekt der Zeitplanung, der bedeutsamer wäre als Geduld. Allein schon der Mangel daran kann dazu führen, daß ein Geschäft platzt, während ihr Vorhandensein – jemandem mit stoischer Gelassenheit die nötige Zeit geben, eine Situation »auswarten« können – schon oft bewirkt hat, daß man doch noch zu seinem Ziel kommt.

Ich möchte behaupten, daß Ungeduld einer der Hauptgründe dafür ist, daß viele Geschäfte nicht zustande kommen. Immer wieder hat man solche Beispiele vor Augen:

- Jemand versucht am Telefon, doch noch zum Geschäft zu kommen, obwohl er spürt, daß sein Gesprächspartner in Eile oder schlecht gelaunt ist.
- Jemand, der gebeten wird, ein anderes Mal zu kommen, beginnt zu drängen: »Aber es dauert doch nur eine Minute . . .«
- Jemand gibt seinem Kunden nach erfolgreichem Geschäftsabschluß die Hand und sagt: »Das wäre erledigt. Aber jetzt hätte ich noch etwas mit Ihnen zu besprechen.«

Wenn falsche Zeitplanung eine Krankheit ist, gibt es nur ein Heilmittel: Geduld.

Beharrlichkeit

Der Begriff »Beharrlichkeit« würde in der klassischen Definition implizieren, daß der Verkaufserfolg nichts als ein »Zahlenspiel« ist, eine Frage, an wie viele Türen man klopft und wie oft man es ein zweites Mal versucht.

Ich bezweifle, daß das alles sein soll. In unserem wie auch wohl in den meisten anderen Dienstleistungsunternehmen kommt es, will man effektiv arbeiten, ebenso auf die Qualität wie auf die Quantität an.

Damit möchte ich nicht die Bedeutung der Beharrlichkeit schmälern. Ohne Ausdauer und Durchhaltevermögen sind andere Überlegungen hinsichtlich der Wahl des richtigen Zeitpunktes wertlos. Beharrlichkeit gehört zweifellos genauso zu den »Zehn Geboten« eines guten Verkäufers wie »Das Produkt kennen« und »An das Produkt glauben«.

Ray Croc, Gründer und langjähriger Boß von McDonald's, war fünfzig Jahre alt und Milchshake-Verkäufer, bevor er sein erstes Restaurant eröffnete. Er galt als leidenschaftlicher Verfechter der Beharrlichkeit. In seinem Büro hing der Spruch:
Nichts in der Welt kann Beharrlichkeit ersetzen:
Nicht Talent – denn nichts findet man so oft wie erfolglose Menschen mit Talent
Nicht Genie – denn das verkannte Genie ist schon fast ein Sprichwort
Nicht Ausbildung – denn die Welt ist voll von ausgebildeten Ungebildeten
Allein Beharrlichkeit und Entschlossenheit sind allmächitg.

Die Vorteile optimaler Zeitplanung

Optimale Zeitplanung bringt uns nicht selten ungeahnte Vorteile. Man muß kein Wahrsager sein, um sie zu entdecken; aber man braucht eine »Antenne«, um erste Anzeichen dafür zu sichten, daß sich die Ereignisse zu Ihrem Vorteil »entwickeln« lassen.

Wie man einen Vertrag erweitert oder erneuert

Erweitern, erneuern oder konzipieren Sie einen Vertrag am besten dann, wenn der Vertragspartner besonders zufrieden ist, und nicht, wenn der Kontrakt ausläuft. Ich halte meine Mitarbeiter an, mit unseren Klienten über die Fortdauer der Repräsentation zu sprechen – auch wenn sie noch auf ein Jahr schriftlich festgelegt ist – wenn wir für ihn gerade einen günstigen Vertrag abgeschlossen haben.

Wenn einer Ihrer Kunden eine gute Neuigkeit erhalten hat – selbst wenn sie nicht in unmittelbarem Zusammenhang mit Ihrem Produkt steht, z. B. eine bevorstehende Gehaltserhöhung oder ein Bonus – ist Ihre Zeit gekommen.

Sie sollten es sich angewöhnen, die Stimmung Ihrer Klienten zu prüfen. Sie kann ein »Ja« in ein »Nein« und umgekehrt verwandeln.

Die schlechte Zeitplanung der Konkurrenz nutzen

Die schlechte oder ungeschickte Zeitplanung Ihrer Konkurrenten kann sich ebenfalls zu Ihrem Vorteil auswirken. Das läßt sich oft im Wahljahr beobachten, wenn die Kandidaten nur auf eine günstige Gelegenheit »lauern«, um in den »Ring« zu steigen. Jeder wartet darauf, daß der andere einen politischen Fauxpas begeht, so daß er dann als »der edle Ritter« eingreifen kann.

Sie sollten einen Vertrag nicht nur dann erneuern, wenn Ihr Klient zufrieden scheint, sondern auch dann, wenn er mit Ihrer Konkurrenz unzufrieden ist.

Unsere Fernsehabteilung versuchte vor nicht allzu langer Zeit die Rechte für ein bedeutendes Sportereignis zu erwerben, die zu der Zeit fast ausschließlich an einen bestimmten amerikanischen Fernsehsender vergeben wurden. Wir erfuhren kurze Zeit nach den Organisatoren, daß dieser Sender eine weniger interessante Sportsendung an das Ausland verkauft und diese wichtige Veranstaltung sozusagen als »Morgengabe« beigegeben hatte.

Die Organisatoren waren sehr verärgert, auf diese Weise »mißbraucht« zu werden, und da es schon vorher Probleme mit dem Sender gegeben hatte, sah ich unsere Chance: heute haben *wir* die Rechte.

Gegenwart und Zukunft gegeneinander abwägen

Als Tony Jacklin 1969 die British Open gewann, wurde er mit Angeboten, besonders aus England, das lange auf seinen Golfchampion gewartet hatte, überhäuft. Wir waren der Meinung, daß Jacklin nicht zufällig gewonnen hatte und akzeptierten nur kurzfristige Verträge mit einer Laufzeit von maximal einem Jahr. 12 Monate später gewann er die US Open und sein Marktwert verdreifachte sich.

Im Gegensatz dazu war ich, als Ben Crenshaw ins Profilager überwechselte, überzeugt, daß er das wohl am besten zu vermarktende Image im Profi-Golfsport hatte. Man nannte ihn schon den »neuen Nicklaus«, und mir war klar, daß er es schwer haben würde, den hohen Erwartungen, die man an ihn stellte, gerecht zu werden. Es war deshalb wichtig, die Werbetrommel kräftig zu rühren, bevor man ihn mit irgendwelchen Erfolgen oder Mißerfolgen auf dem Golfplatz in Verbindung bringen konnte. Leider wartete Ben zu lange.

Als wir begannen, ihn zu managen, hatte die Fachwelt bereits festgestellt, daß er nicht unsterblich war – und er stand nicht mehr so hoch im Kurs.

Als Muhammed Ali auf den Höhepunkt seiner Karriere zustrebte, war das Klima in Amerika für farbige Sportler nicht so günstig wie für weiße, aber erste Anzeichen für eine beginnende Veränderung waren schon damals zu erkennen. Wäre Ali darauf bedacht gewesen, sich ein positiveres, sympathisches, »atypisches« Boxerimage zuzulegen, hätte er außerhalb des Ringes genausoviel Geld verdienen können wie mit seinen Kämpfen. Aber er wog die Gegenwart nie gegen die Zukunft ab, und deshalb brachten ihm seine Werbeverträge auch nicht viel ein.

Vom Sonnenuntergang profitieren

Pat Ryan, die Herausgeberin von *People*, erzählte mir von einem Verkaufstrick, den ihr Vater, der verstorbene, passionierte irische Reiter Jim Ryan, vielen Rennstallbesitzern verraten hat: Bitten Sie einen prospektiven Pferdekäufer nur am späten Nachmittag zum Tee oder zu einem Drink zu sich. Es geht dabei nicht so sehr um den günstigsten Zeitpunkt für eine Einladung, sondern für die Vorführung des Pferdes: sein Fell glänzt dann besonders schön, es strotzt vor Kraft und wirkt unschlagbar. (Aus demselben Grund werden z. B. Bademoden für die Zeitschrift *Sports Illustrated* immer bei Sonnenauf- oder Sonnenuntergang fotografiert.)

Nur wenige Geschäftsleute bestehen auf einem Sonnenuntergang als Kulisse für ein Verkaufsgespräch, aber man kann sich künftiger Ereignisse, die so sicher stattfinden wie der Sonnenuntergang, bedienen.

Eine unserer erfolgreichsten Fernsehproduktionen, »Die Superstars«, die schon seit zehn Jahren von ABC ausgestrahlt wird, ließ sich wohl auch deshalb so gut verkaufen, weil der Zeitpunkt optimal gewählt war: der Sender mußte im Winter das »Loch« zwischen Ende der Football- und Anfang der Basketballsaison »stopfen«. Vielleicht wird sich das in Zukunft ändern, aber damals (und zehn Jahre lang) war diese Notwendigkeit voraussehbar.

Der Terminkalender ist voll

Daten machen aus Ihrer Zeitplanung konkrete Informationen. Ein Terminkalender kann, bei richtiger Benutzung, eine unschlagbare Waffe sein.

In unserer Branche weiß man z. B., daß – vorausgesetzt, politische Erwägungen verhindern es nicht – 1988, 1992 und 1996 Olympische Spiele stattfinden. Wir können unsere Projekte im Hinblick auf diese Termine planen.

Die meisten unserer Aktivitäten stehen in unmittelbarem Zusammenhang mit jährlich wiederkehrenden größeren Sportveranstaltungen, an denen wir entweder selber beteiligt sind, oder die wir als Mittel zur Unterhaltung unserer Klienten brauchen.

Als vor mehreren Jahren der Gesetzesantrag 13 in das Kalifornische Steuerreformgesetz aufgenommen werden sollte, hörte ich, wie ein Finanzberater seine Chance genutzt hatte: Einige Wochen, bevor über die Gesetzesvorlage abgestimmt werden sollte, reservierte er eine ganze Seite in der *Los Angeles Times* für den Tag nach der Verabschiedung, um seine neue Vortragsreihe zum Thema: »Wie man von Artikel 13 profitiert« anzukündigen.

Kommen und gehen

Am besten sind Kunden, die neu in einem Unternehmen sind oder gerade im Begriff sind, es zu verlassen. Als John De Lorean von Pontiac wegging, rief er mich an und sagte: »Mark, sobald ich nicht mehr hier bin, werden sie versuchen, alles, was ich gemacht habe, zu annullieren oder zu beenden. Wenn Sie den Nicklaus-Vertrag verlängern wollen, sollten wir das besser jetzt gleich tun.«

Ein neuer Manager will zeigen, was er kann, sich beweisen, Zeichen setzen, und man gibt ihm normalerweise genug »Leine«. Einer der geht weiß, daß andere sich von jetzt an den Kopf über seine Entscheidungen zerbrechen müssen – die ihn nicht mehr betreffen.

Geschäfte lassen sich auch dann abschließen, wenn jemand seinem Nachfolger alles ordentlich hinterlassen will, oder weil er auch in seinem neuen Wirkungsfeld mit Ihnen zusammenarbeiten möchte.

Wenn Sie rücksichtsvoll planen, lassen Sie es Ihren Geschäftspartner wissen

Sagen Sie z. B.: »Ich wußte es schon letzte Woche, wollte Sie aber nicht bei der Verkaufskonferenz (vor den Betriebsferien, bei der Aufstellung des Budgets usw.) stören. Generell sollten Sie Montag morgens und Freitag nachmittags auf Telefongespräche (besonders wenn es um schlechte Nachrichten oder Probleme geht) verzichten.

Rücksichtslose Zeitplanung (mit äußerster Vorsicht) nutzen

Ein Telefongespräch außerhalb der Geschäftszeiten, spät am Abend oder während des Wochenendes macht immer einen besonders nachhaltigen Eindruck. Wenn Sie dabei geschickt vorgehen, kann sich das durchaus vorteilhaft für Sie auswirken; aber Sie sollten genau wissen, was Sie tun, denn dieser Schachzug kann leicht »ins Auge« gehen. Beginnen Sie möglichst mit der Einleitung: »Die Sache ist so gut (oder so wichtig), daß ich am Wochenende mit Ihnen darüber sprechen muß.«

Kein Ultimatum stellen

Manchmal ist es unerläßlich, einem Klienten ein Ultimatum zu stellen. Aber ein Ultimatum stellt eine Bedrohung dar, und wer sich in die Enge getrieben fühlt, reagiert leicht gereizt. Diese Maßnahme sollte nur dann in Betracht gezogen werden, wenn absolut nichts anderes mehr wirkt.

Der sicherste Weg, an Glaubwürdigkeit zu verlieren, ist der, ein Ultimatum festzusetzen, es dann zu verlängern, zu ändern oder zu ignorieren. Dabei kann es einem genauso ergehen wie dem Hirten, der zu oft vor dem Wolf gewarnt hatte. Wenn Sie sich nicht an Ihre eigenen Fristen halten, dürfen Sie sich nicht wundern, wenn man bald auch Ihre Äußerungen und Aktivitäten mit Skepsis betrachtet.

Die Härte eines Ultimatums mildern

Zeit ist oftmals ein Faktor, der die Forderung nach einer Entscheidung weniger drastisch erscheinen läßt. Wenn Sie von einem »vielleicht« wenig halten, sollten Sie sich auf einen plausiblen Zeitkonflikt, dessen Lösung keinen Aufschub duldet, berufen.

Ich fühlte mich vor kurzem von einer Firma, die eigentlich angedeutet hatte, daß sie an einer Zusammenarbeit mit uns interessiert war, hingehalten. Dabei ging es um die recht umfangreiche zeitliche Verpflichtung einer Spitzen-Tennisspielerin.

Ein Ultimatum hätte zu bedrohlich gewirkt. Statt dessen führten wir an: Wenn innerhalb der nächsten Woche keine Entscheidung fallen würde, könnte ein Vertragsabschluß wesentlich schwieriger werden, denn dann wäre es uns u. U. nicht mehr möglich, die Teilnahme unserer Klientin an bestimmten Turnieren abzusagen.

Wir erhielten eine Absage, aber das war uns immer noch lieber, als wenn sich die Angelegenheit endlos hingezogen hätte. Indem wir den Zeitkonflikt in den Vordergrund rückten, war der andere gezwungen, endgültig eine Entscheidung zu treffen.

Phasen ungeteilter Aufmerksamkeit

Geschäftsleute haben nur kurze Phasen ungeteilter Aufmerksamkeit, deshalb sollten Sie so schnell wie möglich zur Sache kommen. Nehmen Sie sich vor, zuzuhören und weniger zu reden. Erzählen Sie nicht gleich Ihre Lebensgeschichte; dehnen Sie Ihre Argumentation nicht endlos aus; und wenn sie nicht unbedingt dramaturgische Ambitionen haben, verzichten Sie auch auf die »bühnenreife« Gestaltung. Dadurch erreichen Sie nur, daß Ihr Gesprächspartner ungeduldig wird oder, schlimmer noch, daß seine Gedanken vom Thema abschweifen. Versuchen Sie herauszufinden, wie lange die Aufmerksamkeit Ihres Verhandlungspartners anhält. Ich weiß z. B., wenn ich mit Bob Anderson zu tun habe und mehr als 45 Sekunden brauche, um zum Thema zu kommen, denkt er an etwas anderes.

Dringlichkeitsliste

Wenn Sie mehr als einen Diskussionspunkt haben, sollten Sie genug Zeit für die wichtigsten einkalkulieren, so daß Sie gar nicht erst in die Verlegenheit kommen, fragen zu müssen: »Haben Sie wohl noch ein paar Minuten Zeit? Ich bin noch gar nicht zum Kernpunkt gekommen."

Jemandem Zeit schenken

Es wirkt sich immer vorteilhaft aus, wenn man nur eine halbe Stunde braucht – und der Kunde mit einer Stunde gerechnet hatte. Machen Sie aber nicht den Fehler, ihn 1 ½ Stunden zu beanspruchen.

7. Schweigen

Die Konferenz hatte äußerst vielversprechend begonnen. Wir waren in London, wo einer unserer Manager einigen englischen Geschäftspartnern gerade ein hervorragendes Projekt erläutert hatte. Eine Art spannungsgeladenes Schweigen folgte, als man in die Runde blickte, um zu sehen, wer als erster reden würde. Aber gerade in dem Augenblick, als jemand zum Sprechen ansetzte, fing unser Mitarbeiter an, noch einmal die Vorteile des Konzeptes, das er gerade vorgestellt hatte, zusammenzufassen – und das gleich mehrmals.

Als er endlich eine Pause machte, lachte ich und sagte: »Herrlich, dieses Schweigen … Lassen Sie doch auch einmal jemand anders zu Worte kommen.«

Es ist schon viel geschrieben worden über die Bedeutung des Schweigens im Verkaufsgespräch, und das aus gutem Grund. Es gibt in wohl jeder Verkaufssituation einen Punkt, an dem *der andere,* und einen, an dem *niemand* reden sollte. Diesen Punkt erreicht man nur schwer, wenn man nicht weiß, wann es an der Zeit ist zu schweigen.

Schweigen im Verkaufsprozeß hat verschiedene Vorteile: Erst wenn Sie aufhören zu reden und statt dessen beginnen, zuzuhören, können Sie wirklich etwas Wichtiges erfahren – und selbst, wenn nicht, haben Sie dadurch die Möglichkeit, Ordnung in Ihre Gedanken zu bringen. Schweigen verhindert, daß Sie mehr sagen als Sie sollten – und veranlaßt Ihren Gesprächspartner, mehr zu sagen als beabsichtigt. Zu wissen, wann Schweigen geboten ist, macht immer einen guten Eindruck. Außerdem ist es unmöglich, mit jemandem eine Vereinbarung zu treffen, der überhaupt nicht zu Wort kommt.

In taktischer Hinsicht erfüllt das Schweigen einen doppelten Zweck: entweder erhält der andere dadurch die *Gelegenheit,* sich zu äußern, oder er ist *gezwungen,* Stellung zu nehmen.

Den Geschäftspartner zum Reden bringen

Ich behaupte oft, eine Situation nicht genau zu kennen, nur um meinen Geschäftspartner zum Reden zu bringen.

Kürzlich wurde ich zum »Schlußakt« eines ziemlich erbitterten Disputes über einen Vertrag gebeten. Die Lage war ziemlich ernst; beide Parteien hatten ihre Anwälte mitgebracht.

Da ich neu dazugekommen war, bat ich den Sprecher der Gegenpartei, mir mit eigenen Worten seine Version des Rechtsstreites zu schildern.

Der Mann begann, und er redete wohl zwanzig Minuten lang. (Ich konnte sehen, wie sein Anwalt ein paarmal zusammenzuckte.) Am Schluß war er in den meisten Punkten unserer Meinung – oder hatte es sich zumindest »eingeredet«.

Unbeabsichtigte Informationen erhalten

Wenn Sie eine Frage zu einem bestimmten Thema stellen und eine unbefriedigende Antwort erhalten, sollten Sie überhaupt nichts darauf sagen. Brauchen Sie mehr oder andere Informationen, dann versuchen Sie, sie durch Ihr Schweigen zu bekommen.

Schweigen führt zu einem Gefühl der Leere und weckt das dringende Bedürfnis, diesen »toten Punkt« zu überwinden. Wenn jemand ausgeredet hat und Sie den Gesprächsfaden nicht wieder aufnehmen, wird Ihr Gegenüber automatisch, auch nur nach der kleinsten Pause, weitersprechen und schließlich vielleicht doch noch das sagen, was Sie hören wollten.

Sich auf die Zunge beißen

Die erworbene – nie instinktive – Fähigkeit, sich auf die Zunge zu beißen, hat zwei immense, jedoch oft verkannte Vorteile: Erstens können Sie so Ihre Gedanken ordnen und deshalb vorsichtiger oder umsichtiger mit Ihren Äußerungen umgehen. Und zweitens geraten Sie nicht so schnell in die Lage, mehr zu sagen als Sie müssen, sollten oder beabsichtigt haben.

Das Positive hervorheben, das unwesentliche Negative weglassen

Ich habe vor kurzem an einer Sitzung teilgenommen, bei der einer meiner Geschäftsfreunde versuchte, einen Sponsor für ein Golfturnier mit internationalen Größen, die *»Chevrolet World Championship of Woman's Golf«* (Chevrolet-Golfweltmeisterschaft der Frauen) zu gewinnen. Nachdem er alle positiven Aspekte dargelegt (und allgemeine Zustimmung erhalten hatte), ging er voller Enthusiasmus zum Thema Fernsehübertragung über. Er sagte, obwohl diese Veranstaltung am gleichen Tag wie die Profi-Golfweltmeisterschaften der Männer ausgestrahlt würde, rechne sein Unternehmen und der Sender mit ausgezeichneten Einschaltquoten.

Ich glaubte, meinen Ohren nicht trauen zu können. Zugegeben, als *Berater* wäre das genau der Punkt, auf den wir unseren Klienten aufmerksam machen würden. Aber als *Verkäufer* sollte man eben dieses Faktum unerwähnt lassen.

Es ging ja eigentlich um die TV-Rechte und die erwarteten Einschaltquoten, und nicht um die Fernsehprogramme, die sich an diesem Tag Konkurrenz machen würden. Selbst wenn sich mein Geschäftsfreund aus ethischen Gründen bemüßigt fühlte, das Thema zur Sprache zu bringen, hätte er sich dafür keinen schlechteren Zeitpunkt aussuchen können. Es wäre besser gewesen, noch vor den positiven Aspekten darauf zu verweisen, anstatt seine Verkaufsargumente so negativ abzuschließen.

Wenn Sie jemandem einen Radiowecker verkaufen wollen, sind Sie meiner Meinung nach auch nicht verpflichtet, darauf hinzuweisen, daß die Batterie nach 1 ½ Jahren leer ist oder daß in einem Jahr ein besseres und billigeres Digitalmodell auf den Markt kommt.

Betonen Sie die positiven, und lassen Sie die unwesentlichen oder weniger relevanten negativen Aspekte aus. Seien Sie ethisch und moralisch – und erinnern Sie sich daran, daß Schweigen Gold ist.

Die gedankenträchtige Pause

Eine gedankenträchtige Pause bei einem Verkaufsgespräch einzulegen ist genauso wie das Fischen mit einem Netz. Man legt einen Köder im Netz aus und wartet ruhig darauf, daß der Fisch hineinschwimmt.

Nachdem Sie Ihr Anliegen vorgebracht haben und auf eine Antwort warten, sollten Sie *nicht* reden, solange der Geschäftspartner nicht in irgendeiner Form reagiert hat. Erklären Sie nicht alles noch einmal. Versuchen Sie nicht, ihm etwas einzureden. Sagen Sie ihm nicht, Sie wüßten, die Entscheidung sei schwierig, aber ...

Der Kunde ringt sich vielleicht gerade zu einer Entscheidung durch und führt innerlich ein Selbstgespräch. Helfen Sie ihm nicht dabei. Wenn er Ihnen eine Frage stellt, antworten Sie »einsilbig«.

Selbst wenn das Schweigen zu »laut« wird, sollten Sie es nicht brechen.

Schweigen Sie, wenn Sie eine Zusage erhalten

Ich kann Ihnen gar nicht sagen, wie oft ich folgendes schon erlebt habe: Das Geschäft ist perfekt und der Verkäufer erregt Argwohn beim Kunden, indem er seine Entscheidung übertrieben lobt: »Das werden Sie nie bereuen«, »Das beste Geschäft Ihres Lebens« usw. Selbst der Vertrauensseligste beginnt dabei, sich zu fragen: »Auf was habe ich mich da eingelassen?«

Wenn Sie eine Zusage erhalten haben, kann alles, was Sie dazu anschließend noch sagen, gegen Sie sprechen. Deshalb wechseln Sie lieber das Thema. Unterhalten Sie sich über die Fortschritte des Kunden auf dem Golfplatz, seine Kinder – über alles mögliche, nur nicht darüber, wie recht er daran getan hat, Ihr Produkt zu kaufen.

Noch schlimmer als die Schmeichler sind die Pedanten, die auf der Stelle jeden Querbalken im »t« und jedes Tüpfelchen auf dem »i« kontrollieren wollen: »Wunderbar. Lassen Sie uns jetzt doch noch einmal die einzelnen Punkte durchsprechen, damit keine Unklarheiten entstehen." Bestenfalls dämpft man damit die Begeisterung, schlimmstenfalls zerschlägt sich das ganze Geschäft.

Halten Sie die Vereinbarungen später schriftlich fest

Wenn Vereinbarungen besonders komplex oder über einen längeren Zeitraum hinweg ausgehandelt worden sind, gibt es meistens einige Vertragspunkte oder Details, über die sich beide Partner noch nicht ganz im klaren sind. Sprechen Sie nicht sofort darüber, sondern halten Sie Ihre Version zu einem späteren Zeitpunkt schriftlich fest. Dadurch geben Sie einer Konferenz einen positiven Ausklang und erhalten gleichzeitig die Möglichkeit, Ihre Interpretation der Einzelheiten darzulegen. Wenn es sich dabei nicht gerade um entscheidende Punkte oder falsche Deutungen handelt, können sie sogar die Vertragsgrundlage bilden.

8. Marktfähigkeit

Vor vielen Jahren aß ich mit André Heiniger, dem Generaldirektor von Rolex, als einer seiner Geschäftsfreunde an unseren Tisch kam, um ihn zu begrüßen. »Wie geht das Uhrengeschäft?« fragte er. »Ich habe keine Ahnung«, antwortete Heiniger.

Der Freund lachte. Der Chef des wohl berühmtesten Uhrenherstellers sollte nicht wissen, was in seiner eigenen Branche vorging?

Aber Heiniger meinte es todernst. „Rolex ist nicht im Uhrengeschäft«, fuhr er fort, »sondern in der Luxusgüterindustrie.«

Für mich war dieser Kommentar die Essenz der Marktfähigkeit: zu wissen, was man wirklich verkauft und die Grundlagen zu kennen, die Produkt und Abnehmer verbinden.

Seit das Ford T-Modell auf den Markt kam, hat die Autoindustrie ihre Produkte unter allen möglichen Gesichtspunkten verkauft, nur nicht im Hinblick auf ihre Funktion – als Symbol der Macht, des Sex-Appeals, des sozialen Status, des Wohlstandes, der Wirtschaftlichkeit usw. Die Automobilwerbung war, historisch gesehen, so wirksam, daß sie die Einstellungen des Kunden nicht nur geformt, sondern auch geschaffen hat.

Es gab z. B. Zeiten, als ein College-Professor lieber auf seine Anstellung verzichtet hätte, als am Steuer eines Cadillac entdeckt zu werden. Wenn andererseits ein Manager einen Volkswagen fuhr, hat sich vielleicht so mancher gefragt, ob »er« ganz »richtig« sei.

Der Verbraucher von heute ist anspruchsvoller als je zuvor und reagiert so empfindlich darauf, mit einem bestimmten Produkt-Image identifiziert zu werden, daß man ihn damit eher abschreckt. Dadurch gewinnt die Marktgängigkeit, die für mich ein subtiler, fundamentaler Aspekt des Marketing ist, noch größere Bedeutung.

Federal Express (Eil-Zustelldienst) z. B. verkauft mit seinem Dienstleistungangebot nicht nur seine Schnelligkeit, Verläßlichkeit und Beförderungskapazität, sondern, wie jedem klar sein dürfte, vor allem ein beruhigendes Gefühl.

Eine der wohl feinsinnigsten Formen, für Absatzfähigkeit zu sorgen, besteht darin, bestimmte Vorstellungen mit dem Produkt selbst zu verknüpfen, alles zu tun, um es »verkäuflich« zu machen. Dieses Buch z. B. würde sicher unter dem Titel *Prinzipien der Managementpraxis* eine ganz andere, wahrscheinlich – im Hinblick auf das Potential – wesentlich kleinere Leserschaft ansprechen.

Marktfähigkeit läßt sich nicht aus Absatzstudien, Stichprobenanalysen oder Markttests »ablesen«, sondern kann nur intuitiv festgestellt werden. Dazu muß man über das Augenfällige hinausgehen und versuchen, die Hintergründe zu ermitteln und zu deuten; ergründen, was den Käufer dazu veranlaßt, ein Produkt zu akzeptieren oder abzulehnen. Ein Produkt marktgängig zu machen unterscheidet sich auch insofern vom Marketingprozeß, als daß ersteres vorher stattfindet oder stattfinden sollte, und, bei richtiger Handhabung, nichts kostet.

Absatzfähige Gestaltung ist eine aktivere Form des Verkaufs. Verkaufen ist zwangsläufig produktorientiert – auf Produktmerkmale, Funktion, Präferenzen usw. ausgerichtet. Den Marktwert Ihres Produktes zu bestimmen, heißt, den Konsumenten mit einzubeziehen, ob es sich dabei um einen Zwischenhändler (wie z. B. ein Unternehmen) oder den Endverbraucher selbst handelt.

Dieses Kapitel stellt die Verbindung zwischen Produkt und Konsument her. Es beginnt mit dem Produkt und allen Faktoren, die den Verkaufsvorgang beeinflussen, und endet mit der Positionierung, d. h., wie sich das Produkt anhand dessen, was Sie darüber aussagen oder wie sie es darstellen, verkauft.

Ihr Produkt kennen, daran glauben, es mit Begeisterung verkaufen

Das sind die fundamentalen Verkaufsregeln. Wer sein Produkt nicht kennt, kann nicht erwarten, daß er es verkauft. Wer nicht an sein Produkt glaubt, kann es weder mit Hilfe seiner starken Persönlichkeit noch mit den subtilsten Techniken kaschieren; und der Mangel an Begeisterung im Verkaufsprozeß ist im allgemeinen ansteckend.

Nichts dämpft das Interese eines potentiellen Kunden mehr, als wenn er merkt, daß der Verkäufer mit dem Produkt nicht vertraut ist. Haben Sie schon einmal einen »Verkäufer« in einem Laden gefragt, wie ein bestimmtes Zubehör oder Gerät funktioniert und geduldig auf Antwort gewartet, während er alles mögliche probierte und sich darüber beklagte, daß man früher alles viel einfacher gebaut hat? Selbst wenn er es Ihnen schließlich doch noch zeigen kann, sind Ihr Interesse und Ihre Kaufbereitschaft merklich abgeflaut.

Mit Ihrem Produkt vertraut sein bedeutet, auch die *Idee,* die ihm zugrunde liegt – der Zweck, dem es dient oder die Vorstellung, die dahinter steht – kurz, die Beziehung zwischen dem, was es ist und dem, was der Käufer will, zu kennen. Inwieweit hilft es dem Kunden? Welches Problem löst es? Was verspricht es?

Diese immateriellen Produktmerkmale zu verstehen ist ebenso wichtig, wie seine mechanischen Komponenten zu kennen. Denn gerade weil diese nicht greifbar sind, variieren sie von Verbraucher zu Verbraucher und werden eher falsch gedeutet oder mißverstanden.

Ihr Produkt kennen heißt auch, sich das Image, das ihm anhaftet, zu vergegenwärtigen. Ich glaube, jedes Produkt projiziert auf die eine oder andere Weise ein bestimmtes Image – sei es ein positives, das Sie fördern, oder ein negatives, das Sie loswerden möchten.

Die Homecomputer-Industrie z. B. florierte erst, nachdem es gelungen war, das Image-Problem zu lösen. Man bot ein Gerät an, das zwar zeitsparend und in der Lage war, alle möglichen Aufgaben zu lösen, aber so aussah, als sei es kompliziert und schwer zu handhaben. Solange es nicht »ansprechender«, weniger furchteinflößend, wirkte, war der Absatz eher schleppend.

Zwei Gründe, warum ich nicht bei mir kaufen würde

Um mit Ihrem Produkt wirklich vertraut zu sein, sollten Sie auch die Gründe dafür kennen, warum jemand es *nicht* kauft. Versuchen Sie, seine Beweggründe zu erraten, zu analysieren, wenn nötig schriftlich auszuarbeiten und eine Antwort bereitzuhalten.

Ein großer Teil fast jeder Verkaufstätigkeit besteht darin, die Einwände des Kunden zu entkräften. Versuchen Sie aber nicht, einen potentiellen Käufer zu überzeugen, daß seine Argumente irrelevant sind. Konzentrieren sie sich statt dessen darauf, seinen Bezugsrahmen zu ändern.

Um Einsprüche vorherzusehen und zu widerlegen, muß der Verkäufer eine Art »Relativitätstheorie« praktizieren. Er sollte sich ständig fragen: »Im Vergleich wozu?« Denken Sie einmal an einen größeren Kauf, den Sie getätigt haben, ein Haus z. B., und daran, wie lange Sie überlegen mußten, bis Ihre endgültige Entscheidung feststand. In einer bestimmten Phase haben auch Sie Vergleiche angestellt: Im Verhältnis zu einem anderen Haus, für das Sie sich interessierten, das aber in einer weniger noblen Wohngegend lag, war es teuer. Verglichen mit dem, was Sie vor zehn Jahren dafür gezahlt hätten, schien der Preis horrend. Aber im Verhältnis zum Wiederverkaufswert, oder zu dem, was ein anderer dafür geboten hätte, oder was Ihnen eigentlich *zustehen* würde, ließ sich der Preis rechtfertigen.

Wenn wir den Namen eines Sportlers lizensieren, kommen immer wieder zwei Einwände: der Preis – d. h. die Höhe der Garantieprovision, und die mangelnde Verfügbarkeit des Athleten für den Lizenzträger.

Der Vorstand einer bekannten Sportbekleidungs- und -zubehörfirma sagte mir, daß er einem Sportler nie mehr zahlen würde, als er selber verdiene. Anhand dieses Kriteriums schien die siebenstellige Summe, die wir forderten, weit überhöht. Ich wies jedoch sofort darauf hin, daß er im Grunde ja eine Produktnamen-Identifizierung erwerbe, und daß unsere Forderungen im Hinblick auf die Millionen, die eine Produkt-Image-Entwicklung sonst koste, angemessen seien.

Er fragte weiter, warum er – vorausgesetzt, er wäre mit dem Preis einverstanden – nur fünf Tage über den Sportler verfügen könne. Wieder mußte ich seine Perspektive ändern: Ich fragte ihn, wovon sein Unternehmen mehr profitieren würde: von zusätzlichen Werbekampagnen oder von weiteren Siegen bei wichtigen Tennisturnieren; und sei es nicht ganz im Sinne seiner Firma, wenn er Millionen Tennisbälle auf seinem Weg zum Centre Court in Wimbledon brauchen würde?

Dadurch, daß wir dem Kunden halfen, seinen Bezugsrahmen zurechtzurücken, seine Vorstellungen zu verändern, waren wir in der Lage, ein Lizenzgeschäft abzuschließen, das dem Unternehmen die wohl erfolgreichste Sportbekleidungs-Linie und unserem Klienten ein Millionenvermögen einbrachte.

Ein »totgeborenes Kind begraben«

Ein Hundefutterhersteller hielt seine jährlich stattfindende Verkaufstagung ab. Im Verlauf der Sitzung hörte der Unternehmensvorstand geduldig zu, wie sein Werbeleiter eine brandheiße neue Kampagne vorstellte, sein Marketingleiter ein Marketingkonzept anpries, das »die ganze Industrie revolutionieren würde« und sein Verkaufsleiter die Vorzüge des »wohl besten Verkaufsteams der Branche« hervorhob. Schließlich war die Reihe an dem Vorstandsvorsitzenden, seine Schlußbemerkungen zu machen.

»In den letzten Tagen«, begann er, »haben wir alle unsere Abteilungsleiter gehört und ihre wundervollen Pläne für das kommende Jahr kennengelernt. Nun, da wir zum Ende kommen, habe ich nur noch eine Frage: Wenn wir die besten Werbeleute, die besten Marketingexperten und das beste Verkaufspersonal haben – wie kommt es dann, daß wir von diesem verdammten Hundefutter weit weniger verkaufen als unsere Konkurrenz?«

Es herrschte betretenes Schweigen. Nach ein paar Minuten, die wie eine Ewigkeit schienen, hörte man eine zaghafte Stimme aus dem hinteren Teil des Saales: »Weil die Hunde es nicht *mögen.*«

Manchmal ist eine Idee, ein Produkt, ein Konzept einfach schlecht, auch wenn Sie es mit allen Ihnen zur Verfügung stehenden Mitteln propagieren oder neu zu konzipieren versuchen – es kommt nicht an. Die einzige Lösung ist, sich davon zu trennen, um weitere Kosten zu sparen.

Eben das tun die meisten nicht. Je mehr Anzeichen es dafür gibt, daß eine Idee nicht verkäuflich, ein Konzept nicht realisierbar oder ein Produkt nicht erwünscht ist, desto entschlossener handeln und desto mehr Zeit opfern sie, um das Gegenteil zu beweisen.

Die 80:20-Regel

Da ich im ersten Drittel des Buches besonders hervorgehoben habe, wie wichtig es ist, seine Kunden zu kennen, sollte Ihnen jetzt meine Einstellung geläufig sein.

Die Verkaufsaktivitäten der meisten Menschen oder Unternehmen lassen sich anhand der 80:20-Regel definieren: Sie machen 80% ihrer Geschäfte mit 20% ihrer Kunden. Deshalb scheint es sinnvoll, 4/5 Ihrer Zeit und Mühe darauf zu verwenden, das Viertel der Kunden kennenzulernen, das für Sie von besonderem Interesse sein muß.

Vor vielen Jahren wurden wir von Wilkinson Sword in England gebeten, ein Sport- und Freizeitprofil ihrer wichtigsten Kunden zu erstellen. Als die Studie abgeschlossen war, konzipierten wir Besuche von Sportveranstaltungen, die auf die Freizeitaktivitäten des jeweiligen Kunden zugeschnitten waren. Die Boxfans und die entsprechenden Wilkinson-Mitarbeiter wurden zum Boxkampf mit Henry Cooper, dem damaligen Weltmeister im Schwergewicht, der später am Abend die Rolle des Gastgebers übernahm, eingeladen; die Golfer spielten mit Tony Jacklin Golf und die Kricketfans besuchten ein Ausscheidungsspiel mit anschließendem Imbiß, an dem auch der australische Kricketchampion Ian Chappell teilnahm.

Sie sollten sich auf die Interessen, Vorlieben und Geschmäcker Ihrer »20%« konzentrieren, und nehmen Sie sich die Zeit, herausfinden, wie Sie sie halten können.

Das Unternehmen kennen

Zwei Dinge sprechen dafür, das Unternehmen Ihres Kunden kennenzulernen: Erstens erleichtert das die Gesamtplanung Ihrer Verkaufsstrategie und zweitens: Auch wenn es Ihrem Verhandlungspartner nicht an Befugnissen und Autorität mangelt – als Repräsentant Ihrer Firma verkaufen Sie letztlich über ihn an das Unternehmen selbst.

Unternehmen lassen sich ebenso »aufschlüsseln« wie Menschen. Die Methode – einen guten Gesamteindruck aufgrund bestimmter Wahrnehmungen zu machen – ist fast die gleiche. Beobachten Sie, wie eine Firma ihre Geschäfte abwickelt, wie schnell sie gewachsen und wie ihre Positionierung am Markt ist. Auch Geschäftsvolumen oder Lebensdauer sind gute Indikatoren. Man verkauft an IBM nicht auf die gleiche Weise wie an Apple, an AT&T nicht so wie an ICI. Die Verkaufsstrategie kann sehr unterschiedlich sein – z. B. wohldurchdacht und konservativ oder aggressiv und spontan und sollte sich nach dem Image der jeweiligen Firma richten.

Aber vergessen Sie nicht, daß die »Gangart« eines Unternehmens so langsam und schwerfällig ist, daß es, selbst wenn es sich zum Ziel gesetzt hat, sein Image und seine Entwicklungstendenz zu ändern, noch lange in eingefahrenen Gleisen handelt. Ich hatte vor kurzem mehrere Gespräche mit leitenden Mitarbeitern von Proctor & Gamble. Man fürchtete dort, nicht mehr zeitgemäß zu sein und versuchte verzweifelt, das Firmenimage zu modernisieren. Ich mußte dabei feststellen, daß man sich, so sehr man auch um eine grundlegende Änderung bemüht war, nicht von tradierten

Vorstellungen lösen konnte und wohl noch geraume Zeit brauchen würde, um einen neuen Kurs einzuschlagen.

Vor nicht allzulanger Zeit versuchten wir, die Linzenzerteilung für den Namen Tiffany's zu bekommen. Zwei verschiedene, aber miteinander in Bezug stehende Fakten halfen dabei, unsere Strategie zu entwickeln:

Erstens: Tiffany's war gerade erst von Avon, einer Aktiengesellschaft, die hauptsächlich auf Billigprodukte spezialisiert war, aufgekauft worden, was in meinen Augen bedeutete, daß sie einer Kommerzialisierung nun vielleicht weniger ablehnend gegenüberstehen würden als zu der Zeit, in der sie ein eher elitäres Privatunternehmen waren. Zweitens war Tiffany's immer noch Tiffany's und für Avon z. T. auch deshalb eine so attraktive Neuerwerbung, weil der Name allein für Qualität bürgt. Wenn wir mit dem Lizenzvertrag Bilder von »Seifenmännchen« und »Flickenpuppen« heraufbeschworen hätten, wäre unsere Chance gleich Null gewesen. Wir hielten uns statt dessen an die gleiche Methode, die wir schon in Wimbledon angewandt hatten: wir betonten, daß Werbewirksamkeit und Qualität im Vordergrund stehen würden, und daß eine wohldurchdachte, exklusive Lizensierung den Marktwert des Namens Tiffany's nur erhöhen könne.

Den richtigen Ansprechpartner finden

Eines der größten Probleme wohl jeder Verkaufsorganisation besteht darin, herauszufinden, wer in einem Unternehmen welche Entscheidungen trifft. Oft weiß man nicht, ist die Marketingabteilung, die PR-Abteilung, die interne Pressestelle oder sogar der Vorstandsvorsitzende und Leiter eines Milliarden-Unternehmens zuständig, sofern die Angelegenheit für ihn von persönlichem Interesse ist.

In manchen Firmen, besonders in den Multis mit ihrer ungeheuer komplexen Verflechtung von Aktivitäten, ist es fast unmöglich, den Entscheidungsfindungsprozeß oder eine Art zentraler Autorität zu lokalisieren. Entscheidungen werden aufgrund eines mysteriösen Konsensus getroffen, dessen Zustandekommen oft nicht einmal die Unternehmensspitze erklären kann. Das ist ein für diese Firmen typisches Problem, dem man bisweilen nur aus dem Wege gehen kann, wenn man von vorneherein auf eine Zusammenarbeit verzichtet.

In den meisten Unternehmen findet der Entscheidungsfindungsprozeß jedoch nicht nur in einer bestimmten Form statt, sondern ist auch so greifbar wie die Namen der Entscheidungsträger. Um sie zu finden muß man lediglich seine »Hausaufgaben« machen und die richtigen Fragen stellen.

Wenn Sie etwas nicht wissen, fragen Sie

Die meisten Verkaufsaktivitäten sind kein »Schuß ins Blaue«, sondern es sind bereits Kontakt oder Verbindungen vorhanden, die Sie dazu veranlassen, sich über ein bestimmtes Unternehmen Gedanken zu machen.

Viele Leute sind nur allzu gerne bereit, Ihnen etwas über ihre Firma zu erzählen, z. B. über Struktur oder Hierarchie. Ohne besondere Überredungskünste anwenden zu müssen (dabei aber zu wissen, wann es besser ist, zu schweigen) können Sie eine Menge erfahren – über die Prioritäten, die man dort setzt, über Probleme, Stärken und Schwächen, interne Querelen, Machtkämpfe usw. Derartige Informationen sind nicht zu unterschätzen, weil der tatsächliche Entscheidungsfindungsprozeß in den meisten Fällen anders aussieht, als es in Organisationsplänen dargestellt ist.

Natürlich spielt auch die Informationsquelle eine Rolle: Sie müssen das, was Sie hören, durch den Filter dessen, was Sie über den Informanten wissen, interpretieren. Manche Leute scheinen zwar die richtigen Ansprechpartner zu sein, aber Sie merken aufgrund der Art, wie sie über jemand anderen sprechen – wenn Neid mitklingt oder etwas behauptet wird, das völlig konträr ist zu dem, was Sie bereits wissen –, daß der Beschriebene eigentlich derjenige sein müßte, an den Sie sich wenden sollten.

Eine andere ausgezeichnete Informationsquelle sind Personen, die bereits mit diesem Unternehmen zusammengearbeitet und deshalb einen Einblick in seine bürokratischen Geheimnisse gewonnen haben. Das kann eine Werbeagentur, ein Ihnen freundlich gesinnter Konkurrent oder sogar ein Mitarbeiter in Ihrem eigenen Betrieb sein.

Lassen Sie sich nicht von Titeln blenden

Titel besagen gar nichts. Ich habe z. B. früher einmal angenommen, der Leiter der Auslandsabteilung von General Motors müsse, wenn es um internationale Projekte geht, große Entscheidungsbefugnis haben. Ich fand bald heraus, daß das keineswegs zutraf: General Motors-Niederlassungen sind überall in der Welt völlig autonom.

Die Gründe, warum jemand zum Vizepräsidenten ernannt wird, sind so zahlreich wie die Vizepräsidenten selbst. Sogar in Unternehmen, wo diese Bezeichnung zu Recht besteht, tragen zeitliche Verzögerungen zur Verfälschung bei: Es gibt zu jedem Zeitpunkt Mitarbeiter, die – beruflich – gerade aufsteigen, absteigen oder »aussteigen«. Der Assistent des Marketingleiters ist im Augenblick vielleicht der eigentliche Entscheidungsträger. Dann gibt es auch noch die besonders bevorzugten Projekte oder undefinierbaren Vollmachten, die an keine Arbeitsplatzbeschreibung gebunden sind.

Als Golf-Fan David Foster Vorstandsvorsitzender von Colgate war, wußten wir, daß *er* alle Entscheidungen fällte, die den Golfsport betrafen, den seine Firma kräftig unterstützte – selbst wenn es dabei um die Wahl eines geeigneten Platzes für die sanitären Anlagen ging. Als ich nach Japan kam, um Toyota dafür zu interessieren, Profi-Tennisturniere der Frauen zu sponsern, mußte ich feststellen, daß man mich an einen »Assistenten« des PR-Abteilungsleiters verwiesen hatte. Ich begann ihm die finanzielle Seite zu erläutern: soundso viel für dieses und jenes, eine weitere halbe Million für Preisgelder usw. Mein Gesprächspartner nickte jedesmal zustimmend mit dem Kopf. Ich war sicher, an den falschen Mann geraten zu sein, und daß mein Gegenüber nicht ein Wort von dem, was ich sagte, verstand. Ein paar Tage später erhielten wir einen unterzeichneten Vertrag über $ 5 Millionen.

Einen Star finden

Viele Leute innerhalb und außerhalb unseres Unternehmens sagen mir immer wieder, wie glücklich ich mich schätzen könne, so viele Spitzenmanager in aller Welt persönlich zu kennen. In den meisten Fällen habe ich schon früh erkannt, was in ihnen steckt und versucht, ihre Bekanntschaft zu machen, bevor sie Führungspositionen einnahmen – manchmal sogar, bevor sie überhaupt ins Topmanagement aufstiegen.

Jeder kann sich um seine künftigen Geschäftsverbindungen kümmern. Berufskollegen von heute können schon morgen ein Unternehmen leiten. Entdecken Sie die Stars in anderen Firmen und pflegen Sie den Kontakt zu ihnen.

In zehn Jahren gehören sie vielleicht zu ihren wichtigsten Aktivposten

– gleichgültig, ob Sie ihnen etwas verkaufen oder abkaufen, sie engagieren oder engagiert werden.

Die multi-nationale Regel

Denken Sie daran, daß kein Topmanager immer mit den internationalen Aktivitäten seines Unternehmens zufrieden ist. Tun Sie etwas für seine Firma auf diesem Gebiet, und man wird Ihnen auch auf dem Inlandsmarkt Tür und Tor öffnen.

Positionierung

Das Wort »Positionierung« hat unzählige Bedeutungen. Ein Unternehmen legt seinen Kurs für die Zukunft fest; ein Produkt wird im Markt placiert; Sie stellen sich auf eine Beförderung oder ein Verkaufsgespräch ein. Der Begriff ist so vielschichtig, daß er eigentlich schon völlig bedeutungslos geworden ist. Ich möchte ihn hier im engsten Sinn, nur auf ein Produkt oder Dienstleistungsangebot bezogen, definiert wissen.

So gesehen ist Positionierung die Bestimmung dessen, was der Abnehmer *tatsächlich* kauft, wenn er sich für ein Produkt oder Ihre Dienstleistung entscheidet, und die *Übertragung* bestimmter Eindrücke und Motivationen auf den Kunden.

Dazu müssen Emotionen in Produktmerkmale umgesetzt werden: »Gehören auch Sie zu den Gewinnern, indem Sie sich für einen Gewinner entscheiden!« Dafür sind Intelligenz, das entsprechende Know-how und vorausschauendes Denken erforderlich. Auf der höchsten Ebene wird daraus eine Kunstform mit einer greifbaren Belohnung: Ihr Produkt oder Ihre Dienstleistung ist praktisch schon vorher so gut wie verkauft.

Positionierung I: Ford oder Mercedes?

Positionierung ist zuerst und zumeist ein Zahlenspiel, das vom »Massenprodukt« Ford oder Sears (Erschwinglichkeit) an einem Ende des Marktspektrums bis hin zum »Elite-Mercedes« oder Rolls-Royce (Qualität, Luxus) reicht.

Elitäres Denken kann zwar eine Kaufentscheidung beeinflussen, aber

u. U. auch gefährlich sein: Es sind genauso viele Firmen in Schwierigkeiten geraten, die sich zu hoch, wie auch solche, die sich zu niedrig positioniert hatten.

Ein Unternehmen muß herausfinden, wo sein Platz auf der Skala ist, wo sein größtes Käuferpotential liegt.

Wir haben vor kurzem einen faszinierenden Vertrag für Arnold Palmer mit Sears abgeschlossen (im Konzept ähnlich wie Sears Arrangement mit Cheryl Tiegs) – faszinierend deshalb, weil er eigentlich eine Ironie darstellt.

Zwanzig Jahre lang hatten wir Arnold bewußt am oberen Ende des Marktspektrums placiert und seinen Namen mit Markenzeichen und Firmen wie Rolex, Cadillac, Robert Bruce und Hertz verschmolzen. Sears war inzwischen zu der Ansicht gelangt, daß die Kunden immer anspruchsvoller würden und sie deshalb in eine Position drängten, die unterhalb der von ihnen gewünschten lag. Sie beschlossen daraufhin, ihr Image aufzubessern. Mit Arnold trafen sie dabei, wie mit Cheryl, die ideale Wahl. Hätte man Arnold nicht vorher immer mit dem oberen Marktbereich in Verbindung gebracht, wäre sie vielleicht weniger optimal gewesen.

Positionierung 2: Die Fakten abwägen

Ein guter Verkäufer kennt zehn Facetten seines Produktes und versteht es, dadurch, daß er einige mehr und andere weniger nachdrücklich hervorhebt, zehn verschiedene Eindrücke zu schaffen. Das ist die Essenz des Verkaufserfolges: die Fakten so darzustellen, daß sie das gewünschte Resultat erzielen.

Der ungeheuer große Erfolg der amerikanischen Golfspielerin Laura Baugh ist hauptsächlich auf die Art zurückzuführen, wie wir die Fakten präsentiert haben:

Laura war eine typische Amerikanerin – nett, blond, lebhaft – und eine talentierte Amateurgolferin in ihrem Heimatstaat Kalifornien. Mit siebzehn wollte sie ihr Können als Profi unter Beweis stellen.

Wir wußten, Japaner mögen amerikanische Mädchen genauso gerne wie Golf. Aber da wir sie nicht als Champion vorstellen konnten, spielten wir ihre Qualitäten auf dem Golfplatz herunter und hoben statt dessen das Image einer amerikanischen Schönheitskönigin, die zufällig auch noch phantastisch Golf spielen konnte, aus der Taufe.

Das Ergebnis war überwältigend: Poster, Kalender, Aufschriften und endlose Lizensierungsmöglichkeiten. Sie wurde *die* Attraktion in Japan und erhielt sogar ihre eigene Fernsehshow im Abendprogramm. Als sie nach Amerika zurückkehrte, um an Profiturnieren teilzunehmen, saß sie bereits »fest im Sattel«.

Laura hat immer noch kein Golfturnier gewonnen, hat aber außerhalb des Golfplatzes mehr Geld verdient als je eine Frau zuvor in der Geschichte dieses Sports.

Ein anderes Beispiel ist das Modell Jean Shrimpton, das Ende der 60er und Anfang der 70er Jahre als die Frau mit dem wohl »berühmtesten Gesicht der Welt« bezeichnet wurde.

Als Jean ihre Karriere beendete, zog sie sich nach Cornwall zurück, um nur noch Hausfrau und Mutter zu sein.

Der starke Kontrast der Lebensstile – von Glamour, Blitzlicht und Vogue-Titelseiten zur Beschaulichkeit des englischen Landlebens – bot eine interessante Positionierungsmöglichkeit: »Weltberühmtes Model verzichtet auf die Welt des Jet-Set, um nur noch die einfachen Freuden des Daseins zu genießen.« Heute arbeitet Jean nur noch ein paar Tage im Jahr für ein beachtliches Honorar: sie macht Werbung für Margarine und andere Haushaltsartikel.

Positionierung 3: Der »Spiegeltrick«

Das ist eine besonders verfeinerte Form der Positionierung, bei der sich allerdings Erfolg und Mißerfolg die Waage halten. Tatsachen werden zwar nicht verfälscht oder ignoriert, aber so widergespiegelt, daß sie den gewünschten Eindruck erwecken. Dieser Eindruck ist dabei die Ausgangsbasis, von der aus man sich rückwärts vorarbeitet.

Das beste Beispiel dafür ist »The Killy Challenge«, eine Fernsehshow, die für NBC im Anschluß an Jean-Claude Killys dreifachen Olympiasieg entstand.

Es war für Killys Marktwert und Glaubwürdigkeit notwendig, daß die Welt ihn weiterhin als »Sieger« sah, als besten Skifahrer der Welt. »Die Killy-Herausforderung« war eine Serie von »Kopf-an-Kopf-Abfahrtsrennen«, bei dem Weltklasse-Skifahrer versuchten, den Champion zu schlagen. Aber da Killy ja »der Beste« war, hatte der Herausforderer immer ein Handicap – nämlich eine leichte Vorgabe beim Start – und im Skisport können wenige Sekunden gleich ein paar hundert Meter Vorsprung ausmachen.

Rein optisch ging es bei den dramatischen Kämpfen nie darum, ob

Killy nun siegte oder verlor, sondern ob es ihm gelingen würde, den Skifahrer ein paar hundert Meter unter ihm einzuholen. Killy, der »Weltbeste«, fuhr gegen *sich selbst,* der andere Skifahrer diente nur als Maßstab. Der erwünschte Eindruck entstand noch bevor Killy das Starthäuschen verließ.

Positionierung 4: Wahl des Image

Für diese Art der Positionierung ist es unerläßlich, über die Fakten *hinauszugehen* – ein Produkt oder eine Dienstleistung mit positiven, erwünschten Werten zu assoziieren, die nur wenig oder gar nichts mit dem Produkt selbst zu tun haben müssen.

Diese Methode wird oft von den Wirtschaftsgiganten angewendet: Coca-Cola identifiziert sich mit Bildern von Familienleben und selbstgebackenem Apfelkuchen; AT&T und General Electric stellen Familie und anheimelnde Gefühle in den Vordergrund; die Ölgesellschaften sind zu Umweltschützern geworden und IBM und Xerox betonen ihre qualitativ hochwertigen Produkte und stellen sich damit über die Konkurrenz.

Das gleiche machen wir in abgeschwächter Form mit unseren Klienten, Sportler bleiben nicht immer Sieger, und wir glauben, daß es am besten ist, sie so schnell wie möglich vom Spielfeld zu holen. Das heißt nicht, daß wir sie zum Rücktritt zwingen, sondern den Athleten so zu präsentieren, daß seine Berühmtheit nicht länger davon abhängig ist, daß er Meisterschaften gewinnt oder in der Sportart, die ihn bekannt gemacht hat, dominiert.

Wir lehnen für unsere Golf- und Tennisklienten normalerweise eine »Siegerwerbung«, wie wir es nennen – also intensive Fernseh- und Zeitschriftenwerbung, die auf seinen Status als augenblicklicher Champion in seinem Sportbereich abgestellt ist – ab. Was passiert denn, wenn der »Augenblick« vorbei ist? Wenn man Björn Borg dagegen als den fünffachen Wimbledon-Sieger bezeichnet, vergißt man völlig die Tatsache, daß er nicht mehr auf dem Centre Court spielt.

Ein anderes Beispiel ist Jackie Stewart: er hat seit zehn Jahren nicht mehr an Rennen teilgenommen, aber sein Image als Rennwagen-Experte, als »Beherrscher der Aerodynamik« geht über seinen sportlichen Ruhm, sein Bedürfnis zu gewinnen – ja sogar Rennen zu fahren – hinaus.

Den Wert seines Produktes oder seiner Dienstleistung bestimmen

Den Wert eines Produktes oder einer Dienstleistung definitiv zu bestimmen ist nicht immer möglich. Antworten wie »Was jemand bereit ist, dafür zu bezahlen« oder »Was uns die Herstellung kostet« sind schlimmer als gar keine. Die Verbrauchsgüterindustrie begeht oft die »Todsünde«, die Preisgestaltung von den Herstellungskosten abhängig zu machen.

Um die Wertbestimmung Ihres Produktes oder Ihrer Dienstleistung zu vereinfachen, sollten Sie sich folgende Fragen stellen:

- Wie einzigartig ist mein Produkt? Bietet es die Konkurrenz billiger an?
- Wenn ja, hat mein Produkt qualitative Vorzüge?
- Könnte ich es einem Konkurrenten meines Kunden zu einem höheren Preis anbieten?
- Wie dringend oder wie schnell wird es gebraucht?
- Wie hoch wären die Kosten, würde man es ersetzen?
- Gibt es Vorläufer-Modeller, an denen ich mich orientieren könnte?
- Spielt der »Begierdefaktor« eine ausschlaggebende Rolle? Angenommen, Sie haben Lust auf ein Eis, kommen zu einer Eisdiele und müssen feststellen, daß der Preis dort doppelt so hoch ist wie sonst. Kaufen Sie es trotzdem?
- Handelt es sich um ein einmaliges oder ein fortlaufendes Geschäft?

Wenn Sie eine etwaige Vorstellung vom Wert Ihres Produktes haben, zögern Sie nicht, Ihren Preis zu nennen. Das ist eigentlich *der* Augenblick in einer Verkaufssituation, wo es von Vorteil sein kann, den Anfang zu machen. Machen Sie sich bereit, ihn auch zu »verteidigen«.

Wenn Sie den Wert Ihres Produktes nur erraten können, ist es besser, sich für den Erfolgsfall abzusichern:

Die Norfolk and Western-Eisenbahngesellschaft hatte versucht, mit der Fuji Iron & Steel Company in den USA ins Geschäft zu kommen. Sie erfuhr, daß der Direktor von Fuji ein begeisterter Golfer und ein Verehrer von Jack Nicklaus war, und deshalb wurden wir gebeten, eine Partie Golf für Nicklaus/Fuji in Japan zu arrangieren. Wir berechneten der Eisenbahngesellschaft $ 10 000 (Mitte der 60er Jahre wohlgemerkt!) plus Spesen (Jack mußte sowieso gerade nach Japan) und waren mit dem Geschäftsabschluß recht zufrieden.

Fünf Jahre später traf ich zufällig den Leiter der Norfolk and Western. Er sprach mich auf das Nicklaus/Fuji-Golfspiel an und meinte: »Wissen Sie, seither haben wir für ca. siebzehn Millionen Dollar Fracht von Fuji versandt.«

Das hätten wir damals nicht wissen können, genausowenig wie Norfolk and Western. Aber seither habe ich mich so manches Mal gefragt, warum ich nicht hinzugefügt hatte: »... plus 1% aus allen sich daraus ergebenden Transaktionen.« Ich glaube, sie wären einverstanden gewesen.

9. Die Wahl der »Kulisse«

Viele Menschen unterschätzen die Bedeutung, die eine günstige Atmosphäre auf den Verkaufserfolg hat. So wichtig wie der richtige Zeitpunkt ist dabei auch der geeignete Ort. Am unvorteilhaftesten ist mitunter das Büro des Käufers. Ein Restaurant (nach dem Essen), ein Tennisplatz (nach dem Spiel) oder ein Golfplatz sind vorzuziehen, weil in dieser Umgebung die Aufnahmebereitschaft größer und die Wachsamkeit geringer ist.

Ich kenne einen Produzenten, dem es gelang, aufgrund eines nur dreißig Minuten langen Pilotfilmes 65 Stunden Familienfernsehprogramm zu verkaufen. Er führte ihn an einem Samstag im Haus des Programmdirektors – in der Halle, auf einer riesigen Leinwand, im Beisein der Ehefrau und der Kinder des Firmenvorstandes vor, wobei alle Popcorn aßen. Was hätte der Mann sagen sollen: »Geben Sie mir mein Popcorn zurück und verschwinden Sie!«?

Eine unserer effektivsten Dienstleistungen besteht darin, Unternehmen zu beraten, wie sie ihre Produkte richtig »placieren«. Wir arrangieren z. B. jedes Jahr Skirennen für das Magazin *Time* und Golfturniere für *Newsweek*, als Zerstreuung für die Topmanager ihrer wichtigsten Inserenten. Die Kulisse ist immer sorgfältig ausgewählt – denn wo würden *Sie* lieber über Geschäfte sprechen, wenn Sie gerne Ski fahren oder Golf spielen – in Ihrem Büro oder in einer Skihütte in Sun Valley bzw. im Clubhaus von St. Andrews? (Die Zeitungen halten dadurch auch direkten Kontakt zur Unternehmensspitze, was sich als sehr vorteilhaft erweist, wenn z. B. in der Anzeigenabteilung etwas falsch läuft.)

Auch eine rein zufällige Begegnung außerhalb der Firma kann eine echte Chance sein. Haben Sie schon einmal jemanden, den Sie nur als Geschäftspartner kennen, am Strand oder im Tennisclub getroffen? Meistens fühlen sich beide anfangs nicht ganz wohl dabei und versuchen angestrengt, das Thema »Geschäfte« zu meiden. Sie sollten es trotzdem anschneiden. Dadurch lockern Sie die verkrampfte Situation und können etwas in Gang setzen, was sich zu einem späteren Zeitpunkt in Ihrem Büro »ausbauen« läßt.

Die Grundvoraussetzungen für einen Verkaufserfolg

Seit geraumer Zeit hatten wir versucht, Ford und insbesondere die Lincoln Mercury-Division für alle möglichen Projekte zu interessieren. Ben Bidwell, damaliger Generaldirektor von Lincoln Mercury, wurde geradezu mit Vorschlägen von uns bombardiert. Eines Tages rief er mich, wohl weil er der ganzen Sache langsam überdrüssig wurde, an und sagte: »Mark, Sie haben wirklich keine Ahnung, wie man Ford »verkauft«, aber wenn sie mit ein paar Leuten herkommen, erkläre ich es Ihnen; das würde uns beiden in Zukunft Zeit sparen.«

Ich fuhr mit zwei unserer Manager nach Dearborn, Michigan, und dort klärte man uns ausführlich darüber auf, was Ford suchte, wie wir das Unternehmen und wem wir es präsentieren sollten.

Aufgrund dieses Meetings entstand das World Invitational Tennis Classic*, das Ford noch jahrelang mit Begeisterung finanziell unterstützte und vom Fernsehsender ABC ausgestrahlt wurde.

Aber – und das war mir noch wichtiger – ich hatte dabei gelernt, die beiden Grundvoraussetzungen für jeden Verkaufserfolg besser zu verstehen:

1) Finden Sie heraus, was der Kunde will. Wenn es Ihnen nicht gelingt, fragen Sie ihn danach. Stellen Sie fest, mit welchen Problemen ein Unternehmen zu kämpfen hat, und zeigen ihm dann, wie man sie »gemeinsam« lösen kann. Es ist erheblich leichter, jemandem das zu verkaufen, was er haben will, als ihn zu überzeugen, das zu kaufen, was Sie haben.
2) Informieren Sie sich darüber, wer der richtige Ansprechpartner für Sie ist. Jedes Unternehmen hat sein System, seine Bestimmungen und seine Hierarchie. Es ist nicht immer klug, sich ihnen zu widersetzen.

Ein »Nein« akzeptieren

Jeder Mensch hat bisweilen das Bedürfnis, »nein« zu sagen. Tragen Sie dieser Tatsache Rechnung.

Wenn Sie eine »Dringlichkeitsliste« haben, fangen Sie mit dem weniger Wichtigen an. Lassen Sie sich nicht von ein paar Absagen entmutigen, sondern steuern Sie unbeirrt auf Ihr Hauptanliegen zu.

* Tennisturnier, an dem nur geladene Spieler teilnehmen.

Wenn es sich um nur ein Projekt handelt, sollten Sie Ihrem Gesprächspartner einen Vorschlag machen oder eine Anregung geben, und sich ruhig von ihm sagen lassen, daß sie auf der falschen »Fährte« sind: So manchem tut es gut zu glauben, daß er smarter ist als Sie.

Ein paar unbedeutende Absagen schaffen erst das richtige Klima für eine Zusage.

Firmen wie Hertz, Avis, Coca-Cola und Pepsi sind nicht die einzigen, die beunruhigt über ihre eigene Schulter blicken und die Konkurrenz scharf im Auge behalten – 99,999% tun das gleiche.

Stellen Sie deshalb fest, wen ihre prospektiven Kunden fürchten. Dieses Wissen kann Ihnen zum Verkaufserfolg verhelfen, besonders, wenn Ihr Klient zu denen gehört, die auf dem »Zaun« sitzen und jederzeit bereit sind, nach beiden Seiten um sich zu schlagen.

Konfrontation statt Verkauf

Oft besteht die beste Verkaufsmethode darin, den potentiellen Käufer mit dem Produkt zu konfrontieren, es für sich selbst sprechen zu lassen. Der Kunde sieht ungeahnte Verwendungsmöglichkeiten und beginnt, Ihnen zu erzählen – und sich selber im Laufe dieses Prozesses davon zu überzeugen –, was er wirklich kaufen möchte.

Diese Technik erweist sich in unserem Fall oftmals als besonders wirksam, wenn es um die Verknüpfung von Werbung und bestimmten Ereignissen, wie z. B. die Verleihung des Nobelpreises oder das Tennisturnier in Wimbledon, geht. Wenn der Klient mit der Tradition und dem Prestige derartiger Veranstaltungen konfrontiert wird – z. B. als Gast des Königs und der Königin von Schweden oder des All-England-Clubs – ist jede weitere Motivation überflüssig. Er saugt die Atmosphäre direkt auf und fühlt sich so in ihrem Bann, daß er von diesem Augenblick an unbedingt ein Teil von ihr sein möchte; also beginnt er, seine eigenen Promotions-»Ideen« zu entwickeln und Ihnen zu unterbreiten.

Wenn Sie Vertrauen in Ihr Produkt haben und wissen, der Kunde *wird* zufrieden sein, kann ich Ihnen eine ebenso effektive Variante empfehlen: ihm das, was Sie anzubieten haben, zunächst unentgeltlich zu überlassen. Wenn wir Firmen dafür interessieren wollen, unsere Golf- oder Tennisspieler zu Werbezwecken einzusetzen, arbeitet unser Klient zuerst einmal ohne Honorar, weil wir ganz genau wissen, daß seine persönliche Ausstrahlung und somit sein Marktwert überzeugend genug sind.

Ich biete auch gerne einem Kunden ein Projekt an und schlage ihm vor, den Preis später festzusetzen, oder zu zahlen, was es nach seiner Meinung wert ist. Natürlich muß man auch hier den Käufer gut kennen. Es gibt Leute, die ohne zu zögern eine Null anhängen, und solche, die eher eine abstreichen würden.

Dem Kunden eine Idee »einpflanzen«

Wenn ein Kunde echtes Interesse an Ihrem Produkt oder Konzept zeigt, sollten sie versuchen, ihm seine »eigenen« Ideen schmackhaft zu machen.

Bitten Sie ihn, ganz eindringlich, um seine Meinung dazu und berücksichtigen Sie sie in Ihrem Konzept oder in der Präsentation: »Wir haben uns gefragt, ob nicht das und das ...« »Wäre es besser, dies oder das besonders herauszustellen?« »Wir möchten gerne wissen, was Sie davon halten...« usw.

Es ist besser, sich diese Informationen schriftlich geben zu lassen, da die Antworten mehr Überlegung fordern. Aus dem gleichen Grund ist es auch ratsam, Fragen, die sich mit »Ja« oder »Nein« beantworten lassen, zu vermeiden.

Nichts ist leichter, als jemanden für seine »eigenen« Vorschläge zu begeistern – worauf diese Methode ja letztlich hinausläuft.

Wenn Sie genug Details zusammenhaben, hat der Kunde den Gesamtentwurf schon akzeptiert, bevor es ihm überhaupt bewußt geworden ist.

Auf ähnliche Weise sollten Sie auch schon bestimmte gemeinsame Vorstellungen festlegen, die sich präzise definieren und darstellen lassen. Vorschläge, Konzepte und Ideen, die genau auf diese Vorstellungen zugeschnitten sind, haben Sie schon halb verkauft.

»Sie« konsultieren

Der Leiter unserer Fernsehabteilung bat mich, an einem Meeting teilzunehmen. Er hoffte, endlich zu einem Vertragsabschluß zu kommen, aber die Vereinbarungen waren kompliziert und betrafen mehrere Parteien. Jeder war an der Abwicklung interessiert, aber die Verpflichtungen der Vertragspartner mußten noch im einzelnen festgelegt werden, d. h., wer was für wieviel tun würde. Unser Mitarbeiter glaubte, meine Anwesenheit würde unserer »Sache« größeres Gewicht verleihen.

Ich war anderer Ansicht. Ich hielt es für das Beste, sich genauso wie in einer Krise zu verhalten: Keine Reaktion ist hier oft die beste Reaktion. Meine Teilnahme hätte uns zum Handeln gezwungen. Ich wollte uns alle Möglichkeiten offenlassen, bis wir das Ergebnis der Besprechung analysieren konnten. Ich hielt es für günstiger, daß unser Manager zuerst mit den anderen (in diesem Fall mit »mir«) Rücksprache nahm, bevor er definitive Zusagen machte.

Der undefinierbare Bezug auf die nicht anwesenden »sie« wird im Verkaufsprozeß oft gebraucht, allerdings eher aus praktischen Erwägungen als aus Berechnung. Viele müssen sich tatsächlich mit anderen absprechen, und, wenn nicht, ist ein vorgeschobenes »sie« oder »ihnen« auf jeden Fall von Nutzen.

Die meisten Leute, mit denen ich außerhalb des Unternehmens zu tun habe, nehmen an, ich sei der eigentliche Entscheidungsträger. Ich mache allerdings nur selten endgültige Zusagen, bevor ich nicht den zuständigen Manager oder Abteilungsleiter »konsultiert« habe.

Im umgekehrten Fall, wenn jemand, mit dem ich ein Geschäft abschließen will und den ich noch nicht gut kenne, mir sagt: »Ich treffe hier die Entscheidungen!« und es besteht Grund zu der Annahme, daß man ihm glauben kann, lache ich mir ins Fäustchen: Er hat sich seine Rückzugsmöglichkeiten genommen.

»Aufkreuzen«

Ich lernte den Mann, der heute unseren Bereich Sportbekleidung leitet, vor mehr als zwanzig Jahren kennen. Er war damals Direktor eines größeren Bekleidungsherstellers, und er rief mich in Cleveland an, weil er daran interessiert war, Gary Player für Werbezwecke zu engagieren. Wir beschlossen, uns am darauffolgenden Morgen um neun Uhr in seinem New Yorker Büro zu treffen – was auch geschah.

Jahre später erzählte er mir, daß das der Hauptgrund dafür gewesen sei, die Stellung, die ich ihm anbot, ohne Zögern anzunehmen. Er war so beeindruckt, daß ich einfach ins Flugzeug gestiegen und am nächsten Tag bei ihm »aufgekreuzt« war, daß er glaubte, für unsere Firma zu arbeiten, *müsse* interessant sein.

Heute ist mein Terminkalender so ausgefüllt (manchmal schon sechs Monate im voraus), daß ich nicht mehr so oft, wie ich vielleicht möchte, Zeit dazu finde. Aber eine der besten Verkaufstechniken besteht darin, so schnell wie möglich einen Termin für ein Zusammentreffen auszumachen und ihn einzuhalten. Dabei hat sich bestätigt: Je weiter die Anreise, desto größer der Eindruck, den Sie machen.

Teilen und herrschen

Normalerweise wäre wohl die Bezeichnung »Einigen und herrschen« zutreffender, obwohl diejenigen, zu deren »Einigung« Sie beitragen, dieser Maxime vielleicht nicht immer zustimmen würden.

Unterbreiten Sie dieselbe Idee zwei verschiedenen wichtigen Mitarbeitern derselben Firma. Wenn beide getrennt Ihren Vorschlag akzeptieren, ist Ihnen der Erfolg so gut wie sicher, wenn Sie die beiden zusammenbringen.

Eigentlich spielen Sie dabei die Rolle des Mittelsmannes (»Bob, Bill findet das wirklich gut«; »Bill, Bob ist damit einverstanden.«) Jeder fühlt sich durch das Interesse des anderen am Zustandekommen des Geschäftes beruhigt; beide wissen, daß sie den Erfolg für sich verbuchen können; keiner trägt das Risiko allein – und Sie beschleunigen dadurch die Abwicklung, indem Sie bewußt eine Entscheidung herbeiführen, ohne daß sie ein Ultimatum stellen.

Wir sind einmal mit dieser Taktik konfrontiert worden, die wir später intern den »Fila-Trick« nannten.

Fila ist eine italienische Sportbekleidungsfirma, die Björn-Borg-Tenniskleidung herstellt und lizensiert. Als sich das Unternehmen noch im Aufbau befand, wandten die Mitarbeiter die gleiche Methode bei fünf oder sechs von unseren Leuten an: sie stellten ihnen Fragen, die sich hauptsächlich darauf bezogen, welche Verpflichtungen Borg, zeitlich gesehen, eingehen würde und könne.

Das sie auf mehreren Kontinenten mit uns zusammenarbeiteten, beherrschten sie diese Taktik bald meisterhaft. Sie benutzen ihr in Australien erworbenes Wissen zu ihrem Vorteil in Japan, und was sie in Japan erfahren hatten in England usw. – kreuz und quer über den Globus, und sie setzten das für sie Beste aus jeder Antwort zu einer unglaublich geschickten Strategie zusammen.

Im Verhältnis eins zu eins verhandeln

Ich hasse es, mit größeren Gruppen zu verhandeln und versuche, wann immer es möglich ist, diese Situation zu vermeiden. Für mich besteht eine größere Gruppe grundsätzlich aus mehr als einer Person.

Stellen Sie fest, wer eine Schlüsselstellung hat und verhandeln Sie mit ihm. Wenn Sie sich mit mehr als einem Verhandlungspartner gleichzeitig auseinandersetzen, wird die Dynamik *ihrer* Wechselbeziehungen relevant und lenkt von Ihrem Anliegen ab. Sie wissen nicht, wer wem imponieren will, wer nur daran interessiert ist, sich in den Vordergrund und andere in den Hintergrund zu drängen, usw. Sie haben diesbezüglich vielleicht Ihre Vermutungen, aber sofern Sie nicht in derselben Firma arbeiten, keine Gewißheit.

Verhandeln Sie deshalb direkt mit dem wichtigsten Mann, und wenn er billigt, was Sie anzubieten haben, wird er schon am besten wissen, wie er es »weiterverkauft«.

Das »Qual-der-Wahl«-Syndrom

Normalerweise gibt es mehr als einen Weg, ein Marketing-Problem zu lösen, und es ist Ihre Aufgabe als Anbieter, die beste Möglichkeit zu finden und auf die anderen mehr oder weniger aufmerksam zu machen. Lassen Sie sich nicht dazu verleiten, eine aus Sparte A und eine aus B anzubieten.

Wenn Sie dem Kunden die Wahl überlassen, führen Sie eine ganz neue Ebene in den Entscheidungsfindungsprozeß ein: Sie verlangen von ihm nicht nur einen Entschluß, sondern fragen auch: »Für was haben Sie sich entschieden?«

Es gab schon Situationen, in denen wir einem Klienten mehr als einen Problemlösungsvorschlag unterbreitet haben, mit dem Ergebnis, daß ihm in den meisten Fällen ein bißchen von jedem gefiel. Das klingt zwar wunderbar, ist es aber ganz und gar nicht, denn wenn Sie dem Kunden die Wahl überlassen, richten Sie sein Augenmerk ebenso auf das, was ihm an Ihren Vorschlägen mißfällt.

Erinnern Sie Ihre Geschäftspartner an Ihre »glorreiche Vergangenheit«

Ich erwähne den Namen Arnold Palmer sehr oft bei geschäftlichen Besprechungen, auch dann, wenn meine Gesprächspartner nichts mit ihm – oder überhaupt mit Golf – zu tun haben, einfach deshalb, weil Arnolds finanzieller Erfolg und die Rolle, die wir dabei gespielt haben, zu den Leistungen gehört, die unser Unternehmen berühmt gemacht haben. Meine persönliche Beziehung zu Arnold ist bekannter als ich selber: „Ach so, Sie sind der Manager von Arnold Palmer.«

Geschäftsleute wollen mit »Gewinnern« zusammenarbeiten. Deshalb kann es ganz hilfreich sein, Ihre Kunden auf Ihre »Ruhmestaten« oder die Ihres Unternehmens hinzuweisen. Sich offen damit zu brüsten wäre unklug, aber es gibt unzählige subtilere Arten.

Führen Sie Ihre Leistungen und Ihr Renommee auch bei Ihren illustren Klienten nicht als plumpes Eigenlob ins Feld, sondern als Beispiel dafür an, was Sie bereits für andere geleistet haben und was Sie gerne jetzt für sie tun würden.

Effektive Korrespondenz

Die Gestaltung Ihrer Standard-Korrespondenz kann, mit Sorgfalt und Umsicht konzipiert, ein äußerst interessantes Verkaufsinstrument sein.

Offene Kopien an den Vorgesetzten Ihres Verhandlungspartners schicken

Das garantiert Ihnen buchstäblich eine Antwort, in womöglich noch kürzerer Zeit als auf anderem Wege. Selbst wenn Sie den Vorgesetzten nicht kennen, erweckt das den gegenteiligen Eindruck.

Man kann in einem Brief auch andeuten – obwohl diese Methode am Telefon wirksamer ist –, daß dem Vorgesetzten an einem Zustandekommen des Geschäftes gelegen sei.

Die Nachteile, die sich daraus ergeben, daß man Zusatzkopien an den Vorgesetzten schickt, liegen auf der Hand, besonders, wenn Sie wissen: der Empfänger des Briefes ist derjenige, der Entscheidungen trifft. Normalerweise greife ich nur im äußersten Notfall zu dieser Maßnahme – wenn alle anderen Möglichkeiten erschöpft sind und ich ziemlich sicher bin, daß der Empfänger, sich selbst überlasssen, Briefe und Telefongespräche auch weiterhin ignoriert.

Blindkopien an den Vorgesetzten Ihres Verhandlungspartners schicken

Eine Blindkopie an den unmittelbaren Vorgesetzten zu schicken kann noch wirkungsvoller sein. In diesem Fall sollten Sie den Vorgesetzten allerdings kennen und wissen, daß er mit seinem Untergebenen über Ihren Brief sprechen wird.

Das ist am effektivsten, wenn Sie ursprünglich mit ihm verhandelt oder Kontakt hatten und die Angelegenheit an den Untergebenen weitergegeben wurde. Da Sie Ihrem neuen Verhandlungspartner diese Kopie nicht angekündigt haben, kann er von nun an nicht sicher sein, wer sonst noch Kopien erhalten hat oder erhält, und er wird dem Inhalt Ihres Briefes künftig mehr Beachtung schenken.

»Ungeprüft nach Diktat«

Juristisch gesehen bedeutet dieser Ausdruck, daß Sie nicht in der Lage waren, die Reinschrift eines diktierten Briefes durchzusehen. Diese Formulierung kann aber auch ein Mittel sein, einen »Versuchsballon« zu starten oder etwas deutlicher auszudrücken, als wenn Sie die »Möglichkeit« gehabt hätten, der Diktion die Spitze zu nehmen.

Wenn der Empfänger beleidigt oder wütend reagiert, haben Sie dennoch erreicht, was Sie wollten, können aber Ihre Worte noch mit Bedauern »entschärfen«.

Nicht meine Idee!

Der Nicht-meine-Idee-Komplex, oder die Ablehnung eines Vorschlages oder Konzeptes, weil sie nicht vom Betreffenden selbst stammen, ist wohl eines der größten Probleme, das sich praktisch quer durch alle Unternehmen zieht.

Oft treten Unternehmen direkt an uns heran, um unsere Athleten zu verpflichten oder Firmenwerbung und Sportveranstaltungen zu kombinieren. Wenn wir ein Programm entwickelt haben, fühlt sich das Unternehmen gezwungen, es seiner Werbeabteilung vorzulegen. Diese fühlt sich gleichermaßen genötigt, die Idee zu »verreißen«, weil sie ja nicht von ihr stammt.

Früher habe ich geglaubt, dieser Komplex sei auf unsere Branche beschränkt. Inzwischen habe ich mich mit genügend Leuten aus anderen Geschäftszweigen unterhalten und festgestellt, daß das Problem nicht nur allgegenwärtig, sondern geradezu unvermeidbar scheint: Es besteht wohl die Tendenz, vielleicht sogar das Bedürfnis, die Ideen anderer abzulehnen.

Ein probates Mittel, dieses Problem in den Griff zu bekommen, ist der Versuch, dem anderen das Gefühl zu vermitteln, es handle sich um seine »eigene« Idee. Das ist vielleicht im Verkaufsprozeß angebracht, aber völlig undurchführbar und nutzlos, wenn es um den »Nicht-meine-Idee-Komplex« geht. Jeder Vorstoß in diese Richtung muß zu durchsichtig und gönnerhaft wirken.

Die einzig praktikable Lösung besteht nach meiner Erfahrung darin, dem Betreffenden klarzumachen, wo seine Interessen liegen.

Für mich besteht absolut kein Zweifel, daß ein Vorschlag – wenn er schließlich der Werbeabteilung zur Prüfung vorgelegt wird – bereits einem (wahrscheinlich aber mehreren Leuten) gefallen hat. Aber die »Paranoia« kann so fortgeschritten sein, daß die Abteilung die Idee schon ablehnt, bevor man dort festgestellt hat, wer im Unternehmen was warum befürwortet.

Da mir das völlig klar ist, betrachte ich es als meine Aufgabe, es denen, die mein Projekt prüfen, ebenfalls klarzumachen – ihnen zu zeigen, wo ihre eigenen Interessen liegen.

Vor einiger Zeit traf ich den Chef eines Spitzenkonzerns in mehr privatem Rahmen, und während unserer Unterhaltung erwähnte ich ein Konzept, das wir gerade entwickelt hatten, das meiner Meinung nach für sein

Unternehmen geradezu maßgeschneidert war. Ich konnte direkt sehen, wie seine Augen aufleuchteten, aber er meinte, solche Vorschläge müßten von seiner Promotion-Abteilung kommen und gab mir den Namen des Werbeleiters, mit dem ich mich in Verbindung setzen sollte.

Als ich das ein paar Wochen später tat, stieß ich auf völliges Desinteresse. Ich schilderte dann die genauen Umstände, die zu dem Gespräch mit dem Direktor geführt hatten und seine Reaktion auf meinen Vorschlag. Dann wies ich den Abteilungsleiter darauf hin, daß es in seinem eigenen Interesse sei, sich unser Konzept einmal genauer anzusehen.

Zum Schluß waren alle zufrieden: unsere Idee wurde angenommen, sie wurde ein Erfolg, und obwohl sie nicht vom Werbeleiter stammte, erntete er die Anerkennung dafür.

Visuelle Hilfsmittel

Rock Resorts, eine Luxus-Ferienhotelkette, die der Familie Rockefeller gehört, baute gerade in Hawaii eine der aufwendigsten Freitzeitanlagen, das Mauna Kea, und Laurence Rockefeller und sein Team waren zu einem ganztägigen Meeting dorthin geflogen. Es sollten schwierige Entscheidungen über Investitionen in Millionenhöhe getroffen werden.

Gleich zu Beginn der Konferenz brachte jemand Farbmuster von verschiedenen Motiven, die für die Tischdecken im Speisesaal in Betracht kamen. Die Anwesenden waren davon so fasziniert, – jeder wollte unbedingt seine Ansichten zur Innendekoration äußern –, daß die meisten Themen nicht zur Sprache gekommen waren, als Rockefeller nach New York zurückflog.

Eine schlechte Idee verkauft sich auch mit visuellen Hilfsmitteln nicht gut, und eine gute Idee wird nicht verworfen, weil sie fehlen; ganz im Gegenteil: wenn dieses Anschauungsmaterial (das alles sein kann, angefangen von einfachen Diagrammen und Tabellen bis hin zur ausgeklügelten Multi-Media Show) falsch oder zum ungeeigneten Zeitpunkt eingesetzt wird, richtet es eher Schaden an.

Erstens möchte jeder seine Meinung dazu äußern. Wenn Sie nicht aufpassen, wird aus der Diskussion über das, was Sie eigentlich anzubieten haben, eine Beurteilung der Form, in der Sie es anbieten.

Zweitens, wenn Sie Ihre Hilfsmittel zu früh präsentieren, lenken sie

Ihre Zuhörer ab. Plötzlich beschäftigt sich jeder nur noch damit, und Ihre Verkaufsstrategie sowie Ihre Tagesordnung sind »beim Teufel«.

Solange Sie nicht beim »Show-Teil« Ihrer Verkaufsdarbietung angelangt sind, sollten Sie Ihre visuellen Hilfsmittel außer Sicht- und Reichweite halten. Oder wollen Sie, daß Ihr Auditorium nur noch gespannt darauf wartet, was Sie wohl aus dem kleinen schwarzen Koffer hervorzaubern?

10. Verhandeln

Ich habe mehr als einmal gehört, ich sei ein »zäher« oder »hartgesottener« Verhandlungspartner. Der Ruf, der mir vorauseilt, ist sicher nicht der schlechteste – man stellt sich automatisch darauf ein, daß ich »aufs Ganze« gehe –, aber mir wäre es lieber, als effizienter statt als harter Verhandlungspartner zu gelten.

Ich bin stolz auf mein Verkaufstalent – mehr als auf mein Verhandlungsgeschick –, denn es ist viel schwieriger, jemanden zum Kauf zu veranlassen als die Vertragsbedingungen auszuhandeln.

Für mich ist die Verhandlung fast immer der letzte Schritt in einem Verkaufsprozeß, der Höhepunkt eines Vorganges, der sich über mehrere Monate oder länger hinziehen kann.

Wenn es an der Zeit ist zu verhandeln, werden bestimmte Grundfragen relevant.

Was, wann, wo, wie exklusiv und wieviel?

Alle fünf obengenannten Fragen sollten im Lauf der Verhandlung geklärt werden. Jede von ihnen kann, wie die Situation es gerade erfordert, erweitert, begrenzt, oder, nach Absprache, außer acht gelassen werden.

Selbst wenn es um Immobilien geht, wo nicht alle fünf Fragen generell zugrunde gelegt werden können, ist es ratsam, diese Punkte durchzugehen. Sie bieten Optionen (»Könnten wir dieses Grundstück, anstatt es zu kaufen, auch auf 99 Jahre pachten?«), die sonst bei Verhandlungsbeginn nicht immer in Betracht gezogen werden.

Das »Was«

Was verkaufen Sie wirklich? Bei berühmten Persönlichkeiten handelt es sich meistens um zwei Dinge: ihren Namen und ihre Zeit. Aber damit ist die Frage nach dem »Was« bei weitem noch nicht beantwortet. Welche Rechte sind z. B. mit dem Erwerb verbunden und welchem Zweck dienen sie?

Das »Wann«

Das heißt, für wie lange – vom greifbaren Zeitraum von acht Stunden, die einem Arbeitstag gleichgesetzt werden können, bis hin zum vagen »für immer«.

Das »Wo«

Das »Gebiet«, das den »ganzen Globus« oder »Süd-Cincinnati« umfassen kann, ist ein interessanter Aspekt im Bereich des Verhandelns und der multinationalen, multi-regionalen Verträge. Wir haben z. B. mehrere Fernsehsendungen, die in mehr als hundert Sendegebieten zugelassen sind, wovon manche durch nationale, andere durch Sprachgrenzen definiert werden. Aufgrund dieses territorialen Faktors unterhalten wir so viele Büros in aller Welt – und können dadurch der Konkurrenz immer einen Schritt voraus sein.

Das »Wie exklusiv«

Das ist ein sehr interessanter Verhandlungspunkt. In welchem Ausmaß beabsichtigt der Kunde (oder sind wir bereit), die Konkurrenz des Klienten auszuschließen? Exklusivrechte können sich auf ein Produkt, eine Branche, auf ein Gebiet oder ganz einfach darauf beziehen, daß der Kunde seine Neuerwerbung schon vor der Konkurrenz anbieten kann. Aber das ist längst nicht alles: es gibt im Hinblick auf andere Verhandlungsaspekte noch eine Anzahl weiterer, faszinierender Varianten.

Das »Wieviel«

Damit ist Geld, aber nicht *nur* Geld gemeint. Es kann sich auch um Aktien, Wertpapiere oder andere Formen des Kapitals handeln. Für uns bedeutet es oft »wieviel Zeit?« Zeit gehört zu den wichtigsten und knappsten Gütern eines Berufssportlers. Er braucht z. B. Zeit, um zu trainieren oder an bestimmten Meisterschaften teilzunehmen. Da Zeit nicht produziert oder erweitert werden kann, achten wir streng darauf, wieviel Zeit der Athlet dem Klienten zur Verfügung stellen kann.

Halten Sie sich nicht zu lange bei der Frage »Wieviel« auf

Das erinnert mich immer an eine Baseball-Wette: erst in der Mitte des Spiels beginnt sich abzuzeichnen, welche Mannschaft gewinnen könnte.

Wenn die eine Seite zwanzig und die andere zehn bietet, und man einigt sich auf fünfzehn – kann man nicht von Verhandeln sprechen, sondern man teilt ganz einfach die Differenz. Dabei läuft man Gefahr, daß letztlich keiner mit fünfzehn zufrieden ist und jeder das Gefühl hat, etwas zu »verlieren«, wenn er weniger akzeptiert.

Zum Verhandeln gehören nicht nur Zahlen allein. Der Prozeß ist viel komplexer und subtiler. Zahlen sind nur ein Teil des Ganzen – nicht größer und nicht kleiner als jedes andere Stück vom »Verhandlungs-Kuchen«.

Mammutkonzern ist nicht immer gleichbedeutend mit Mammutausgaben

Je größer ein Unternehmen, desto mehr Geld gibt es aus.

Das mag theoretisch richtig sein, aber de facto ist es falsch. Je größer das Unternehmen, desto mehr Sektionen hat es, was bedeutet, desto mehr Budgets müssen angezapft werden, um die notwendige Finanzierung sicherzustellen.

Ich habe schon erlebt, daß eine einzige Person in einem Unternehmen mittlerer Größe einen Millionen-Dollar-Etat zur Verfügung hatte, während in einem der größten amerikanischen Konzerne sechs verschiedene Entscheidungen in sechs verschiedenen Abteilungen notwendig waren, damit eine Ausgabe von $ 50 000 genehmigt wurde.

Überlassen Sie dem anderen den ersten Schritt

Oft ist es von Vorteil, dem Verhandlungspartner den Vortritt bei der Festlegung der Bedingungen oder Preisvorstellungen zu lassen. Zumindest erfahren Sie dadurch, was er darüber denkt.

Und so manches Mal war das erste Angebot meines Verhandlungspartners höher als meine unterste bzw. oberste Preisgrenze.

Manchmal kann man dem andern seine Preisvorstellungen mit Hilfe von nur wenigen hypothetischen Fragen, die sich hauptsächlich auf andere Konditionen beziehen, entlocken: »Wenn Sie das und wir jenes tun würden, wieviel wäre Ihnen das wert?« »Angenommen, wir tun noch dieses und fügen das noch hinzu...?« oder »Wenn Sie Zahlen nennen sollten...«

»Trumpf ausspielen«

Wenn Sie nicht umhin können, Ihre Konditionen oder Preisvorstellungen zu nennen, kontern Sie, indem Sie zeigen, was Sie »in der Hinterhand« haben, und spielen Ihren höchsten Trumpf aus: »Neulich haben wir Produkt X an Firma Y für Z Dollar verkauft.«

Diese Methode wirkt nicht provozierend: Sie machen Ihren Standpunkt klar, ohne den anderen in die Defensive zu drängen, erreichen aber damit, daß er in höheren »Kategorien« denkt.

Nicht in runden Summen verhandeln

Runde Summen laden zum Handeln ein, und Ihr Gesprächspartner reagiert darauf ebenfalls mit einem »runden« Gegenangebot. Ungerade Zahlen klingen härter, fester, animieren weniger zum »Feilschen«.

Ich mag es nicht, wenn bei Verhandlungen von »hunderttausend Dollar« die Rede ist: Das ist die wohl am meisten genannte Summe. Sagen Sie statt dessen 95 500 oder 104 500. Ich bin überzeugt, Sie werden letztlich in beiden Fällen einen höheren Preis erzielen.

»In psychologischer Währung zahlen«

Im Laufe der Jahre habe ich gelernt, mich psychologischer Verhandlungstaktiken zu bedienen, die auf den ersten Blick unscheinbar wirken, aber psychologisch gesehen von großer Bedeutung sind. Sie bieten eine hervorragende Verhandlungsbasis, weil nur wenige ihren wirklichen Wert kennen. Wir haben schon mehrmals, wenn wir in eine Sackgasse geraten waren, zu dieser Strategie gegriffen, um dem Gesprächspartner genau das zu geben, was er sich vorgestellt hatte und ihn gleichzeitig davon abzulenken, was wir dafür zurückbekamen.

Zu meinen frühesten Erfahrungen mit dieser Methode gehörten die Verhandlungen mit Slazenger/Australien wegen der Laufzeit von Gary

Players Werbevertrag für Sportbekleidung. Slazenger bestand auf einer kurzfristigen Bindung: ein Jahr mit dem Optionsrecht auf Verlängerung. Wir waren damit nicht einverstanden, denn wenn die Zusammenarbeit aus irgendeinem Grund nicht erfolgreich verlief, würde Gary, was seinen Wert für den Sportbekleidungsmarkt in Australien betraf, als »leicht beschädigte Ware« gehandelt werden. Aber Slazenger war nicht bereit, auch nur einen Zentimer, bzw. einen Tag, nachzugeben.

Das war die Lage, als wir den von uns intern als »australische Kündigungsklausel« bezeichneten Passus vorschlugen: Der Vertrag sollte von beiden Vertragspartnern jederzeit zu beendigen sein – aber mit einer Kündigungsfrist von fünf Jahren.

Meine Überlegungen gingen dahin, daß Slazenger kaum Interesse daran haben könne, jemandem zu kündigen, an den sie noch weitere fünf Jahre durch vertraglich gesicherte Zusammenarbeit und finanzielle Verpflichtungen gebunden waren, und ihnen deshalb daran gelegen sein müsse, daß dieser Fall niemals eintrat.

Garys Vertrag mit Slazenger besteht mittlerweile zwanzig Jahre.

Ende der 60er Jahre befanden wir uns in einer ähnlichen Pattsituation mit der All State-Lebensversicherungsgesellschaft und Arnold Palmer, wieder wegen der Vertragsdauer. Wir plädierten für einen Fünfzehn-Jahre-Vertrag, gegen den Judson Branch, damaliger Chief Executive Officer des Konzerns, zwar prinzipiell nichts einzuwenden hatte, aber da er bald pensioniert wurde, wollte er seinen Nachfolger nicht mit einer langfristigen Bindung belasten. Er bestand deshalb auf einem Drei-Jahres-Vertrag mit der Option auf Erneuerung.

Das beunruhigte mich sehr, weil ich den neuen Chief Executive Officer kannte und wußte, daß er es nicht ertragen konnte, neben Arnold die »zweite Geige« zu spielen, und deshalb den Vertrag niemals verlängern oder erneuern würde, wenn er eine Möglichkeit sah, »sauber« aus ihm herauszukommen.

Wir einigten uns schließlich auf eine Vertragsdauer von fünfzehn Jahren, kündbar nach drei Jahren bei Zahlung einer Konventionalstrafe. Die Strafe war höher als Arnolds jährliche Honorarpauschale.

Bei dieser Taktik spielten zwei Überlegungen eine Rolle: Erstens, es ist eine Sache, einen Vertrag nicht zu erneuern, und – psychologisch betrachtet – eine ganz andere, zu Arnold zu sagen: »Wir müssen Ihnen kündigen.« Zweitens, wenn All State sich entschloß, den Vertrag nicht zu kündigen, glaubte ich, sie überzeugen zu können, ihn für ein weiteres Jahr (und noch eines, und noch eines ...) zu verlängern, so lange, wie die Konventionalstrafe größer war als die Honorarvorauszahlung.

Der Vertrag bestand noch viele Jahre, auch unter dem neuen Chief Executive Officer.

Eine offene Konfrontation vermeiden

Manchmal scheint Verhandlungsgeschick mit »Macho-Denken« verwechselt zu werden, als ob es nur darum ginge, den »Opponenten« zu übertrumpfen und ihn zum Rückzug zu zwingen.

Der Sinn einer Verhandlung besteht für mich darin, zu einer für beide Seiten gleichermaßen vorteilhaften Vereinbarung zu gelangen. Daraus einen Kampf der Egos zu machen, halte ich für sinnlos. Verzichten Sie auf Äußerungen wie »Vertragsmuffel«, »Entweder ja oder nein«, »Darüber gibt es nichts zu diskutieren« – kurzum alles, was anmaßend und beleidigend klingt.

Streiten Sie nicht über kontroverse Meinungen, die keine direkte oder wesentliche Bedeutung für die augenblickliche Transaktion oder die bestehende Geschäftsverbindung haben.

Sie beruhen oft auf Selbstüberschätzung oder Prahlerei: »Dann können Sie das nicht machen«, oder »Dann tun wir das nicht!« In vielen Fällen werden daraus strittige Verhandlungspunkte, über die man sich sonst problemlos geeinigt hätte.

Indirekt verhandeln

Ich empfinde es als große Hilfe, im voraus zu überlegen, was mein Verhandlungspartner erreichen will – unter welchen Bedingungen er sich mit mir einigen könnte und dabei das Gefühl hat, etwas gewonnen zu haben.

Diese Methode unterscheidet sich von der Frage: »Wie weit wird er gehen?« Man kann jemanden leicht in eine Position drängen, in der er mit dem »Rücken zur Wand« verhandeln muß, und zu einem Ergebnis kommen – aber das wird er Ihnen mit Sicherheit nie verzeihen.

Die beste Art, den »magischen Punkt« einer Verhandlung zu entdekken, besteht darin, ihn indirekt zu erfragen.

Wenn wir z. B. etwas über die Preisvorstellungen erfahren wollen, fragen wir: »Wenn wir X oder Y für Ihr Produkt zur Verfügung stellen, wie hoch ist dann schätzungsweise Ihr Umsatz?«

Normalerweise wird der Gesprächspartner die Zahlen ein wenig nach oben abrunden, um Ihnen zu imponieren. Aber wir sind dadurch in der Lage, anhand dieser Zahlen eine Garantiesumme für unseren Klienten festzusetzen, mit der der andere leben kann, und die Forderung mit seiner eigenen Logik zu untermauern.

Verhandlungspositionen

Um den magischen Punkt in einer Verhandlung auszumachen, bietet sich auch folgende Möglichkeit an: sich in die Lage des Verhandlungspartners zu versetzen. Stellen Sie sich eine Reihe von Fragen, die Sie so wie *er* es tun würde, beantworten. »Wo sind wirklich »meine« Grenzen?« »Wie sehr bin »ich« an diesem Geschäft interessiert?« »Welche Möglichkeiten bleiben »mir«, wenn es nicht zustande kommt?« »Ernte ich dafür Anerkennung oder muß »ich mich« in meiner Firma pausenlos rechtfertigen?« »Wie kann »ich mich« für diesen Fall absichern?«

Dadurch läßt sich oft mit erstaunlicher Klarheit erkennen, was man letztlich erreichen will.

Einlenken und einschränken: der Gebrauch von »Aber« und »Allerdings«

Respektieren Sie die Gefühle Ihres Verhandlungspartners: Das ist wohl die älteste psychologische Technik der Welt, die nicht nur bei Verhandlungen relevant ist, sondern in jeglicher Form zwischenmenschlicher Beziehungen. Scheinbar billigen oder bestätigen Sie etwas, aber alles, was Sie in Wirklichkeit »akzeptieren«, sind die Gefühle des anderen.

Der Konjunktivsatz, der uns erlaubt, das Gesagte einzuschränken, ist ein wirkungsvolles Verhandlungsinstrument: »Ja, aber ...«; »Ich weiß, wie Sie darüber denken, aber ...«; »Ich sehe genau, was Sie meinen und ich stimme Ihnen auch voll zu, aber ...«.

Derjenige, der diese Technik beherrscht, könnte einen »Stein« erweichen. Er schafft es, aus einer Verhandlung eine Sünder/Beichtvater-Beziehung zu machen.

Mit einer Frage ablenken

Wenn Ihnen das, was Sie zu hören bekommen, nicht gefällt, sollten Sie mit einer Frage antworten, auch wenn sie nur »Warum sagen Sie das?« lautet. Dadurch könnten Sie die Gegenseite veranlassen, ihre Position noch einmal zu überdenken und Ihre Reaktion wird gedämpft. Zumindest aber ist der andere gezwungen weiterzusprechen, und Sie können weiter zuhören.

Positionen in Frage stellen, aber nicht ignorieren

Ich habe an vielen Verhandlungen teilgenommen, in denen ich etwas gesagt oder irgendwie reagiert habe und die Gegenseite weiterredete, als ob nichts gewesen sei. Es gibt nichts Frustrierenderes bei einer geschäftlichen Besprechung, oder nichts, was in einer Verhandlung zu größerer Verstimmung führen kann als das Gefühl, zu jemandem zu sprechen, der einen »Hörschaden« hat.

Den Tauben zu spielen ist eine zwingende Verhandlungstechnik und »Ich verstehe nicht« eine legitime Antwort. Aber die Meinung des anderen zu ignorieren oder vorzugeben, sie nicht einmal gehört zu haben, weil man sie nicht hören *wollte*, bringt nichts als Verärgerung. Dazu kommt, daß sich der Standpunkt der Gegenseite verhärtet, je öfter sie sich gezwungen sieht, ihn zu wiederholen.

Ein Geschäft »versüßen«

Eine weitere Verhandlungstechnik, die ich sehr effektiv finde, ist die, ein Geschäft zu »versüßen«, und zwar mit Dingen, die mir weniger als dem anderen bedeuten.

Wir haben uns z. B. verpflichtet, besonders begehrte Plätze für die Olympiade zu besorgen, als es um einen Vertrag ging, der ansonsten nichts mit diesem Ereignis zu tun hatte. Ein anderes Mal arrangierten wir ein Golfspiel zwischen einem unserer Golf-Klienten und dem Vorgesetzten unseres Verhandlungspartners.

Sie sollten nie den Marktwert von Produkten unterschätzen, die Sie »zum Selbstkostenpreis« zur Verfügung stellen können, für die Gegenseite aber einen beträchtlich höheren Wert haben.

Zur absoluten Meisterschaft haben es da wohl die Kongreßabgeordneten gebracht, wenn sie die Interessen der Wählerschaft – und ihre eigenen – in Gesetzesvorlagen einbringen, die gar nichts mit ihren lokalen Dammbauprojekten oder Fischbrutanstalten zu tun haben.

Geben Sie Ihren Zeitplan nicht preis

Wenn Sie bei einer Verhandlung unter Zeitdruck stehen, kann es geschehen, daß Sie Dinge sagen oder tun, die wider Ihre Interessen sind. Ob Ihre Frist real und unumstößlich (selten) oder auch nur wünschenswert oder angemessen ist – lassen Sie es sich nicht anmerken. Wenn die Gegenseite spürt, daß »Ihre« Zeit abläuft, braucht sie nicht mehr zu wissen oder nachgiebig zu sein.

Wenn es Ihnen im umgekehrten Fall gelingt, dem Verhandlungspartner die Information zu entlocken, daß er es eilig hat, sind Sie klar im Vorteil.

Die Zeit selbst, bzw. das Gefühl, daß sie davonläuft, kann sich ebenfalls als wichtiger Verbündeter erweisen. Angst und der Wunsch, das Geschäft »unter Dach und Fach« zu bringen, erzeugen Nervosität und Handlungszwang. Das führt wiederum zu der natürlichen Neigung, den Verhandlungsprozeß zu beschleunigen anstatt zu verlangsamen. Zwingen Sie sich, diesem Drang zu widerstehen, und nutzen Sie Ihre Chance, wenn der andere ihm nachgibt.

Bei Verhandlungen, die kurz vor dem Abschluß stehen, wobei aber noch einige Punkte geklärt werden müssen, habe ich mir im Laufe der Zeit angewöhnt, automatisch darum zu bitten, die Fortsetzung des Gespräches auf den nächsten Tag zu verlegen. Das gibt mir die Möglichkeit, einen »klaren Kopf« zu bekommen und hat nicht selten dazu geführt, daß sich die Gegenpartei doch noch zu größeren Konzessionen bereit erklärte, um die Angelegenheit nicht noch eine Nacht überdenken zu müssen.

Man sollte auch einmal in Betracht ziehen, daß man nicht in jedem Punkt zu einer Einigung kommen muß. Ein großer Teil unserer laufenden Verträge enthält die Klausel, daß bestimmte Einzelheiten in Zukunft geklärt werden, damit der Grundvertrag rechtskräftig werden kann.

Emotionen kontrollieren

Eine Verhandlung ist selten eine formale, steife und sterile Angelegenheit. De facto werden fast alle Formen geschäftlicher oder wirtschaftlicher Probleme oder Auseinandersetzungen – vom gewerkschaftlich organisierten Streik bis hin zur Frage »Wer zahlt die Kosten von $ 500?« auf dem Verhandlungswege beigelegt. Je weniger rigid die Verhandlungen, desto größer ist die Rolle, die den Emotionen dabei zukommt. Derjenige, der den emotionalen Gehalt einer Kontroverse steuert, ist fast immer der Erfolgreichere.

Sehen Sie in jedem Disput den Beginn einer Verhandlung

Aufgrund dieser Einstellung handeln Sie mit mehr Überlegung und weniger gegen Ihre eigenen Interessen. Psychologisch gesehen geht es Ihnen eher um die Sache als darum, sich etwas »von der Seele zu reden«.

Treten Sie einen Schritt zurück und entspannen Sie sich

Beugen Sie Gefühlsausbrüchen dadurch vor, daß Sie innerlich ganz »gefühllos« werden. Sagen Sie alles, z. B. »Lassen Sie mich darüber nachdenken« oder »Ich rufe Sie an« – nur nicht das, was Ihnen auf der Zunge liegt. Betrachten Sie das Ganze als Spiel, in dem es Gewinner und Verlierer gibt, denn genau das ist es: eine intellektuelle Kraftprobe, bei der zwangsläufig einer der Unterlegene sein wird.

Betrachten Sie einen Gefühlsausbruch der Gegenseite als Chance

Das ist eine Verhandlungstaktik, die auf Schlag und Gegenschlag aufbaut. Sobald die Gegenpartei ihren ersten emotionalen Treffer gelandet hat, hat sie auch ein bestimmtes Maß an Kontrolle aufgegeben. Es liegt nun bei Ihnen, diese Kontrolle zu übernehmen und auszubauen oder mit einem Gegenschlag zu kontern.

Handeln Sie zornig, aber lassen Sie sich nie von Ihrem Zorn hinreißen

Zorn und andere starke Gefühle können effektive Verhandlungsinstrumente sein, wenn Sie wohlüberlegt eingesetzt werden; Sie dürfen sich allerdings nie davon zu unbedachten Reaktionen hinreißen lassen. Ich habe gelesen, daß ein Foto enthüllt hat, daß Nikita Chruschtschow noch beide Schuhe anhatte, als er bei der UN-Vollversammlung mit dem Schuh auf das Pult schlug. Ein dritter Schuh, um damit »auf den Busch zu klopfen«? Das nenne ich wohlüberlegt.

Nageln Sie Ihren Verhandlungspartner auf Nebensächlichkeiten fest

Eine wirksame Verhandlungstechnik erfordert absolute Klarheit über den Verhandlungszweck, die Fähigkeit, sich geistig auf die Ziele zu konzentrieren, während man über die Mittel diskutiert. Wenn Sie das Gefühl haben, daß die Gegenseite in der Kunst des Verhandelns kein besonderes Geschick zeigt – obwohl sie sich damit brüstet – wird sie sich meistens mit ein paar unbedeutenden »Siegen« zufriedengeben, sofern es Ihnen gelingt, sie wichtiger erscheinen zu lassen, als sie sind. Nageln Sie Ihren Verhandlungspartner auf Nebensächlichkeiten fest, machen Sie »widerwillig« Zugeständnisse und gehen Sie mit dem »Hauptgewinn« nach Hause.

Absolute Offenheit

Offenheit gehört, richtig eingesetzt, zu den durchschlagendsten, effektivsten – und ungebräuchlichsten – Verhandlungstechniken, die ich kenne. Wenn eine Verhandlung sich so entwickelt, daß extreme Spannungen entstehen, daß sie Ihnen aus der Hand zu gleiten droht oder zum Scheitern verurteilt ist, kann absolute Offenheit – »Sehen Sie, ich bin ehrlich daran interessiert, daß das Geschäft zustande kommt« oder »Das ist wirklich sehr wichtig für mich« – nicht nur die Perspektive zurechtrücken, sondern auch auf die Gegenseite völlig entwaffnend wirken.

Ein Hindernis, das noch vor einer Minute unüberwindlich schien, beginnt sich aufzulösen. Und eine Einigung, die noch vor einem Augenblick unvorstellbar war, scheint in den Bereich des Möglichen zu rücken.

Verhandeln Sie aus einer Position der Stärke oder Schwäche heraus?

Diese wichtige Frage sollten Sie sich vor Verhandlungsbeginn stellen. Die Antwort hängt allein von der Art Ihrer Verkaufsaktivität ab. Wie weit können Sie gehen? Wie groß ist das Interesse der Gegenpartei an einem Geschäftsabschluß? Wie sieht sie Ihre Position?

Es besteht natürlich ein gewaltiger Unterschied zwischen der legitimen Position der Stärke und Schwäche und der *Vorstellung*, die man davon erweckt. Der spielerische Aspekt im Verhandlungsprozeß besteht darin, Dinge zu tun oder zu sagen, die die Vorstellungen, die der Wahrheit zu nahe kommen, unterminieren, während man die Eindrücke, die am wenigsten der Realität entsprechen, verstärkt. Firmenintern nennen wir diese Taktik ein »Verschleierungsmanöver«; wir versuchen zu verhindern, daß sich die Gegenseite ein endgültiges Urteil über unsere wirkliche Position bilden kann.

Wenn Sie offen zeigen, daß Sie aus einer Position der Stärke heraus verhandeln, wird die Gegenseite alles daran setzen, sie zu schwächen. Sogar die selbstverständlichsten Kompromisse werden zu hart erkämpften Konzessionen, und Ihr Verhandlungspartner wird darauf bestehen, alle nebensächlichen Punkte für sich zu verbuchen, weil er weiß, daß er die Schlüsselpunkte nicht für sich entscheiden kann. Eine weitere Gefahr, die sich aus dieser Position ergibt, ist die Tendenz, ein Geschäft um jeden Preis abzuschließen, anstatt das bestmögliche Geschäft abzuschließen. Eine starke Gegenseite scheint das Bedürfnis zu vergrößern, die eigene Härte unter Beweis zu stellen, indem man zäh um jede Kleinigkeit ringt, weil man in wesentlichen Punkten schon nachgegeben hat. Aber oft entscheidet sich gerade in diesen Randzonen, ob Vereinbarungen gut oder mittelmäßig sind.

Abschließend bliebe noch zu sagen, daß es bei einer Verhandlung darauf ankommt, so gut wie möglich abzuschneiden, aber daß es ausschlaggebend ist, *überhaupt etwas* zu erreichen. Ich habe im Laufe der Zeit viele Geschäftsleute kennengelernt, die sich selbst für ausgezeichnete Verhandlungsführer hielten – obwohl bei ihnen auf jeden Geschäftsabschluß zwei gescheiterte Verhandlungen kamen.

Wenn zwei Parteien festgestellt haben, daß sie beide von einer Vereinbarung profitieren können – was normalerweise die Phase ist, in der Verhandlungen beginnen – halte ich es für unentschuldbar, nicht so weit zu gelangen, es sei denn, unvorhergesehene Umstände treten ein.

Verträge

Normalerweise profitiert einer der beiden Vertragspartner mehr als der andere von unverbindlichen Formulierungen in Verträgen oder schriftlichen Vereinbarungen. Legen Sie gleich zu Anfang fest, ob eine vage oder eine exakte Absprache Ihren Zwecken dienlicher ist.

Ich ziehe schriftliche Vereinbarungen formellen Verträgen vor. Hochoffizielle Dokumente wirken auf viele einschüchternd. Eine gute Vereinbarung ist hieb- und stichfest, enthält kaum juristische Verklausulierungen und liest sich fast so wie Privatpost.

Setzen sie immer als erster den Vertrag auf. Sobald Sie beginnen, Verhandlungspunkte sprachlich zu fixieren, tauchen unzählige Fragen auf. Sie haben dann die Chance, Ihre Version zuerst zu Papier zu bringen.

Es gibt allerdings eine Ausnahme: Wenn Sie sich auf unvertrautem juristischem Boden befinden, ist es manchmal ganz aufschlußreich, zu sehen, was die Gegenseite für so wichtig hält, daß sie es in den Vertrag aufnimmt.

Wenn der Entwurf zurückkommt, weil Ihre Rechtsabteilung mit der Terminologie nicht einverstanden ist, sollten Sie die Punkte in einem Begleit- oder Zusatzschreiben ändern, anstatt aus den Fragmenten einen neuen Vertrag zu skizzieren, der dann wieder vollständig überprüft werden muß. (Juristen ist es meistens nicht möglich, einen Vertrag ein zweites Mal durchzusehen, ohne zusätzliche Beanstandungen zu finden.)

Der »Definitions-Teil« eines Vertrages sollte bei der Prüfung besonders sorgfältig unter die Lupe genommen werden. Wenn Sie ihn aufsetzen müssen, muß er auf eventuelle divergente Auslegungsmöglichkeiten untersucht werden. Die legale Bezeichnung für einen Sachverhalt kann den gesamten Vertragsinhalt ändern.

Vor vielen Jahren handelten wir Gary Players Golfschläger-Vertrag mit

Shakespeare Golf aus; wir wollten uns das Recht, die Golfschlägergriffe als separates Projekt zu handhaben, vorbehalten. Golfschlägergriffe werden von Spielern gekauft, die ihre alten auswechseln wollen, weil sie abgegriffen aussehen oder schlecht in der Hand liegen. Die Branche, die die Griffe vertreibt, stellte zwar absolut keine Konkurrenz für Shakespeare dar, aber wir mußten – das war uns klar – mit Widerstand rechnen, wenn wir das Thema zur Sprache bringen würden. Deshalb definierten wir in dem dafür vorgesehenen Teil des Vertrages »das eiserne Kopfstück« als einen »metallenen ringartigen Ansatz, der mittels einer Röhre an einem Metall- oder Fiberglasschaft befestigt ist«. Wir erwähnten den »Griff« mit keinem Wort, schlossen später einen Vertrag mit einem Griffhersteller ab und Shakespeare/Player blieben sich auch weiterhin freundlich gesonnen.

Juristische Terminologie sollte Sie in höchste Alarmbereitschaft versetzen. Anwälte bedienen sich eines riesigen Potentials an Worten, Verklausulierungen und Schriftsätzen, die absichtlich alles, was vorher oder nachher angeführt wird, ins Gegenteil verkehren.

Bringen Sie Garantiesummen und Lizenzeinnahmen möglichst auf ihren kleinsten gemeinsamen Nenner. Wenn sich der Vertrag auf mehr als ein Produkt oder Gebiet bezieht, sollten Sie die zugesagten Gesamtsummen trennen, entsprechend zuordnen und besondere Übersichten aufstellen. (So manches Mal – wobei mir auf Anhieb Australien und England einfallen – hat das bei uns einen Unterschied von hunderttausend und mehr Dollar ausgemacht.)

Ein kritischer Punkt ist auch die Schnelligkeit, mit der ein Vertrag erfüllt wird. Die Begeisterung über einen Geschäftsabschluß schwindet mit der Zeit, die vergeht.

Schicken Sie Verträge nicht an die Rechtsabteilung, sondern direkt an Ihren Verhandlungspartner. Er hat wahrscheinlich genausowenig Geduld mit den Juristen wie Sie. Es kann sogar vorkommen, daß er Ihre Interessen vor seiner eigenen Rechtsabteilung schützt (»Der Punkt ist unwichtig«), weil er den Vertrag dort unbedingt herausbekommen will.

Teil C: Unternehmensführung

11. Ein Unternehmen aufbauen

Heute ist die International Management Group ein Management-, Berater- und Marketingunternehmen, das fünfzehn Büros in aller Welt unterhält. Zu den zwölf Tochtergesellschaften gehören u. a. auch Firmen, die Sportveranstaltungen konzipieren und durchführen sowie zwei Modellagenturen in New York und London. Unsere Brutto-Einnahmen belaufen sich in diesem Jahr auf mehr als zweihundert Millionen Dollar. Wir sind, generell gesehen, ein kleines bis mittelgroßes Unternehmen, haben aber im Sportbereich eine echte Vormachtstellung, denn wir sind in dieser Branche an mehr als vierzig Firmen »beteiligt«.

Ich wußte nicht, was uns die Zukunft bringen würde, als ich 1960 Arnold Palmer kennenlernte. Ich war damals ein junger Anwalt, der einen Weg suchte, sein Hobby, das Golfspiel, und Beruf miteinander zu verbinden. (Das ist auch heute noch die beste Motivation für eine Unternehmensgründung. Man sollte sich fragen: »Was liegt mir, und wie kann ich damit meinen Lebensunterhalt verdienen?«)

Als Amateur-Golfer gelang es mir zwar, mich 1958 für die US Open zu qualifizieren, aber ich wußte, ich war nicht gut genug, um als Profi zu bestehen. Deshalb war das Nächstliegende, die zu repräsentieren, die Karriere zu machen versprachen.

Wenn ich die Entscheidungen analysiere, die zu unserer Prosperität beigetragen haben, muß ich feststellen, daß nichts von dem, was wir getan haben, einzigartig oder außergewöhnlich war. Der Erfolg, der sich bald einstellte – und ich bin unbescheiden genug, zu betonden, daß er beträchtlich war und ist – hat nur bestätigt, daß die Dinge, die wir für vielversprechend hielten, es auch waren, und diejenigen, die nicht diesen Eindruck machten, sich als Mißerfolg erwiesen.

Wenn man ein Unternehmen aufbaut, ist es besonders wichtig, sich nach seinem gesunden Menschenverstand zu richten und die notwendigen Schritte einzuleiten, um Theorien in die Praxis umzusetzen.

Auf Qualität achten (schon in der Anfangsphase)

Als wir 1958 begannen, Arnold Palmer zu repräsentieren, hatte er gerade eine größere Meisterschaft gewonnen, der allerdings ein glückloses Jahr folgte. Unser zweiter Klient, Gary Player, war in den USA fast unbekannt, als wir ihn unter Vertrag nahmen, obwohl er 1958 bei den US Open Zweiter hinter Tommy Bolt wurde; er imponierte mir wegen seines Mutes und der Entschlossenheit, auch in fremder Umgebung und unter extremem Druck sein Bestes zu geben. Unser dritter Klient, Jack Nicklaus, war noch Amateur.

Arnold, Jack und Gary sind drei völlig verschiedene Persönlichkeiten, aber alle drei besaßen Spitzenqualitäten und Klasse, die sie innerhalb wie außerhalb des Golfplatzes aus der Masse hervorhob. Ich erkannte erst später – zum Glück nicht viel später – daß ich besonderen Wert auf Qualität legte und lege.

Ich kann mir kein Unternehmen vorstellen, auf das *das* nicht zuträfe. Sie sollten mit dem Besten, oder dem, was Sie dafür halten, beginnen. Nur so springt man mit dem »richtigen Fuß« ab und kann sich im Wettbewerb bewähren. Qualität wirkt wie ein Netz: sie stellt ein Hindernis dar, das bewirkt, daß weniger schlechte und mehr gute Entscheidungen getroffen werden.

Klug genug sein zu erkennen, daß man Glück gehabt hat

Es stellte sich heraus, daß Palmer, Player und Nicklaus nicht nur Spitzen-Golfspieler waren. Sie galten jahrzehntelang als absolute Stars auf dem Grün. Bis 1969 hatten sie zwanzig wichtige Meisterschaften gewonnen, und die Weltmeisterschaftsliste von 1960–1966 liest sich so: Palmer; Player; Palmer; Nicklaus; Palmer; Nicklaus und Nicklaus.

Man nannte sie »Die Großen Drei« im Golfsport, und wenn sie drei unserer ersten zwanzig oder sogar zehn Klienten gewesen wären, hätte ich vielleicht eine ganz andere Unternehmensphilosophie entwickelt. Aber es gab 250 Golfer und wir hatten drei unter Vertrag – und zwar die drei besten. Das war wie der Hauptgewinn in einer Lotterie.

Fortuna hatte uns zugelächelt, wie so manchem im Geschäftsleben. Ich bin zwar sicher, daß wir zu unserem Glück beigetragen haben, denn dieser phantastische Anfangserfolg war zu phänomenal, um einfach hingenommen zu werden, uns selbst zu unserem Geschick zu beglückwünschen und darauf zu warten, daß der Blitz das nächste Mal einschlug.

Ich glaube, das war eine unserer wichtigsten Entscheidungen: Wir beschlossen, unser Glück als das zu akzeptieren, was es war, aber nicht darauf zu vertrauen, daß uns bald die nächsten »Spitzentrios« beschert würden.

Langsames Wachstum

Von den zwanzig Jahren, die wir im Geschäft sind, haben wir die ersten sechs, also mehr als ein Drittel unseres Bestehens, damit verbracht, die Interessen von Profi-Golfspielern zu vertreten. Ich war der Ansicht, wir hätten zuviel zu lernen, um noch etwas anderes nebenbei zu tun. Ich zog es daher vor, besser statt größer zu werden.

Viele Unternehmen, besonders in unserem hochtechnisierten Zeitalter, sind nicht dazu bereit. Sie legen mehr Wert auf schnelles Wachstum als auf unmittelbaren Gewinn. Wenn diese Firmen ihr Tempo ein wenig verlangsamten und sich die Zeit nehmen würden, ihren Erfolg zu analysieren und ihr Führungskräftereservoir »mitwachsen« zu lassen, gelängen sie zu der Einsicht, daß sie beides haben können: eine gesunde Wachsutmsrate und Rentabilität.

Es ist ein Faktum, daß kein Unternehmen seine ursprüngliche Größe beibehalten kann. Aber wir haben uns immer dem Druck widersetzt, zu schnell zu wachsen.

1966 mußte man im Golf schon mit uns rechnen. Wir waren gut strukturiert, hatten die richtigen Leute und wußten, was wir wollten. Ich war der Meinung, es sei an der Zeit, unsere Aktivitäten aufzufächern.

Ihr Können diversifizieren

Wenn es für uns eine Wachstumsformel gab, dann diese: mit den Besten beginnen, von ihnen lernen, unsere Position langsam ausbauen und festigen und unser Können horizontal auffächern.

Mitte 1960 hatten wir bereits intensiv über eine Expansion nachgedacht. Zu den Möglichkeiten, die sich dafür anboten – Tennis war damals ein reiner Amateur-Sport – gehörten Football, Baseball und Basketball. Aber wir hatten in der Zwischenzeit ein paar Dinge gelernt, die nicht für diese Wahl sprachen.

Erstens waren wir eher Manager als Agenten. Agenten haben die Aufgabe, für die Begleitmusik bei Veranstaltungen zu sorgen und Verträge für die Spieler mit den Team-»Besitzern« auszuhandeln. Im Golfsport gab es keine.

Unser Interesse und Können hat immer darin bestanden, Einkommensquellen für unsere Klienten außerhalb des Spielfeldes zu schaffen, Verbindungen für Lizenzen und Werbung herzustellen und sie so zu nutzen, daß unsere Sportler auch nach ihrer Zeit als Aktive ein gesichertes Einkommen haben. Ich war außerdem der Meinung, daß die lokale Berühmtheit der Teamsport-Athleten ihren Marktwert einschränkte. Golfspieler hingegen waren in Tokio oder Kalamazoo genauso gut »verkäuflich« wie in ihrem Heimatort.

Zweitens war ich davon überzeugt, daß sich der »Gelegenheitsathlet«, der ein- oder zweimal in der Woche Golf spielt und ansonsten Sport nur im Fernsehen verfolgt, eher mit Arnold Palmer, der seine Hosen beim achtzehnten Tee hochkrempelt und dann einen Dreihunder-Meter-Schlag plaziert, identifizieren kann, als mit einem anonymen Spieler mit Knieschützern und Helm.

Unser Ziel bestand deshalb darin, in anderen Einzelsportarten Fuß zu fassen – vorzugsweise in denen, die internationales Profil hatten – und Talente aufzustöbern und zu repräsentieren, die von unserer umfassenden Managementmethode profitieren würden. Wir nahmen Jackie Stewart unter Vertrag, der 1966 in der Formel I führend war, und bald auch andere Spitzenfahrer wie Peter Revson, Mark Donohue, Francois Cervert und Graham Hill (zu der Zeit hatten wir einen wesentlichen Unterschied zwischen Golf und Autorennen noch nicht begriffen: Golf ist nicht tödlich. Der emotionale Preis, den wir für diese Erkenntnis zahlen mußten, war hoch).

1968, als Tennis seinen Amateurstatus ablegte, gelang es uns, Rod Laver und Margaret Court, die beiden weltbesten Tennisspieler, zu verpflichten.

1968 bot sich uns noch eine weitere große Chance: die Olympischen Spiele und mit ihnen der erste Superstar im Skisport – Jean-Claude Killy.

Jede dieser Sportarten hat seither Stars hervorgebracht, die wir als

Klienten gewinnen konnten und die unser Renommee und unsere Spitzenposition in dieser Branche besiegelten.

Wir begannen, unser Können auch auf andere Weise aufzufächern. Durch die Repräsentation der Golf-Elite konnten wir auch einiges über andere Geschäftszweige lernen. Wir machten uns dieses Wissen zunutze und gründeten eine separate Golf-Zubehörfirma für Arnold und zwei Sportbekleidungsunternehmen, von denen eines später an NBC verkauft wurde. Ende 1960 zählten auch die ersten beiden Nichtsportler zu unserer Klientel: Hank Ketcham, der geistige Vater von *Dennis the Menace* und das weltberühmte Fotomodell Jean Shrimpton.

Stellen Sie die Besten ein, um von Ihnen zu lernen, was Sie nicht wissen

Wenn Sie ein Unternehmen aufbauen, werden Sie auf Wissenslücken stoßen, die Sie, um Erfolg zu haben, auffüllen müssen. Wir hatten zwar ein wenig Ahnung von der Fernsehbranche, waren uns aber auch bewußt, daß unser Mangel an Erfahrung uns zum Verhängnis werden könnte.

1960 begann sich eine »unheilige« Allianz anzubahnen: Der Sport begann, die Fernsehprogramm-Gestaltung zu bestimmen und das Fernsehen den Sport. Jeder Bereich benutzte den anderen zu seinem eigenen Vorteil und mit soviel Erfolg, daß es unmöglich war (und heute noch ist), die künftige Entwicklung vorherzusehen.

Ungefähr zu dieser Zeit suchte mich Jay Michaels, Vizepräsident von MCA (Music Corporation of America) im Auftrag von Lew Wasserman auf. Michaels war so etwas wie eine Legende in der Fernsehbranche. Er hatte die Sendung über die gerade flügge gewordene Amerikanische Football League initiiert, die für AFL eine große Chance war und schließlich zum Zusammenschluß mit dem Nationalen Football-Verband führte. Wohl niemand wußte mehr als er über die inzestuöse Verbindung zwischen Sport und Fernsehen.

Michaels erzählte mir, daß Wasserman beabsichtigte, eine Abteilung für Breitensport zu gründen und wissen wolle, ob wir Interesse daran hätten, sie für ihn zu leiten.

Nach gründlicher Überlegung und mehreren Gesprächen mit unseren Topmanagern und Spitzenklienten lehnte ich ab. Mir war unsere Unabhängigkeit wichtiger, und ich glaubte, es könnte für uns in der Wachstumsphase hinderlich sein, wenn wir Teil eines großen, etablierten Unternehmens wurden.

Kurze Zeit später ging ich zu Michaels. Ich erzählte ihm, daß wir ins Fernsehgeschäft einsteigen wollten, daß ich das Potential kannte und wie weit ich gehen würde, um es auszuschöpfen, und daß ich dabei seine Hilfe brauchte.

Ich hatte mich zufällig zur rechten Zeit und in der richtigen Situation an ihn gewandt. 1967 übernahm er unsere neu gegründete Fernsehabteilung Trans World International.

Heute ist TWI weltweit der führende unabhängige Produzent von Sportprogrammen und der größte Repräsentant von Fernsehrechten für internationale Sportveranstaltungen. Wir stellen in eigener oder in Co-Produktion fast 200 Stunden Sportprogramm her, wozu auch so bekannte Sendungen wie »The Superstars« und »The Battle of the Network Stars« für ABC, verschiedene Ski-, Bahn- und Feldwettbewerbe für CBS sowie die »Rollschuh-Weltmeisterschaften der Profis im Figurenlaufen« und die »Chevrolet-Golfweltmeisterschaften der Frauen« für NBC gehören. Wir haben u. a. die internationalen Fernsehrechte für Wimbledon, die US Tennis Open, die NFL*, die National Basketball Association und nahezu alle interessanten Golfmeisterschaften.

TWI hat auch Dutzende von Dokumentarfilmen über Wimbledon, die British Open, die US Open usw. produziert. Sie hat viele Sportreporter wie John Madden, Jimmy »the Greek« Snyder, Chris Shienkel und Al Michaels, Jay Michaels' Sohn, unter Vertrag.

Mit Jay Michaels hatten wir die Wissenslücke überbrückt. Heute halte ich mehr von einem guten Training als von der Neueinstellung guter Mitarbeiter, was, nach zwanzig Jahren, vielleicht ein Zeichen für die Reife unseres Unternehmens ist.

Sich auf die Weltmärkte konzentrieren

Wir stellten schon früh fest, daß alles, was Amerika hat, auch die restliche Welt haben möchte. Wenn man es als unser größtes Glück ansieht, »die Großen Drei« unter Vertrag zu nehmen, dann muß die Gründung eines bona fide-Netzes internationaler Büros wohl als eine unserer besten

* National Football League (Fußball-Nationalmannschaft)

Ideen gelten. Sie entstand im Hinblick auf die zu erwartende weltweite Nachfrage nach Weltklasse-Sportlern, und die spätere Entwicklung, insbesondere die Geburt des Satelliten-Fernsehens, läßt sie noch genialer erscheinen.

Heute sind alle unsere fünfzehn vollbeschäftigten Zweigstellen rund um den Globus mit Mitarbeitern aus den Ländern besetzt, in denen sie sich befinden. Außerdem teilen wir Büros mit lokalen Geschäftspartnern in einem Dutzend weiterer Länder.

Aufgrund der Flexibilität und der Chancen, die sich daraus ergeben, erstaunt es mich immer wieder, wie wenig Beachtung und Bedeutung amerikanische Unternehmen ihren Auslandsabteilungen schenken. Wenn diese Konzerne genauso viel Zeit und Mühe darauf verwenden würden, ihre Produkte in Übersee zu verkaufen, wie sie damit verschwenden, ausländische Hersteller aus dem Land zu halten, könnten wir direkt zuschauen, wie über Nacht die Kapitalwanderung ihre Richtung änderte.

Stellen Sie Ihr Know-how in Rechnung

Viele Unternehmen versäumen es, sich ihr Können angemessen honorieren zu lassen, also das zu verlangen, was es einen Außenseiter kosten würde, zu lernen, was sie bereits wissen. Zehn Jahre lang handelten wir nicht anders.

Während dieser Zeit hatten wir mit mehr als tausend Firmen wegen der einen oder anderen Sport-Promotion zusammengearbeitet. Wir hatten ein beachtliches Wissen darüber erworben, wie ein Unternehmen seine Marketing-Ziele mit Hilfe des Sports verwirklichen kann. Oft gaben wir dieses Know-how kostenlos weiter. Wenn eine Firma John Newcombe verpflichtete und nicht wußte, wie sie ihn einsetzen sollte, mußten wir ja schließlich im Interesse aller Beteiligten in die Bresche springen und es ihnen zeigen.

Anfang 1970 merkten wir, daß immer mehr Unternehmen sich am Sport beteiligen wollten, aber nicht wußten, wie sie es anfangen sollten. Die Werbeagenturen waren nicht in der Lage, ihnen in diesem Bereich vernünftige Ratschläge zu geben; ihre PR-Abteilungen hatten keinerlei Anhaltspunkte; und wenn sie den Einstieg dennoch schafften, dann nur, weil ein Topmanager sich für eine bestimmte Sportart begeisterte (wohl der denkbar schlechteste Grund).

Schließlich begannen wir, die Erfahrung. die wir zur Verfügung stellten, auch entsprechend zu berechnen. Heute ist, wie auch schon in den 70er Jahren, unser Unternehmensberatungs-Bereich Merchandising Consultants International (MCI) unser wohl am schnellsten wachsender Zweig. MCI geht in die Firmen und arbeitet mit ihren Marketing-Teams zusammen, um eine Sport-Promotion zu entwickeln, die nicht nur kosteneffizient ist, sondern auch in besonderem Maß dazu beiträgt, die spezifischen Unternehmensziele zu realisieren.

Die Nachfrage war größer als erwartet. MCI zählt heute mehr als hundert Unternehmen zu seiner Klientele, wozu viele Branchenführende gehören, z. B. Sears, Kodak, R. J. Reynolds, AT&T, Seagram, Rolex, Hertz, Heinz, die Hearst Corporation und Proctor and Gamble.

MCIs Erfolg und der große Klientenstamm legten die Vermutung nahe, es könne noch andere Verwendungsmöglichkeiten für unsere Erfahrungen und Fachkenntnisse geben. Das bewog uns, Sportveranstaltungen zu konzipieren und sie, gegen einen Aufpreis oder eine Gewinnbeteiligung, durchzuführen. Wenn sie, wie so oft, für das Fernsehen aufgezeichnet werden, stellen wir auch hierbei wieder gegen Honorar unser Wissen zur Verfügung.

So entstanden Veranstaltungen wie die »Legends Tennisturniere« der Männer und Frauen, die Golfweltmeisterschaften der Frauen, der Pepsi Grand Slam, die Weltmeisterschaft im Triathlon und Dutzende anderer Sportereignisse.

Wenn sich ein Unternehmen die Zeit nähme, den wahren Wert seinen Know-how einzuschätzen, ließen sich sicher Wachstumsmöglichkeiten finden, die man sonst übersehen hätte: als separates Profit-Center, wie unser Consulting-Bereich; als Zusatzleistung bei bestimmten Produkten und Dienstleistungen, als Kaufanreiz.

Selbst wenn Sie Ihr Können ohne Bezahlung als »Preis« für einen Geschäftsabschluß weitergeben müssen, hilft es, zu wissen, was es Sie wirklich kostet – und das dem Kunden ebenfalls klarzumachen.

Manche Firmen scheuen sich davor. Das erinnert mich an die Geschichte von der Frau, die in einem Restaurant Picasso ansprach und ihn bat, etwas für sie auf eine Serviette zu zeichnen, sie sei auch bereit, dafür zu zahlen, was er verlange. Picasso willigte ein und sagte: »$10 000.« »Aber Sie haben dafür nur dreißig Sekunden gebraucht«, erwiderte die verblüffte Frau.

»Nein,« meinte Picasso, »vierzig Jahre.«

Talent diversifizieren

In vielen Fällen – wobei mir auf Anhieb Procter and Gamble einfällt – gehört es zur Firmenpolitik, das Personal der verschiedenen Abteilungen untereinander auszutauschen. Dabei geht man in erster Linie davon aus, daß diese Angestellten durch die neue Aufgabenstellung motiviert und die Abteilungen durch eine »Bluttransfusion« belebt werden.

Ich glaube, in dieser Hinsicht irrt man sich in beiden Punkten. Der Versetzte stellt entweder fest, daß er eigentlich das gleiche macht, nur an einer anderen Position der Befehlskette, oder etwas völlig Neues, wobei sich seine erworbenen Fertigkeiten und Fähigkeiten als unbrauchbar erweisen können. Und seine alte Abteilung beklagt sich darüber, daß sie ständig neue Leute ausbilden muß, die sie dann doch nicht behalten kann.

Wir bevorzugen eine andere Taktik. Wenn wir schrittweise diversifizieren oder neue Aktivitäten einplanen, rekrutieren wir das dafür notwendige Personal aus unserem bestehenden »Talente-Reservoir«: aber meistens üben die Mitarbeiter, die für diese neuen Funktionen vorgesehen sind, ihre bisherigen nebenbei weiter aus. Sobald sie mit ihren neuen Pflichten vertraut sind, stellen sie die notwendigen Hilfskräfte ein oder suchen sich ihre Belegschaft zur Unterstützung im alten wie neuen Arbeitsbereich aus anderen Abteilungen zusammen.

Unsere Teams für Einkommens- u. Anlageplanung wurden vom Magazin *Money* einmal »die wohl größten Finanzgenies in Amerika« genannt. Jetzt stellen wir unsere Kenntnisse auf diesem Gebiet auch anderen Firmen zur Verfügung: wir übernehmen die persönliche Einkommens- und Anlageplanung für ihre Spitzenführungskräfte.

Die Mitarbeiter, die diese Dienstleistungen anbieten, sind dieselben, die sich um Arnold Palmers Steuern, Björn Borgs Vermögen, Jackie Stewarts Investitionen und Alberto Salazars und Sebastians Coes Investmentfonds kümmern (Salazar und Coe sind noch Amateure und ihre Einkommen fließen in einen Trust). Ihnen obliegen auch dann noch diese Aufgaben, wenn sie mit neuen betraut werden.

Abgesehen von unserer Consulting-Abteilung (die autonom bleiben muß) haben wir meines Erachtens keinen Mitarbeiter in einer Schlüsselposition, der nur eine Stellung bekleidet. Manche beziehen ihr Gehalt von sechs verschiedenen Abteilungen. Das sieht zwar auf den Arbeitsablaufdiagrammen verheerend aus, beugt aber der Abstumpfung und dem Personalüberhang vor. (Ich lebe in ständiger Angst vor dem Parkinsonschen Gesetz.) Mit Motivationsproblemen, der klassischen Krankheit vieler Unternehmen, hatten wir nie zu kämpfen: Dazu sind wir alle viel zu beschäftigt.

Ihre Zeitplanung überprüfen

Die Zeitplanung ist, wie wir gesehen haben, ein besonders wichtiger Faktor im Verkaufsprozeß. Für uns war sie darüber hinaus, im Hinblick auf das Wachstum unseres Unternehmens, von zentraler Bedeutung.

Als wir am Ende der 60er Jahre Jean Shrimpton unter Vertrag nahmen, sahen wir uns nach weiteren Einkommensquellen für sie um. Als Fotomodell konnte man damals keine Reichtümer, selten mehr als $ 30 000 bis $ 40 000 pro Jahr, verdienen, wobei Jean wohl die einzige Ausnahme darstellte.

Inzwischen verdienen gute Models zwischen $ 200 000 und $ 300 000 jährlich, einige wenige vielleicht noch mehr. Mit den Einnahmen aus den vielfältigen Lizenzmöglichkeiten, die sich ihnen heute bieten, kann (oder sollte) ein Spitzenmodell mit einem siebenstelligen Jahreseinkommen rechnen.

In dieser Branche – läßt sich mit Recht behaupten – übersteigen die Zuwachsraten bei den Gagen die Inflationsraten. Und deshalb beschlossen wir, daß es an der Zeit war, sich noch einmal genauer umzusehen. Wir besaßen inzwischen genug Erfahrung im Marketing und in der Lizenzerteilung, viele geschäftliche Verbindungen und Büros in allen Modemetropolen der Welt, und deshalb erschien uns jetzt – im Gegensatz zu früher – der Zeitpunkt, in ein neues Betätigungsfeld vorzudringen, günstig. Heute gehören Laraine Ashton, Londons führende Modellagentur, und Legends, die New Yorker Agentur mit dem größten Geschäftszuwachs, zu unserer Unternehmensgruppe.

Das gleiche galt für den Mannschaftssport. Wir hatten uns in diesem Bereich schon in den 70er Jahren betätigt (der erste Millionen-Dollar-Vertrag zwischen Czonka/Kiick und der World Football League wurde von uns abgeschlossen), aber ihn innerhalb unseres Gesamtkonzeptes nie vorrangig eingestuft. Heute kann ein guter Kricket- oder Footballspieler mehrere hunderttausend Dollar im Jahr verdienen. Darüber hinaus ließ sich aufgrund des großen Erfolges, mit dem wir die Fernsehrechte für die Spiele der NFL in aller Welt verkauft haben, voraussehen, daß der Tag nicht mehr fern sein dürfte, an dem auch in Tokio ein Footballstar sein Auskommen findet.

Vor zwei Jahren überprüften und verstärkten wir deshalb unsere Teamsport-Abteilung. Spätestens bis 1985 wird die Branche mit uns rechnen müssen, und bis 1990 werden wir uns dort eine Spitzenposition geschaffen haben.

Kurzfristig – ein kurzfristiges Vergnügen!

Im Laufe der Jahre hatten wir mit unseren Unternehmungen soviel Glück und Erfolg, daß sich uns ein interessantes Problem stellte: Wie arbeitet man mit Gewinn, ohne nur auf Gewinn bedacht zu sein?

Ich persönlich fühle mich nicht wohl, wenn unser Anteil in einem neuen Markt weniger als hundert Prozent beträgt. Aber im Hinblick auf unser Unternehmen war und bin ich einsichtig genug, um zu erkennen, daß die möglichst schnelle Befriedigung der Geldgier zu den größten Fehlern eines Unternehmens gehört.

Man hat uns oft vorgeworfen, daß wir versuchen, eine Sportart zu »annektieren« – vor allem Golf, dann den Skisport, Tennis und neuerdings das Laufen. Das entspricht nicht den Tatsachen, und wir haben mit Golf schon fast ein Vierteljahrhundert zu tun. In einem Sport wie Tennis, in dem wir viele der Sponsoren, die Vertriebs- und Fernsehrechte für Wimbledon, die Fernsehrechte für die US Open, fünfzehn der zwanzig Spitzenspieler und zahllose Veranstaltungen und Serien repräsentieren, könnten wir zweifellos auf die Struktur und das Management Einfluß nehmen.

Das wäre allerdings reichlich kurzsichtig. Unser langfristiges Interesse besteht meiner Meinung nach darin, die Sportarten, in denen wir uns engagieren, nach bestem Wissen zu fördern und alles daranzusetzen, ihr Wachstum zu beschleunigen, und zwar nicht deshalb, weil wir »Sportsgeist«, sondern weil wir »Geschäftssinn« haben. Die Expansion unseres Unternehmens war, ist und bleibt auch in Zukunft eng mit dem Wachstum des Sports verbunden. Im Augenblick ist noch kein Ende dieser Entwicklung abzusehen, und kurzfristige Vorteile auf Kosten des Sports wahrzunehmen, hieße, die Gans, die goldene Eier legt, schlachten.

In diesem Zusammenhang wurde uns des öfteren ein weiterer Vorwurf gemacht: Wir müßten uns ja wiederholt in einem Interessenkonflikt befinden: Wie könnten wir eine Veranstaltung fair konzipieren, in der wir die Sponsoren, die Athleten, die TV-Rechte und die Organisatoren repräsentieren? Die Antwort lautetet .... mit Offenheit.

Wenn wir merken, daß es zu einem Interessenkonflikt kommen könnte, legen wir alle unsere Karten offen auf den Tisch. Diese vollständige Preisgabe ist unser Schutz. In jedem Fall, an den ich mich erinnern kann, haben wir unsere Mitarbeit nur unter der Bedingung zugesichert, daß jeder der Partner wußte, was der andere tat, wie und wo wir »ins Spiel« kamen und daß alle Kontroversen offen und unter Beteiligung und mit Wissen aller ausgetragen werden mußten.

Es ist wohl eine Ironie des Schicksals, daß nur Klienten auf unsere Mitarbeit verzichtet haben, die vom Interessenkonflikt der IMG *gehört* hatten, aber nie jemand, weil er davon betroffen war.

Eigentlich ist diese Beschuldigung ein verstecktes Kompliment, ein Zeichen dafür, daß wir es verstanden haben, unsere Erfahrungen und unser Wissen breit zu streuen.

12. Im Geschäft bleiben

Ich erinnere mich daran, was ein einstmals berühmter Komiker über das Auf und Ab in seiner Karriere zum besten gab: »Sie kennen doch den alten Spruch: »Seien Sie nett zu den Leuten auf Ihrem Weg nach oben, denn sie könnten Ihnen auf dem Weg nach unten wieder begegnen.« Stimmt nicht«, sagte er, »auf dem Weg nach unten treffen Sie ganz andere Leute.«

Ich glaube, genauso ist es mit dem Aufbau und der Leitung eines Unternehmens: die Schwierigkeiten, die dabei auftreten, sind völlig verschieden.

Generell liegt das Problem wohl darin, daß alles schwieriger wird. Es wird schwieriger, die Triebkraft des Unternehmens zu erhalten und seine Entwicklungsgeschwindigkeit und -richtung zu steuern. Es wird schwieriger, Entscheidungen zu treffen, weil so viele zusätzliche Faktoren berücksichtigt werden müssen. Es wird schwieriger, diese Entscheidungen in die Praxis umzusetzen, weil man nur selten mit den Leuten spricht, die sie realisieren.

Aber das bei weitem augenfälligste Problem besteht darin, daß die Strukturen und Systeme, die die Aufgabe haben, derartige Prozesse zu vereinfachen und für einen reibungslosen Ablauf zu sorgen, eben *die* Triebkraft abwürgen, deren Fortbestand sie eigentlich sichern sollten.

Die Beschaffenheit von Systemen

Ben Bidrell, heute Vizepräsident von Chrysler, früher Direktor der Ford-Verkaufsabteilung für Nordamerika, beschrieb einmal Fords Struktur und die Systeme, die sie stützen sollten, als eine »Sirup-Wand«: »Es geht nichts hinein, es kommt nichts heraus. Man kann nicht nach oben, man kann nicht seitwärts. Sogar für den Abstieg braucht man zwei Jahre.«

Ich meine, das war nicht nur ein Kommentar zu Ford, sondern mehr zur Beschaffenheit jedes etablierten Unternehmens. Während der Phase des schnellen Wachstums, wenn ein Unternehmen seine Größe jedes Jahr verdoppelt oder gar verdreifacht, trägt die Expansion normalerweise selbst zur Lockerung der Strukturen bei. Aber wenn es einen gewissen Reifegrad erlangt und die jährliche Wachstumsrate sich bei 15% oder 20% eingependelt hat, gelingt es diesen Systemen und Strukturen, Wurzeln zu schlagen, und sie beginnen, das Leben aus den Firmen, die sie »eingesetzt« haben, zu saugen.

Das ist die unheilvolle, kompromißlose Beschaffenheit von Systemen. Sie zwingen rücksichtslos alles in die »Knie«, insbesondere den gesunden Menschenverstand, und sie sind wohl auch der Hauptgrund dafür, daß es bisweilen geradezu absurd erscheint, für ein Unternehmen zu arbeiten. Es dauert Ewigkeiten, bis man es geschafft hat, etwas Neues in das System einzubringen, und wenn es einem gelungen ist, kann man es oft nicht wieder herausbringen.

John De Lorean erzählte mir einmal, kurz nachdem er Generaldirektor von Lincoln Mercury geworden sei, habe er an einer Verkaufskonferenz in Dallas teilgenommen; in seiner Hotelsuite fand er einen prachtvollen Früchtekorb von der Direktion vor.

Er machte einem Mitarbeiter gegenüber eine Bemerkung über die Größe und Üppigkeit des Korbes und daß er ein wenig belustigt gedacht habe: „Was – keine Bananen?"

Von dem Augenblick an ging bei General Motors das Gerücht um: »John De Lorean ist ganz versessen auf Bananen!« So oft er auch versuchte zu erklären, daß es sich nur um einen Scherz gehandelt habe – überall tauchten Bananen auf, in seinem Wagen, in gecharterten Flugzeugen, in Hotelzimmern, selbst bei Meetings – und verfolgten ihn durch seine gesamte Laufbahn bei Chevrolet.

Ein weiteres Problem entsteht dadurch, daß Systeme dazu beitragen, Verantwortung weiterzugeben, nach oben und unten weiterzuschieben, und wenn sie schließlich doch noch den erreicht, der sie tragen sollte, dann hat mit Sicherheit jemand vergessen, dem Betreffenden den Grund dafür zu sagen.

Anfang der 70er Jahre gehörte Lincoln Mercury zu den Vertragspartnern von Arnold Palmer, und ich schlug Gar Laux, dem damaligen General Manager von Lincoln Mercury, vor, wenn er Interesse habe, könnten wir ein paar Lincolns als Hintergrund in einer geplanten Fotoserie für die Sportbekleidung von Robert Bruce einbauen.

Gar war begeistert von dieser kostenlosen Werbung und meinte: »Sie brauchen uns nur zu sagen, wann und wohin wir Ihnen die Autos schicken sollen.«

Einige Wochen später erhielt der Leiter unserer Sportbekleidungs-

Abteilung einen Anruf von einem Lincoln-Angestellten, der wissen wollte, wohin sie die Modelle liefern und welche Farbe sie haben sollten. »Auf die Bermudas, heute in drei Wochen«, teilte ihm unser Mitarbeiter mit, und in bezug auf die Farbe, die eigentlich keine Rolle spielte, fügte er hinzu: »Farbe? Egal, was Sie gerade da haben. Wie wär's mit Marineblau oder Kastanienbraun?«

Ein paar Tage später kam ein Anruf von einem anderen Lincoln-Angestellten, der dieses Mal genau wissen wollte, wohin auf die Bermudas die Lieferung gehen sollte. »Wir mußten ein Flugzeug chartern«, sagte er, »weil unser Vertragshändler auf den Bermudas weder einen marineblauen noch einen kastanienbraunen vorrätig hat. Es gibt sowieso nur zwei an der geamten Ostküste, und das Flugzeug muß den braunen in Boston und den blauen in Washington abholen.«

Die meisten exzellent geführten Unternehmen sind sich derartiger systembedingter Pannen nicht nur bewußt, sie konzentrieren sich auch darauf, diesen »Würgegriff« zu lockern. Vielleicht hätte ich dabei von einem Harvard-Absolventen etwas lernen können, denn darauf hatte uns niemand vorbereitet. Wir mußten es ganz allein herausfinden.

Sich klein fühlen

In der Aufbauphase stürmte soviel auf uns ein, waren wir so beschäftigt, daß wir keine Zeit hatten, intensiv über Systeme, Organisationsformen und Strukturen nachzudenken, was eigentlich auch gar nicht notwendig war: was getan werden mußte, wurde getan, und daß es mitten im »Chaos« geschah, machte die Sache nur noch reizvoller.

Aber es wurde immer deutlicher, daß es so nicht weitergehen konnte, besonders, nachdem wir begonnen hatten, zu diversifizieren. Ich erkannte, daß mein Aufgabenbereich sich ebenfalls, fast in noch größerem Ausmaße, veränderte. Ich verbrachte immer mehr Stunden mit Verwaltungsproblemen, so daß kaum noch Zeit für andere Dinge übrigblieb.

Um mir die administrative Bürde zu erleichtern, Ordnung in das Durcheinander zu bringen und vernünftig und systematisch wachsen und expandieren zu können, mußte der Konzeption eines struktruellen Rahmens absolute Priorität eingeräumt werden.

Als wir uns zusammensetzten, um über Struktur- und Organisationsfragen zu diskutieren, wußte ich, daß wir unsere ursprüngliche Größe zwar nicht beibehalten konnten, aber den Gedanken, klein zu sein.

Es gibt im Geschäftsleben kein Gefühl, das sich mit diesem vergleichen ließe, wenigstens kenne ich keines aus eigener Erfahrung. Es ist nicht nur das Gefühl der Erregung, obwohl es zweifellos dazugehört, sondern vielmehr der Unmittelbarkeit und Bedeutung, die alle Dinge charakterisieren – das Empfinden, daß alles, was man tut, wirklich *zählt*, und das dazu anspornt, noch mehr zu leisten.

Auch ein gewisses Maß an Furcht spielt dabei eine Rolle, denn man kann sich schwerlich selbstgefällig geben, wenn man im stillen überlegt, ob man in sechs Monaten noch am gleichen Platz sitzt. Das verleiht allen Aktionen eine ganz besondere Spannung. Ich wollte, wenn möglich, eine bürokratische Struktur umgehen, die dieser Spannung abträglich sein würde.

In langsam wachsenden Unternehmen herrscht oft ein besonderer »Geist«, den man niemandem, der ihn nicht selbst erlebt hat, erklären kann. Ich glaube, das läßt sich am ehesten noch mit dem Gefühl vergleichen, das man als Mitglied einer Siegermannschaft hat: eine tiefe Befriedigung, die darauf zurückzuführen ist, daß man zu etwas Höherem als seiner eigenen Selbstverwirklichung beiträgt. In der Anfangszeit kamen Mitarbeiter, wenn Arnold oder Gary am Wochenende ein Turnier gewonnen hatten, Montag morgens so »aufgedreht« ins Büro, daß es buchstäblich einen Wettlauf zu den Telefonen gab. Mir war klar, daß mit dem Wachstum Leute zu uns stoßen würden, die einen Golfschläger nicht vom anderen unterscheiden konnten, ganz zu schweigen Interesse dafür bekundeteten, wer am Wochenende gesiegt hatte.

Ich wußte, dieser besondere Geist ließ sich nicht unversehrt, aber zumindest teilweise erhalten, und deshalb brauchten wir eine Struktur, die dieser Absicht entgegenkam. Der Schlüssel lag, meiner Meinung nach, darin, auch weiterhin klein zu denken, das Unternehmen so zu strukturieren, daß jeder das Gefühl hatte, ein wichtiges Zahnrad in seinem jeweiligen Getriebe zu sein.

Deshalb entschlossen wir uns, das Unternehmen in eine Gruppe von zwölf kleineren Unternehmen aufzuteilen, von denen jedes als eigenständiges, autonomes Profit-Center konzipiert war, das aber sowohl den anderen Mitgliedern der Gruppe als auch der Gruppe als Ganzem gegenüber zusätzlich bestimmte Verpflichtungen hatte. Die primäre Aufgabe unserer Golfabteilung z. B. bestand darin, Golf-Klienten zu repräsentieren.

Aber zu ihren übergeordneten Zuständigkeiten gehören alle mit dem Golfsport verbundenen Aktivitäten, die sich in spezifische Funktionen innerhalb unserer übrigen Unternehmen übertragen lassen, inklusive auf Unternehmensbereiche wie Mode, Fernsehen, Einkommens- und Anlageplanung oder Publikationen.

Eine solche Struktur würde die Unmittelbarkeit und Bedeutung der Rolle, die jedem einzelnen Mitarbeiter zukam, verdeutlichen. Darüber hinaus würden mit zunehmendem Wachstum die Querverbindungen den Bedarf an zusätzlichen Managementebenen, die die verschiedenartigen Aktivitäten innerhalb der Gruppe zu koordinieren hätten, verringern.

Das Ergebnis war eine Struktur, die weniger einer einzigen großen, als vielmehr einer Reihe von kleinen Pyramiden ähnelt. Zu Beginn waren einige dieser Pyramiden sehr klein; sie bestanden nur aus einer Führungskraft nebst Sekretärin. Im Laufe unserer Expansion wurden daraus größere Teams, die wiederum in Subunternehmen oder autonome neue Abteilungen aufgesplittert worden sind. Abgesehen davon funktionieren sie heute im Prinzip noch genauso wie zur Zeit ihres Entstehens.

Lassen Sie nicht zu, daß Strukturen Aktivitäten diktieren

Ein Unternehmen ist niemals rigide, sondern immer im Fluß begriffen und somit zu schnell veränderlich und formlos, um von bestehenden Systemen und Strukturen im Status quo gehalten zu werden. Sobald unsere Strukturen feststanden, begannen wir, sie zu ignorieren. Ich glaube, das ist eine der wohl größten Anforderungen an jedes Unternehmen – die standige Erkenntnis, daß man vorhandene Strukturen sprengen *muß*, um für Neues aufgeschlossen zu sein.

Auf diese Art und Weise hat IBM wohl seinen Peanut-Computer entwickelt. Man hat dort die fähigsten Mitarbeiter »zusammengetrommelt«, sie von lästigen Strukturen und Regeln entbunden und ihnen »Grünes Licht« gegeben. Ich denke, daß die meisten revolutionierenden technologischen und wirtschaftlichen Neuerungen zumindest im Kern außerhalb bestehender Strukturen entstanden sind.

Es gibst auch in unserem Unternehmen Mitarbeiter, denen exakt abgegrenzte Zuständigkeiten lieber wären. Selbst wenn sie die Bedeutung einer

Diskussion oder das Gesamtkonzept verstehen, brauchen sie einfach ihre Ordnung und Konformität mit dem System, und ihrem »Ja« folgt unweigerlich ein einschränkendes »aber«:, »Ja, *aber* von welchem Budget soll das kommen?«, »Ja, *aber* woher soll ich die Leute nehmen?«, »Ja, *aber* wer soll das überwachen?« Ich könnte mir vorstellen, daß einige Abteilungsleiter schockiert wären, wenn man ihnen mitteilen würde, ein paar ihrer wichtigsten Leute seien für ein besonderes Projekt abberufen worden.

Ein gutes Management muß dem internen wie externen Druck widerstehen, neue Projekte in alte Schablonen zu zwingen, nur weil diese Schablonen nun einmal vorhanden sind. Sobald ein Unternehmen nichts dagegen unternimmt, daß Strukturen seine Aktivitäten diktieren, ist es nur noch wenige Schritte von der völligen Stagnation entfernt.

Flexibel denken

Sie müssen die flexible Unternehmensstruktur Ihren Mitarbeitern »schmackhaft« machen, und das erreichen Sie nur mit Taten, nicht mit Worten. Ihre Angestellten brauchen sichtbare Beweise dafür, daß die Struktur nicht nur flexibel ist, sondern daß diese Flexibilität auch ihrem eigenen Vorteil und Interessen dient.

Von dieser Überlegung sind wir bei der ursprünglich linearen Struktur ausgegangen. Mir ging es darum, in der Lage zu sein, zwei Leute aus Unternehmen A und zwei aus Unternehmen B abzuziehen, um Unternehmen C aufzubauen; oder jemanden aus Unternehmen C mit einer Sonderaufgabe, die A, B und C betrifft, betrauen zu können.

Ich wollte, daß die Leute, die in dieser Struktur arbeiten, diese Flexibilität *spüren.* Ich wollte, daß sie wissen, wir probieren etwas Neues aus, gleichgültig, um wessen Idee es sich dabei handelt, wie direkt oder indirekt ihre Abteilung oder ihr spezifischer Aufgabenbereich davon betroffen ist. Ich wollte sie auch davon überzeugen: Wenn jemand eine brauchbare Idee hat, wird *er,* und niemand sonst sie in die Praxis umsetzen.

Unser Einstieg in die Organisation, die praktische Durchführung und die Fernsehaufzeichnung bestimmter Sportveranstaltungen kam uns dabei sehr entgegen, die Flexibilität unseres Systems zu *demonstrieren* und denen, die darin arbeiteten, ein *Gefühl* dafür zu vermitteln. Derartige Sportereignisse erfordern oft die Kooperation von sechs oder sieben

Unternehmensbereichen. Jeder unterscheidet sich vom nächsten, und obwohl wir zwischenzeitlich mehr als fünfzig ins Leben gerufen haben, müssen wir noch definieren, was sie sind, wer dafür verantwortlich ist und wie sie arbeiten sollten.

Im letzten Jahr haben wir eine »Hockey-Meisterschaft« zwischen einem lokalen Hockeyclub, den Hockey Hall of Famers und ehemaligen Stars der Boston Bruins kreiert. Sie fand in den ausverkauften Boston Gardens statt. Die Veranstaltung wurde zwar von unserer Teamsport-Abteilung, die auch die Spieler verpflichtet hatte, administrativ betreut, aber die Idee selbst stammte aus unserem Tennisbereich, der dann auch die Verantwortung für den Gesamtablauf trug.

Weil wir Flexibilität praktizieren statt predigen, sind wir, anders als so viele andere Unternehmen, wohl weniger ein Opfer unseres eigenen Systems. Als ich neulich Ben Bidwell gestand, daß ich an diesem Buch arbeite, sagte er: »Mark, Sie haben nur ein Geheimnis: IMG verbringt 90% seiner Zeit mit Geschäften und nur 10% mit Organisation.«

Sich das Recht auf Eigenmächtigkeit zugestehen

Als Vorstandsvorsitzender, Präsident und Gründer von IMG behalte ich mir das Recht vor, eigenmächtig zu handeln. Aufgrund der Unternehmensstruktur und der Flexibilität, die ich aufrechtzuerhalten versuche, übe ich dieses Recht sogar ziemlich häufig aus.

Unsere Mitarbeiter billigen nicht immer meine Entscheidungen, weil sie ihnen vielleicht unfair erscheinen oder nicht bestimmten Vorstellungen, die sie sich von der Arbeitsweise unseres Unternehmens gemacht haben, Rechnung tragen. Ich habe auch schon Entscheidungen getroffen, die für alle Beteiligten gleichermaßen unliebsam waren.

Dennoch fallen mir hundert Gründe ein, die für dieses Recht sprechen, und hundert Situationen, davon Gebrauch zu machen. Ich kenne u. U. spezifische Fakten, die einen Sachverhalt völlig verändern, aber noch ist der Zeitpunkt nicht gekommen, sie den anderen mitzuteilen. Ich muß vielleicht Entscheidungen fällen, die für die Gruppe langfristig gut sind, aber kurzfristig einen Unternehmensbereich hart treffen. Manchmal beeinträchtigt eine Entscheidung etwas, das für die Zukunft beabsichtigt war. Manchmal ermöglicht sie uns, zu bestimmen, ob wir uns für oder gegen etwas entscheiden.

Ich muß mir das Recht, eigenmächtig zu handeln, bewahren, weil es als

Leiter der Unternehmensgruppe der Firma selbst und folglich auch ihren Mitarbeitern gegenüber meine Pflicht ist, Wachstumschancen zu nutzen und unsere gemeinsame Zukunft zu sichern. Und die diesbezüglich besten Entscheidungen sind nicht immer die gerechtesten oder beliebtesten.

Lassen Sie nicht zu, daß Vorschriften Ihre Aktivitäten einengen

Wir versuchen ständig, unsere Vorschriften zu revidieren und auf den neuesten Stand zu bringen, die eine oder andere fallenzulassen oder hinzuzufügen, um sicherzugehen, daß unser Management mit der Entwicklung des Unternehmens Schritt hält. Unser Arbeitskreis für strategische Planung kommt zu diesem Zweck regelmäßig einmal im Vierteljahr zusammen, ich führe dabei selbst den Vorsitz, und da ich die Ergebnisse für so wichtig halte, stimme ich meinen Terminkalender möglichst darauf ab.

Wenn Strukturen für die Triebkraft eines Unternehmens eine Belastung darstellen können, dann sind veraltete, unangemessene Vorschriften ein Hemmschuh für den Geschäftsgang selbst. Das ist mir völlig klar, aber ich habe schon oft in anderen Unternehmen erlebt, daß lächerlich restriktive Regeln die Mitarbeiter daran hinderten, das zu tun, was sie tun wollten oder eigentlich tun sollten. Wenn man nach den Gründen für diese Vorschriften fragt, zucken die Vorstandsmitglieder die Achseln und geben zu, sich nicht daran erinnern zu können, oder wundern sich laut darüber, daß sie überhaupt existieren.

Ich habe kürzlich erst gelesen, daß ein Jogger in Palm Beach, Florida, verhaftet wurde, weil er auf einer Straße lief, die von Norden nach Süden führte. Offensichtlich hatte irgendein altgedienter Paragraphenreiter verfügt, daß nur auf Ost-West-Durchgangsstraßen gelaufen werden durfte.

Haarspaltereien wie diese tauchen dann und wann in den Zeitungen auf. Irgend jemand entdeckt einen obskuren, verstaubten Erlaß auf Kreis- oder sogar Bundesebene, der das Kaugummikauen in der Öffentlichkeit oder das Singen in Fahrstühlen verbietet. Wir lachen über die Absurdität solcher Gesetze und fragen uns, wer sich so etwas wohl ausgedacht hat. Aber ich möchte behaupten: Es gibt in vielen großen amerikanischen Unternehmen Vorschriften, die genauso absurd und antiquiert sind.

Ungeschriebene Gesetze in einem Unternehmen können ebenso bizarr sein und noch größeren Schaden anrichten. Man begegnet ihnen auf Schritt und Tritt: die große Gefahr besteht darin, daß sie genauso wie geschriebene beachtet werden. Ich habe einen Freund, der ein kleines Unternehmen leitet. Er hat es sich zur Gewohnheit gemacht, alle offenen Rechnungen innerhalb von fünfzehn Tagen zu begleichen. Er versuchte damals, sich in ein anderes Geschäft einzukaufen und hatte sich dazu einen beachtlichen Bankkredit besorgt. Als das Geld eintraf, hielt er sich gerade in Europa auf, und als er drei Wochen später in sein Büro zurückkam, mußte er entdecken, daß seine Buchhaltungsabteilung alle seine Gläubiger mit diesem Kredit befriedigt hatte.

Die Vorschriften, die ich für ganz besonders kurzsichtig halte, sind die »Präzedenzfälle«, nach denen man sich richtet: dieser Wunsch eines Unternehmens, eine unwichtige eingefahrene Maßnahme zu verteidigen, führt oft dazu, daß eine große Chance vertan wird.

Als wir 1960 versuchten, Arnolds Zubehörvertrag mit Wilson Sporting Goods auszuhandeln, hatten meine Vertragspartner bei Wilson und ich viel Zeit und Mühe darauf verwandt, eine Versicherungsklausel, die für beide Seiten befriedigend war, auszuarbeiten. Ein Wilson-Mitarbeiter warnte uns, daß diese Klausel niemals von Judge Cooney, dem ein wenig verschrobenen alten Chef der Wilson Meat Packing Company, gebilligt würde, weil es dafür keinen Präzendenzfall gab. Wenn man Arnold dieses Privileg gestattete, müßte man es auch allen anderen Wilson-Mitarbeitern zugestehen (unser Versicherungsexperte schlug als Antwort darauf in einem wunderbar formulierten Brief vor, daß Wilson es *in der Tat* allen qualifizierten Angestellten zugestehen sollte, wobei er unter qualifiziert verstehe, daß sie im gleichen Jahr das Masters-Turnier und die US Open gewinnen würden!).

Der Wilson-Mitarbeiter sollte recht behalten: Judge Cooney weigerte sich, den Vertrag zu unterzeichnen, und die Versicherungsklausel war einer der Hauptgründe. Dadurch erhielt Arnold die Möglichkeit, seine eigene Firma zu gründen. Nach meiner Schätzung dürfte das Fehlen eines Präzedenzfalles Wilson einige Millionen gekostet haben.

Das wohl seltsamste Erlebnis mit einer wirklich bizarren Firmenpolitik hatte ich Anfang der 70er Jahre: Bei General Motors war es tabu, sich finanziell an Autorennen zu beteiligen. Gleichzeitig unterstützten sie diesen Sport aber indirekt, denn die Bedeutung, die er für die Autoindustrie hatte, war unübersehbar.

Pete Estes, der damals General Manager von Chevrolet war (und später Vorstandsvorsitzender von GMI), und Chevrolets Werbeagentur, Campbell-Edwards, hatten sechs Monate lang mit uns zusammengearbeitet, um ein äußerst komplexes Geschäft mit Jean-Claude Killy abzuschließen. Kern des Abkommens war eine Fernsehserie mit Killy als Star, von Chevrolet finanziert, das aber auch eine Anzahl anderer Vertragsbedingungen vorsah: z. B. mußte Killy sich verpflichten, in dem wohl berühmtesten und härtesten vierundzwanzig Stunden dauernden Rennen von Le Mans einen Corvette zu fahren.

Killy war begeistert, aber mir war schon das Gerücht zu Ohren gekommen, daß bei Chevrolet in Detroit nicht alles zum Besten stand.

Der Vorstand von GM hatte verfügt, daß Killy in Le Mans unter keinen Umständen einen Corvette fahren dürfe und daß Chevrolet, wenn nötig, die vertraglich vereinbarte Summe zahlen und den Vertrag annullieren sollte. Für Chevrolet eine denkbar peinliche Situation, und man bot uns an, alle weiteren Kosten, die sich aus dem Vertrag ergaben, zu tragen und sechs weitere Fernsehshows und sogar Killys Einsatz in Le Mans zu finanzieren, solange er nicht mit einem Corvette an den Start ging.

Killy nahm in diesem Jahr am Rennen in Le Mans teil und erfüllte seine Verpflichtung gegenüber Chevrolet – er fuhr einen Porsche.

Unkonventionell führen

Ein etabliertes Unternehmen führen bedeutet nicht nur, ständig aus archaischen Strukturen auszubrechen und veraltete Vorschriften zu ignorieren. Man muß auch bewußt, aktiv und vehement eine Bresche in die Konventionen und tradierten »Weisheiten« eines Unternehmens schlagen.

Man macht es sich zu leicht, wenn man sagt: »Das hat vorher doch auch geklappt«, oder »das haben wir schon immer so gemacht«! Es ist ein Fehler, sich geistig so abzuschotten, daß man automatisch alle ungewöhnlichen oder neuen Methoden ablehnt.

Unternehmen sind von Natur aus konservativ. Der Mensch mißtraut Veränderungen, besonders in seiner Arbeitswelt. Er möchte das Gefühl haben, daß sein Unternehmen in fünf Jahren noch genauso aussieht wie heute.

Darum ist ein Ausbruchsversuch immer ein Kampf gegen Windmühlen. Die Ironie dabei ist, daß ein etabliertes Unternehmen neue Triebkraft daraus gewinnt, daß es gegen die alte Triebkraft »angeht«.

Haben Sie schon bemerkt, daß die am besten geleiteten Unternehmen alle unkonventionell geführt zu werden scheinen? Jedesmal, wenn man in einer Zeitung einen Artikel über sie findet, führt man ihren Erfolg darauf zurück, daß sie Regeln brechen und nicht befolgen, daß sie die Selbständigkeit ihrer Mitarbeiter, Abteilungen und Unternehmensbereiche fördern und nicht einzuschränken versuchen; daß sie konventionelle Weisheiten ignorieren anstatt sie zu verewigen.

Führen Sie unkonventionell. Sehen Sie sich nicht nur nach Möglichkeiten um, das Unerwartete zu tun – schaffen Sie sie. Leiten Sie Veränderungen zielstrebig und mit Elan ein. Machen Sie »führen« zu einem aktiven Verb.

Kürzlich bot sich mir die Gelegenheit, den Leiter eines unserer wichtigsten Unternehmensbereiche, des Internationalen Fernsehprogramm-Vertriebs, dem auch die Vergabe der TV-Rechte für viele der bekanntesten Sportveranstaltungen obliegt, abzulösen. Es gab in der Fernseh-Abteilung viele geeignete Kandidaten, aber ich entschied mich für einen Mitarbeiter aus unserem Skisport-Bereich.

Das gab uns die Möglichkeit, neue, unerwartete Wege einzuschlagen, mit dem Ergebnis, daß sich in der Folgezeit der Gewinn in dieser Sparte beträchtlich erhöhte.

Vertrauensvoll führen

Es ist die Fähigkeit zu delegieren, die mehr noch als alles andere den guten vom schlechten Manager unterscheidet.

Delegieren ist der Prozeß, Mitarbeiter »aufzubauen«, um die eigene Verantwortlichkeit abzubauen. Das klingt einfach, ist es aber selten, denn unser Geltungsbedürfnis steht dabei im Weg. Man möchte lieber als Autorität anerkannt werden, als die Autorität seiner Mitarbeiter oder ihr Fachwissen anzuerkennen.

Es ist auch schwierig, was auch wieder auf die Persönlichkeitsstruktur zurückzuführen ist, Verantwortung abzugeben. Die meisten Menschen beharren darauf, daß sie etwas besser als andere können, oder sie fürchten, wenn sie eine Aufgabe oder Verantwortung delegieren, für die Firma nicht mehr so wichtig zu scheinen.

Man muß Vertrauen haben, um eine gute Führungskraft zu sein – Vertrauen zu seinen Mitarbeitern und sich selbst, um die Probleme, die sich aus der eigenen Psyche ergeben, zu bewältigen.

Der Mensch ist nun einmal so beschaffen, daß er die Früchte seiner Arbeit sehen, die »Erde« zwischen seinen Fingern fühlen und lieber Aufgaben übernehmen will, die nicht nur greifbare Resultate hervorbringen, sondern selber auch greifbar sind. Führungskräfte müssen auf andere Formen der Befriedigung zurückgreifen: Sie haben in erster Linie die Aufgabe, ihren Mitarbeitern bei ihrer beruflichen Entwicklung zu helfen und ihnen Verantwortung zu übertragen. Ihre Selbstverwirklichung besteht darin, andere anzuleiten, zu führen und zu überwachen.

Delegieren Sie, was Sie können, und nicht, was sie wollen

Wir haben mehrere Führungskräfte, die sich immer noch mit Aufgaben befassen, die sie schon vor langer Zeit delegiert haben sollten. Damit vergeuden sie nur kostbare Arbeitszeit, denn ihre Mitarbeiter könnten diese »Pflichten« genausogut übernehmen ... wozu z. B. auch gehört, daß sie jedes Jahr ein paar Tage an einem malerischen Ort verbringen, sich um die Topmanager unserer Klienten kümmern, sie bewirten oder unsere Fernsehshows produzieren. In meinen Augen handelt es sich dabei nicht um »Pflichten«, sondern um Privilegien, die sie sich selber zugestanden haben.

Im Gegensatz dazu besteht die Tendenz, unangenehme Dinge so schnell wie möglich weiterzugeben. Man könnte sagen: »Je unliebsamer eine Arbeit, desto weiter nach unten wird sie delegiert.« In einem der ersten Werbespots von Federal Express wurde ein Paket von einer Ebene eines Unternehmens zur nächst tieferen weitergereicht. Die Person, die es schließlich aufgeben mußte, war vom Anfang der Kette mindestens sechs Positionen entfernt. Als ich diese Werbung zum erstenmal sah, dachte ich: »Zum Glück bin ich nicht der Mann an der Spitze dieses Totems.«

Viele Menschen delegieren – oder unterlassen es – aus den falschen Gründen. Sie halten an einer Aufgabe fest, weil sie sie gern übernommen haben, übernehmen würden oder Angst haben, sie nicht zu übernehmen;

und sie übertragen eine andere, weil sie ihnen unangenehm oder unter ihrer Würde ist – oder sie sich ausgerechnet haben, daß sie ihre Zeit sinnvoller nutzen könnten.

Es gibt vieles zu bedenken und abzuwägen, wenn man entscheidet, was man delegieren sollte und was nicht.

Als wir gerade Arnold Palmer unter Vertrag genommen hatten, rief er – wenn er ein Paar neue Golfschuhe nach Houston nachgeschickt haben wollte – nicht den Schuhhersteller, nicht den Leiter unserer Golf- oder Zubehörabteilung, nicht dessen oder meine Sekretärin an – sondern mich. Und aus Loyalität und wegen der Bedeutung dieser Beziehung für unser Unternehmen fühlte ich mich verpflichtet, mich darum zu kümmern.

Das erwähnte ich einmal gegenüber Lew Wasserman, dem Vorstand von MCA und einem meiner ersten Mentoren. Ich war angenehm überrascht, als er mir recht gab: »Als Jules Stein 1924 MCA gründete«, erzählte er mir, »war sein erster Klient der Bandleader Guy Lombardo. Dreißig Jahre später war MCA unter Jules Leitung zu einem Giganten der Unterhaltungsindustrie aufgestiegen. Aber wenn Lombardo anrief, sprach Jules immer persönlich mit ihm. Ich erinnere mich daran, daß wir nicht mit einer Konferenz anfangen konnten, weil Guy Lombardo am Telefon von ihm wissen wollte, welche Arrangements er in der Mitternachts-Show auf dem Dachgarten des Roosevelt-Hotels in New Orleans spielen sollte.«

Experten anheuern

Wasserman und ich unterhielten uns auch über MCAs Aufstieg zu einem Milliardenkonzern, über IMGs Expansionsaussichten und wie man unser Wachstum durch geschicktes Delegieren vereinfachen könne.

Mit dem Zuwachs an Klienten konnte man nicht von mir erwarten, daß ich mich persönlich um die Beschaffung jedes einzelnen Golfschuhs, Tennisschlägers oder Skis kümmern konnte. Das scheint einleuchtend, aber wenn es um die Repräsentation von Athleten ging, die zu den Weltbesten gehören, mußte ich feststellen, daß das für sie nicht immer selbstverständlich war. »Stellen Sie doch ein paar echte Experten ein«, riet mir Wasserman, »und verkaufen Sie nicht sich selber, sondern Ihr Unternehmen.«

Ich glaube zwar nicht, daß jeder Mitarbeiter, den wir eingestellt haben, mehr weiß als ich, aber ich muß gestehen, daß ich meine Fachkenntnisse, was Mode, Tennis, Fernsehen, Skisport, Football usw. betrifft, nicht unbedingt mit denen der Leute messen möchte, die diese Bereiche für uns leiten. Und ich bin ehrlich davon überzeugt, daß meine Klienten bei ihnen besser aufgehoben sind als bei mir. Das macht es mir natürlich leicht, primär unsere Firma und weniger mich selbst »in die Waagschale zu werfen«.

Eines der Probleme beim Delegieren besteht darin, daß Manager sich manchmal für führende Sachverständige anstatt für sachverständige Führungskräfte halten. Stellen Sie deshalb Ihren Arbeitsbereich und nicht Ihre Person in den Vordergrund, und Sie werden feststellen, daß man außerhalb des Unternehmens eher bereit ist, mit Ihren Untergebenen zusammenzuarbeiten. Je mehr Profil Sie Ihren Leuten gestatten, desto profilierter wirken Sie als Manager. Das ist auch weit weniger masochistisch.

Fünf Stunden opfern, um fünf Minuten einzusparen

Vor einigen Monaten nahm ich an einem Tennisturnier teil, bei dem Doppel zwischen Profis und Amateuren ausgetragen wurden. Bevor wir auf den Platz gingen, hörte ich zufällig ein Gespräch zwischen unseren Gegnern. Der Profi, einer der führenden der Weltrangliste, sagte zu seinem Amateuer-Partner: »Willst du gewinnen oder nur ein bißchen Tennis spielen?«

Der Amateur, sichtlich eingeschüchtert, antwortete ziemlich einfallslos: »Gewinnen natürlich.«

»Fein«, meinte der Profi, »dann gehst du am besten nach dem Aufschlag.«

Das war vielleicht für den Profi die beste Art, dieses Match zu gewinnen, aber das dürfte bei dem harten Konkurrenzkampf auf lange Sicht wohl kaum die beste Unternehmensstrategie sein, ein starkes Team für ein »Doppel« aufzubauen.

Ich habe mich damals darüber amüsiert, aber gibt es nicht viele, die sich genauso verhalten? Sie tun lieber etwas selber, als daß sie anderen beibringen, etwas für sie zu tun. Sie glauben, sie könnten noch mehr leisten, wenn ihnen niemand im Wege stünde.

Ich fragte kürzlich einen unserer Manager, wie sein neuer Mitarbeiter sich entwickle. »Ganz gut«, antwortete er, »aber im Augenblick ist es noch ziemlich frustrierend. Ich brauche fünf Stunden, um ihm etwas zu erklären, was ich in fünf Minuten selber erledigen könnte.«

Diese Bemerkung zeigt:

1) Die größte Hürde für effektives Delegieren.
2) Eine wesentliche Ursache für unbegründete Vorurteile gegenüber Untergebenen.
3) Die Bedeutung einer guter Ausbildung.
4) Die Notwendigkeit, gut ausgebildete Mitarbeiter zu *halten*.
5) Einen triftigen Grund, warum manche Unternehmen nicht wachsen.

Glücklicherweise verstand unser Mitarbeiter die Logik des Delegierens, obgleich sie ihn frustrierte. Die fünf Stunden, die er jetzt opferte, konnten ihm in Zukunft hundert Stunden einsparen.

Viele Führungskräfte können mit dieser arithmetischen Gleichung nichts anfangen. Entweder unterschätzen sie den Wert der Ausbildung oder es mangelt ihnen an Geduld. Manche, glaube ich, haben einfach nicht begriffen, daß sie sich selbst mehr Freiraum für wichtigere Aufgaben und größere Verantwortung schaffen, wenn sie anderen beibringen, ihre Aufgaben zu übernehmen.

Diese Manager bleiben in aller Regel im mittleren Management. Sie sind viel zu sehr damit beschäftigt, all die Aufgaben zu erledigen, die sie schon lange hätten übergeben sollen, und zu »unentbehrlich«, um in ihren Unternehmen Karriere zu machen.

Führungsphilosophien sind nur beschränkt wirksam

Die meisten Führungsphilosophien, die Sie aus Büchern oder Seminaren kennen, sind nur beschränkt wirksam. Sobald der menschliche Faktor eine Rolle spielt – also Ego und Persönlichkeit –, erweisen sich auch die sinnvollsten Theorien als unhaltbar. Es ist wie bei dem Kinderspiel: »Papier, Schere, Stein«: Führungsphilosophien und -theorien werden immer von der Realität übertrumpft.

Die einzig brauchbare Philosophie ist diejenige, die, im Gegensatz zu anderen, der Maxime Rechnung trägt: flexibel sein und nach Beständigkeit streben.

Flexibilität ist der Begriff, der für meine Führungsmethode wohl am ehesten charakteristisch ist. Ich habe festgestellt, daß ich, sobald ich etwas zum Credo erhoben habe, unweigerlich auf Menschen oder Informationen stoße, die meine »bequemen« Überzeugungen in Frage stellen.

Wenn IMG immer noch an seinem ursprünglichen »Glaubensbekenntnis« festhalten würde, hätten wir heute weder Modellagenturen noch eine Teamsport-Abteilung.

Aber Flexibilität bedeutet nicht nur, Ihr Unternehmen von Zeit zu Zeit neu zu konzipieren. Sie muß auf alle Führungstechniken ausgedehnt werden, angefangen dabei, wie oft Sie Ihre Vorschriften überprüfen bis hin zu der Bereitwilligkeit, mit der Sie Ihren Mitarbeitern zuhören.

Als Unternehmensgruppe sind wir so dezentralisiert und in alle Welt verstreut, daß unsere Manager anfangs gebeten wurden, wöchentlich über ihre Aktivitäten Bericht zu erstatten – ähnlich den Arbeitslisten der Anwälte – mit Kopien an alle, die davon in irgendeiner Weise betroffen waren. Ich hielt und halte es auch heute noch für eine gute Idee, aber es stellte sich heraus, daß diese Reports alles andere als beliebt waren. Die meisten Manager hielten sie für zeitraubend; und während sie von manchen als Waffe eingesetzt wurden, hatten sie für andere eine Alibifunktion. Die gute Idee erwies sich als Flop. Deshalb führten wir eine Berichterstattung im Abstand von zwei Monaten ein.

Flexibilität ist wohl mehr als ein Führungsmodell: Wenn man bereit ist, auf seine Mitarbeiter einzugehen, kann sie eine Verpflichtung sein.

Nach Beständigkeit streben

Ich glaube, den meisten Unternehmen wäre eine langsame, vernünftige Wachstumsrate lieber als eine Verdoppelung ihrer Größe im ersten und finanzielle Verluste im nächsten Jahr. Niemand kann auf lange Sicht diese schizophrene Entwicklung in den Griff bekommen, und es wäre auch nicht ratsam, es zu versuchen. Das wichtigst Ziel, das sich ein Unternehmen neben der Rentabilität setzen sollte, ist wohl die Beständigkeit.

Wenn man Flexibilität als Mittel betrachtet, ist die Beständigkeit – sowohl der Leistungen als auch des Wachstums – das Ziel. Das sieht zunächst wie ein Widerspruch aus. Wie kann man flexibel und gleichzeitig beständig sein? Die Antwort ist, daß sich beides nicht nur ergänzt, sondern daß ein flexibles Management die Beständigkeit geradezu garantiert.

Mangelnde Flexibilität führt zu Fehlverhalten. So manches Unternehmen klammert sich viel zu lange an veraltete Regeln und überholte Verfahren. Dann wacht plötzlich irgend jemand auf, reagiert übereilt und schafft *alle* Regeln ab. Das führt zu extremer Verunsicherung.

Um Beständigkeit zu erreichen, muß man sich selber konsequent verhalten. Selbst wenn jemandem nicht paßt, was Sie zu sagen haben, sollte er wissen, warum Sie es sagen mußten.

Ich habe versucht, konsequent hervorzuheben, was ich für wichtig bzw. unwichtig halte. Darin liegt ein gewisser Trost. Widersprüche im Führungsverhalten wecken nur unnötige Ängste bei denen, die geführt werden. Es gibt genügend berechtigte Ängste, ohne daß Sie ihnen noch eine weitere durch Ihre Inkonsequenz hinzufügen.

Es gibt sicher einiges, das den Leuten, die für uns arbeiten, an meiner Art der Unternehmensführung mißfällt. Das ist wohl in jeder Firma so, die nicht von Ausschüssen, sondern von einem einzelnen Mann geleitet wird. Aber das, was ihnen daran nicht paßt, hat ihnen auch schon vor zehn Jahren nicht behagt.

Umgang mit Mitarbeitern

Das Bemühen, konsequent zu führen, enthält einen weiteren scheinbaren Widerspruch, der in meinen Augen das Management geradezu zu einem »Drahtseilakt« macht: Was passiert, wenn Firmenpolitik und Persönlichkeit aufeinanderprallen? Mit anderen Worten, was können Sie tun, damit sich die für Sie arbeitenden Menschen, die von Natur aus zur Widersprüchlichkeit neigen, konsequent verhalten?

Im Grunde ist nicht der Mensch inkonsequent, sondern sein Verhalten.

Wenn ein Mitarbeiter jede Woche eine andere Meinung über seine Arbeit äußert, sagt das wenig über seine tatsächliche Einstellung oder ihre wahre Beschaffenheit aus. Er schöpft daraus entweder zuviel oder zuwenig Befriedigung, je nachdem, wie viele »Verschnaufpausen« ihm bleiben oder welche Resultate er sieht. Konsequentes Führungsverhalten erfordert, soweit es sich auf Mitarbeiter bezieht, »ständig unbeständig« zu sein: Manchmal muß man jemanden »aufbauen«, manchmal ihn »auf den Boden zurückholen«.

In neuester Zeit wurde viel über den Erfolg mitarbeiterorientierter Unternehmen gesagt oder geschrieben. Dabei ist oft die Rede von »Teamgeist« oder der »großen Familie« und Slogans wie »Zuerst die Menschen, dann der Profit!« Damit wird angedeutet, daß man als Führungskraft nur etwas erreicht, wenn man seine Mitarbeiter durch positive Motivation zu Höchstleistungen anregt.

Das glaube ich einfach nicht, und ich habe das Gefühl, daß es vielen, auch wenn sie gerne daran glauben möchten, ähnlich ergeht. Wenn alle Menschen gleich wären und die gleichen Ziele hätten, ergäbe das eher einen Sinn. Aber in Wirklichkeit ist das nur die halbe Lösung.

In der Realität ist nicht jeder auf dieselbe Art motivierbar oder spricht auf dieselbe positive wie negative Art der Verstärkung an. Selbst Mitarbeiter mit gleichbleibendem Leistungsniveau haben ihre Höhe- und Tiefpunkte.

Mein Umgang mit Mitarbeitern wird von vier allgemeinen Grundsätzen bestimmt:

1) Ich zahle ihnen, was sie wert sind.
2) Ich lasse sie spüren, daß sie wichtig sind.
3) Ich halte sie an, selbständig zu denken
4) Ich trenne zwischen Berufs- und Privatleben.

Zahlen Sie ihnen, was sie wert sind

Nur wenige Leute sind schon bei ihrem Eintritt in ein Unternehmen von großem Wert. Fast jeder wird anfangs überbezahlt, aber die Mehrkosten sind eine Investition in den Mitarbeiter und in die Zukunft. Wir zahlen am Anfang nicht übermäßig gut, sondern legen Wert darauf, daß sich unsere Leute erst einmal bewähren. Danach steigt das Gehalt beachtlich. Da ich das Glück hatte, schon in jungen Jahren gut zu verdienen, habe ich keine Vorbehalte, daß auch unsere jungen Mitarbeiter ein gutes Gehalt beziehen. Aber vorher müssen sie zeigen, was sie leisten, und daß sie ihr Geld auch wert sind.

Es ist absolut notwendig, bei der Gehaltsbemessung den persönlichen Faktor vom tatsächlichen Wert einer Arbeit und der realen Leistung zu trennen. Wenn der Mitarbeiter z. B. aufgrund einer Unternehmensentscheidung Gutscheine einer Fluglinie* erhält, die er privat verwenden

* Incentive-Programm der meisten amerikanischen Fluggesellschaften, wonach, abhängig von den jährlich geflogenen Kilometern, Boni erteilt werden.

kann, sollten Sie sicherstellen, daß er das als Teil seiner Vergütung anerkennt. Er sollte es zu schätzen wissen, wenn er einen Urlaub mit einer Geschäftsreise verbinden kann, bzw. umgekehrt, was der Urlaub gekostet hätte, wäre nicht die Geschäftsreise gewesen. Sorgen Sie dafür, daß er es nicht vergißt, wenn er anfängt, sich darüber zu beklagen, daß er nicht genug verdient.

Ich versuche, eine dynamische Wechselbeziehung zwischen meinen Mitarbeitern und mir aufrechtzuerhalten. Als Arbeitgeber habe ich mich stets bemüht, mit Lohnnebenleistungen großzügig zu sein. Aber mir ist daran gelegen, daß auch meine Mitarbeiter das wissen.

Lassen Sie sie spüren, daß sie wichtig sind – aber motivieren Sie positiv wie negativ

Es ist wichtig, seine Mitarbeiter aufzubauen, den Wert ihrer Arbeit und ihre Leistungen anzuerkennen. Die Anerkennung sollte offen, für Kollegen und Außenwelt sichtbar, erfolgen. Dabei sollten Sie den »Wir«-Aspekt der Situation verdeutlichen. Betonen Sie, daß es in erster Linie um das Unternehmen und dann erst um den persönlichen Erfolg geht. Es gibt nichts Schlimmeres als Mitarbeiter, die ein Lob einheimsen, das eigentlich ihren Untergebenen oder Assistenten zugestanden hätte.

Auch wenn Sie mit Anerkennung nicht geizen, sollten Sie nicht zulassen, daß sich Ihre Mitarbeiter auf ihren Lorbeeren ausruhen, daß sie selbstgefällig werden und das Gefühl haben, eine Glanzleistung pro Woche genüge, um ihnen in Zukunft alles durchgehen zu lassen.

Manchmal kann man Mitarbeiter motivieren, indem man sie auf kleinere Unzulänglichkeiten hinweist, um ihnen bessere Leistungen abzuverlangen. Das nenne ich negative Motivation.

In der Realität gehört es, wenn man »auf Sieg spielt«, dazu – wie Ihnen jeder Football-Trainer bestätigen wird – daß man gelegentlich das Selbstvertrauen des Teams erschüttert und den Spielern einen »Dämpfer« aufsetzt. Das kann sogar bis zur Einschüchterung gehen: »Schaffen Sie es wirklich?« oder »Sind sie gut genug, um in dieser Mannschaft zu spielen?«

Wie in den meisten Unternehmen haben unsere Mitarbeiter nicht nur einen Arbeits- oder Verantwortungsbereich. Wenn sich jemand ganz besonders mit einer Leistung brüstet, bringe ich mitunter etwas zur

Sprache, was nicht ganz so gut ist. Wenn jemand mit sich selber unzufrieden ist, fällt es mir allerdings auch nicht schwer, etwas zu finden, das ich loben kann.

Die meisten Leute, die wirklich Interesse an ihrer Arbeit haben – wie wohl alle unsere Mitarbeiter, glaube ich – befinden sich ständig auf einer emotionalen Berg-und-Tal-Fahrt. Konsequentes Führungsverhalten und beständige Leistungen bei seinen Mitarbeitern erreicht man, indem man die Talsohle »auffüllt« und dann und wann die Bergspitze »abträgt«.

Vor kurzem habe ich eine sehr herbe Kritik an einer TV-Serie, die wir produzieren, gefunden. Obwohl ich die Sendung nicht selber gesehen hatte, schickte ich den Zeitungsausschnitt an unsere Fernseh-Abteilung mit der folgenden Kurznotiz: »Wenn die Kritiken, die wir bekommen, alle so aussehen, sollten wir unser altes Konzept schleunigst zerreißen und ein neues finden.«

Ich bin der Ansicht, daß man darauf achten sollte, seine Mitarbeiter ständig leicht aus dem »Gleichgewicht« zu bringen, selbst wenn das gelegentlich unfair scheint. Man muß ihnen Fehler vor Augen halten, selbst wenn diese erst erraten werden müssen.

Zu den größten Feinden etablierter Unternehmen gehört die Selbstgefälligkeit. Man muß den »Biß« erhalten; Leute, die sich zu sicher fühlen oder zu selbstzufrieden sind, verlieren ihn leicht.

Ich halte es für notwendig, daß sich unsere Leute anstrengen müssen, um »gut genug« für uns zu sein. Wenn jemand auf einen Vertragsabschluß besonders stolz ist, lobe ich ihn, aber ich frage ihn gelegentlich auch: »Wer hat denn die Auslandsrechte?« oder »Warum haben wir nicht das und das getan?« Oder ich bringe etwas zur Sprache, das ihn veranlaßt, sich zu fragen: »Warum ist *mir* das nicht eingefallen?« was ihn weniger selbstgefällig, von sich überzeugt oder selbstzufrieden zurückläßt.

Es gibt Momente, wo genau das Gegenteil angebracht ist, wo man jemanden aufbauen, ihm auf den Rücken klopfen, die Dinge mit ihm zusammen in die richtige Perspektive rücken muß.

Ich habe vor nicht allzu langer Zeit mit einem unserer Mitarbeiter gesprochen, der gerade eine echte Pechsträhne hatte. Einer seiner Klienten, ein bekannter Sportler, hatte schon seit sechs Monaten gedroht, sich von uns zu trennen. Und er war gerade vom Orange Bowl-Footballspiel zurückgekommen, wo er versucht hatte, den Gewinner des Heismann-Pokals, Mike Rozier, unter Vertrag zu nehmen. Wir hatten mündliche Zusagen von ihm und seiner Familie, aber es schien so, als ob er – obwohl er es später bestritt – Geld von einem Agenten erhalten hatte, der damit drohte, dies an die Öffentlichkeit zu bringen, wenn Rozier nicht bei ihm unterschrieb.

Überflüssig zu sagen, daß der Mitarbeiter, der Monate geopfert hatte, um diese beiden auf ehrliche und anständige Weise als Klienten zu gewinnen bzw. zu halten, völlig deprimiert war. Ich versuchte ihm klarzumachen, daß er mit seiner Arbeit ungeachtet des Resultats zufrieden sein könne, daß niemand uns dazu bringen würde, unethisch zu handeln und daß seine Integrität von viel größerem Wert für unser Unternehmen sei.

Halten Sie Ihre Mitarbeiter an, selbständig zu denken oder die »Ungefähr-so«-Managementmethode

Manche Leute behaupten, mein »Führungsstil«, wenn Sie es so nennen wollen, bestehe darin, unsere Mitarbeiter auf allen Unternehmensebenen zum selbständigen Denken zu ermutigen. Ich glaube an diese Methode – sie wirkt bis hinunter zur Basis.

Wenn ein Mitarbeiter mit einem spezifischen Problem zu mir kommt, antworte ich oft ganz unspezifisch: ». . . Als wir den-und-den Vertrag mit dem-und-dem ausgehandelt haben, haben wir in etwa gesagt, daß wir dieses-und-jenes machen würden, wenn sie das-und-das tun könnten. Wäre es nicht vielleicht auch . . . irgendwie . . . so und so . . .?«

Sokrates und Harvard mögen mir verzeihen – aber »ungefähr so« funktioniert diese Methode.

Vor ein paar Jahren hatten wir versucht, einen englischen Fernsehstar unter Vertrag zu nehmen; der damit befaßte Mitarbeiter hatte Schwierigkeiten, bestimmte Klauseln festzulegen, weil der prospektive Klient Einwände gegen die Höhe unserer Provision erhob. Er fragte mich, wie er sich verhalten solle. Ich machte ihm drei oder vier Vorschläge – vom Nachgeben bis hin zur Position der Härte, wobei das Risiko, den Klienten zu verlieren, einkalkuliert werden mußte – und erinnerte ihn daran, daß wir einem Klienten, da wir wußten, er würde mit unserer Arbeit zufrieden sein, schon einmal vorgeschlagen hatten: »Lassen Sie uns die Honorarfrage später klären und uns erst einmal für Sie arbeiten. Dann können Sie uns zahlen, was Sie für angemessen halten.«

Aus diesem Lösungsvorschlag ging eindeutig hervor, wie *ich* es gemacht hätte; aber ich ließ letztlich die Entscheidung so im Raum stehen, daß er glauben mußte, es handele sich um seine Idee und nicht um meine.

Wir konnten übrigens den Klienten gewinnen.

Trennen Sie zwischen Berufs- und Privatleben

Ich bin überzeugt, daß es besser ist, die außerberuflichen Kontakte mit seinen Mitarbeitern auf ein Minimum zu beschränken. Ich werde nie vergessen, wie Arnold Palmer, der wohl einer der nettesten Menschen ist, die ich kenne, einen Privatpiloten einstellte, der beruflich zwar einen hervorragenden Eindruck machte, aber nicht gerade ein Mensch war, mit dem man seinen freien Abend verbringen, geschweige denn, den man zu einer beruflichen Besprechung mitnehmen würde. Arnold war einfach nicht in der Lage, ihm zu sagen: »Also, dann bis morgen.« Er glaubte, das sei unhöflich und beleidigend für den Mann. Dann hatten wir eine Besprechung mit einem Spielehersteller aus Kansas City, an der auch der Pilot teilnahm – und seinen Kommentar zu dem Spiel und dem Vertragsentwurf abgab. Ich werde nie Arnolds Gesichtsausdruck vergessen. Ich muß wohl nicht sagen, daß dieser Mann das letzte Mal privat mit uns zusammen war oder an einer Geschäftsbesprechung teilnahm.

Freundschaften innerhalb eines Unternehmens sind auch nicht empfehlenswert. In der Anfangszeit, als unsere Firma nur aus wenigen Mitarbeitern bestand, waren sie schlichtweg verpönt. Aber die Zeiten und die Arbeitsweise haben sich geändert, und sie lassen sich heute nicht überall verhindern. Aber man sollte sich darüber im klaren sein, daß sie ganz unnötig Probleme aufwerfen.

Es ist unmöglich, sich abends jovial zu geben und am nächsten Tag korrekt zu verhalten, wenn Sie jemanden ermahnen, entlassen oder versetzen müssen, oder auf irgendeine Art geschäftlich mit ihm zu tun haben. Auch Ihr Mitarbeiter kann sich nicht so schnell umstellen.

Generell ist es wohl besser, eine Geschäftsbeziehung innerhalb des Unternehmens nicht unnötig durch alle möglichen Unterströmungen, die sich aus den verschiedenen privaten Interaktionen ergeben, zu komplizieren. Dabei kann es zu Konflikten in bezug auf die Verschwiegenheit kommen. Die persönliche, private Beziehung erhält dann in den meisten Fällen Vorrang vor geschäftlichen Kontakten und der Verpflichtung zur Vertraulichkeit gegenüber der Firma.

Mitarbeiter entlassen

Es gibt verschiedene Methoden, Mitarbeiter zu entlassen. Henry Ford teilte Bunkie Knudsen mit: »Es klappt nicht mit uns.« Und ein paar Jahre später sagte er angeblich zu Lee Iococca: »Ich mag Sie einfach nicht.« Bill Paley von CBS soll plötzlich festgestellt haben, daß sein dynamischer Programmdirektor, Jim Aubrey, »nicht meinen Vorstellungen von dem Mann entspricht, der die Firma weiterführen kann, wenn ich mich ins Privatleben zurückziehe«.

Diese Entlassungen kamen plötzlich und unerwartet und bieten, abgesehen von der Frage nach ihrer Rechtmäßigkeit, Grund genug, die Art des Vorgehens kritisch zu betrachten. Wenn ich höre, daß jemand aus heiterem Himmel entlassen wird, liegt die Vermutung nahe, daß es sich eher um eine emotionale Überreaktion als um eine durchdachte Entscheidung handelt.

Wenn ich weiß, daß ich einen bestimmten Mitarbeiter entlassen muß, ziehe ich zwei Faktoren in Betracht: den Zeitpunkt und seine Loyalität gegenüber dem Unternehmen.

Sie müssen sich von jemandem trennen, wenn er Ihrem Unternehmen extern wie intern schadet. Im allgemeinen ist dabei in unserer Branche, wo die Beziehungen zu den Klienten oft sehr eng und persönlich sind, ein gewisses Maß an Vorbereitung notwendig.

Inwieweit man die Gefühle des Betroffenen respektieren und ihm helfen muß, sein Gesicht zu wahren, hängt von seiner Loyalität und seinem Engagement für die Firma ab.

Bevor Sie einen loyalen Mitarbeiter entlassen, sollten Sie – das sind Sie ihm schuldig – alle anderen Möglichkeiten ausgeschöpft haben: ihn an weniger exponierter Stelle einsetzen, einen neuen, mehr auf seine Fähigkeiten zugeschnittenen Aufgabenbereich für ihn finden oder ihn möglichst unauffällig »degradieren«. Wenn Ihnen kein solches »Hintertürchen« offensteht, müssen Sie ihm Zeit lassen, sich an den Gedanken seiner bevorstehenden Entlassung zu »gewöhnen«, und alles tun, um ihm bei der Suche nach einem neuen Arbeitsplatz zu helfen.

Ich habe sogar schon Leute entlassen, ohne daß sie es bemerkten. Ich habe einen neuen Arbeitsplatz für sie ausfindig gemacht und sie dann von einer anderen Firma »abwerben« lassen.

Wenn ich andererseits Grund habe, anzunehmen, daß ein Mitarbeiter nicht mehr loyal oder vertrauenswürdig ist, sorge ich dafür, daß er unsere

Firma so schnell wie möglich und ohne großen Schaden anzurichten verläßt.

Wir hatten einmal einen Mitarbeiter, von dem wir wußten, daß er kündigen und alles mitnehmen wollte, was er in die »Hände« bekommen konnte – Klienten, Akten und alle vertraulichen Informationen, zu denen er Zugang hatte. Ich vermutete, daß er nach seiner Entlassung rachsüchtig sein und alles tun würde, um uns zu schaden. Wir brauchten zwei Wochen, um unsere »Flanken« zu schützen. Dann schickten wir ihn einen Tag lang auf eine Dienstreise nach Detroit. Während seiner Abwesenheit wurden die Schlösser ausgewechselt und seine Akten und Berichte unter Verschluß genommen. Als er zurückkam, wurde er entlassen.

Der »Rachefaktor« allein ist schon Grund genug, bei einer Entlassung umsichtig und wohlüberlegt vorzugehen; ein Unternehmen muß vorsichtig sein, wenn es seine Brücken abbricht. Ein verbitterter Ex-Mitarbeiter kann großen Schaden anrichten. Für die Außenwelt ist er eine glaubwürdige Quelle, selbst wenn das, was er sagt, unglaubwürdig ist.

Wenn ein Mitarbeiter spürt, daß er auf »faire« Weise entlassen wird – d. h., mit Würde, Respekt und Taktgefühl behandelt wurde – wird er sich hüten, schlecht über seine ehemalige Firma zu sprechen. Daraus kann sich sogar, wie es uns schon mehrmals passiert ist, eine fruchtbare Geschäftbeziehung entwickeln.

Berater

Wenn Ihr Unternehmen einen Berater beschäftigt (z. B. im Finanz-oder Managementbereich) und Sie halten sich nicht an seinen Rat, sollten Sie ihn schleunigst entlassen. Das heißt nicht, daß ich an seiner Kompetenz zweifle. Er macht Ihnen vielleicht die besten Vorschläge, die es gibt, aber wenn Sie nicht darauf eingehen, verschwenden Sie nur seine Zeit und Ihr Geld.

Mit gutem Beispiel vorangehen

Ich glaube, ich bin kein bequemer Arbeitgeber. Ich stelle große Anforderungen an unsere Führungskräfte. Aber ich fordere genausoviel von mir selber.

Wenn Sie einen Mitarbeiter bitten, schon um sieben Uhr morgens ins Büro zu kommen oder bis zweiundzwanzig Uhr zu bleiben, wird er eher dazu bereit sein, wenn er weiß, daß Sie schon um fünf Uhr dort sind oder an dem Tag selber bis dreiundzwanzig Uhr dableiben. Wenn Sie ihn allerdings von Ihrer Luxusjacht an der Riviera anrufen, hinterläßt das einen ganz anderen Eindruck.

Auch wenn es sich um ein Klischee handelt, ist es nicht minder wahr: Verlangen Sie nichts von Ihren Mitarbeitern, was Sie nicht von sich selbst verlangen.

Ignorieren Sie die »Schwarzmaler«

Manche Unternehmen verlegen sich auf neue Aktivitäten aus defensiven Gründen: weil sie sich schützen wollen oder vorschnell auf den Konkurrenzdruck reagieren.

Jedes Unternehmen hat seine »Schwarzmaler«, die versuchen, ihre Befürchtungen auch auf Sie zu übertragen, und sagen: »Wenn wir nicht das und das tun, sieht es in Zukunft nicht rosig für uns aus – wenn es nicht ohnehin schon zu spät ist ... »Diesen Leuten geht es im Grunde gar nicht um das Unternehmen: sie sind nur daran interessiert, Situationen zu schaffen, in denen sie nicht verlieren können. Im Erfolgsfall gebührt ihnen die Anerkennung; im Falle eines Mißerfolges haben sie sich abgesichert.

Aus defensiven Gründen sich neuen Aktivitäten zuzuwenden, zahlt sich nur selten aus. Sie wissen von Anfang an, daß die Mühe größer als der Lohn sein wird, und das allein trägt schon dazu bei, daß Sie scheitern müssen.

Frank Bennach, Vorstand von Hearst, erzählte mir, daß er sich vor ein paar Jahren massivem internem Druck gegenübersah, als es um den möglichen Einstieg des Unternehmens in den Videospiel-Markt ging. Videospiele seien *das* Geschäft der Zukunft, hieß es, und keine Firma im Kommunikations-/Unterhaltungssektor könne es sich leisten, abseits zu stehen.

Zum Glück blieb Bennach hart. Hätte er auf die Schwarzmaler gehört, würde heute vielleicht jeder neue Abonnent der Zeitschrift *Good Housekeeping** eine Art »Kink-Kong«-Videospiel-Version erhalten.

* Größte amerikanische Haushaltszeitung.

Den Kreis der »Magischen Zirkel« durchbrechen

Vor ein paar Jahren gab mir Chris Lewinton, Vorsitzender der Geschäftsführung von Wilkinson Sword, einen guten Rat in bezug auf eine effektive Unternehmensführung. »Lernen Sie die Leute kennen, die zwei Ebenen unter Ihnen arbeiten«, meinte er, »da liegt die Zukunft; dort können Sie sich ein besseres Bild von der Gegenwart machen.«

Direktoren und Topmanager sind oft vom eigentlichen Geschehen in einem Unternehmen isoliert. Sie sprechen immer wieder mir denselben Leuten, normalerweise mit dem Leiter einer Abteilung oder seinem Assistenten. In aller Regel vertreten Manager und Assistenten den gleichen Standpunkt. Sie treffen ihre Entscheidungen gemeinsam und versuchen, sie auf höherer Ebene durchzusetzen.

Es kann deshalb sehr aufschlußreich sein, sich mit den Leuten auf der darunterliegenden Unternehmensebene zu unterhalten. Sie haben oft erfrischende Ansichten darüber, was in Ihrer Firma vorgeht und was man Ihnen erzählt. Diese Ansichten sind vielleicht genauso irrig oder subjektiv wie die ihrer »Auserwählten«, aber es kann nur von Vorteil für Sie sein, ein breites Meinungsspektrum kennenzulernen.

Scheuen Sie sich nicht, auf Profit bedacht zu sein

Samuel Johnson hat einmal gesagt: »Es gibt nur wenige unschuldigere Beschäftigungen für einen Mann als Geld verdienen.«

Vielleicht ist das Hauptproblem aller etablierten Firmen ihre Größe. Je größer ein Unternehmen, desto größer ist auch die Gefahr, seine Identität einzubüßen und sein eigentliches Ziel, nämlich Profit zu machen, aus den Augen zu verlieren.

Einer meiner Geschäftsfreunde baute ein ungeheuer erfolgreiches Unternehmen auf, das in den ersten acht Jahren ein buchstäblich exponentiales Wachstum zu verzeichnen hatte: 6000%. Von einem Tag auf den anderen stürmten all die Probleme auf ihn ein, die eine außer Kontrolle geratene Expansion mit sich bringt, und er begann, mit allen möglichen Lösungen zu experimentieren – tauschte z. B. sein gesamtes Management aus, strukturierte die Firma neu, verzichtete auf bestimmte Unternehmenssaktivitäten, verkaufte Teilbereiche und erwog schließlich, ganz aufzugeben. Sie können sich sicher denken, daß seine experimentierfreudigen Jahre nicht gerade seine erfolgreichsten waren.

Als ich ihn einige Zeit später wiedertraf, hörte ich mit großem Erstaunen, daß sein Unternehmen wieder völlig saniert war und er in diesem Jahr sogar mit einem Gewinnzuwachs von 100% rechnete. Auf die Frage, wie er das geschafft habe, erzählte er mir, daß er neue Mitarbeiter eingestellt und einige Strukturveränderungen durchgeführt habe. »Aber hauptsächlich liegt es wohl daran«, fügte er hinzu, »daß wir unsere Preise verdoppelt haben.«

Wieder mit Gewinn zu arbeiten ist vielleicht nicht immer so einfach, aber oft auch bei weitem nicht so schwierig, wie die Experten Ihnen einreden möchten.

Vor kurzem las ich einen Artikel über Schlumberger Ltd., eine Ölbohrgesellschaft, die wohl zu den größten, bestgeführten und gewinnbringendsten Unternehmen der Welt zählt. Schlumberger hatte seinen Kunden eine Preiserhöhung von 100% für seine Dienstleistungen angekündigt. Wenn Schlumbergers Unkosten wachsen, steigt auch der Kostenaufwand für den Kunden, und zwar nicht in gleicher, sondern in doppelter Höhe. In diesem Unternehmen denkt man nicht nur an den Profit, man scheut sich auch nicht, ihn zu suchen.

Manchmal heißt die Antwort ganz einfach: die Preise erhöhen, oder zumindest soviel berechnen, daß man nicht laufend Geld einbüßt.

Ich glaube, viele Unternehmen, die versuchen, in neuen Bereichen mit einem neuen Management Fuß zu fassen, sind nicht einmal in die Randzonen der Rentabilität vorgedrungen.

Ich kann das überall und immer wieder feststellen. Ich sehe, daß unsere Führungskräfte es nicht fertigbringen, das zu verlangen, was wir wirklich wert sind oder Ausgaben zusätzlich zum Honorar zu berechnen. Sie scheuen sich einfach, auszuprobieren, wie weit sie mit dem Preis gehen können. (Ich hatte einmal eine Sekretärin in Londen, die nicht einmal eine Rechnung über das, was der andere zu zahlen bereit war, ausstellen konnte. Sie war eine sehr engagierte Mitarbeiterin und hatte sich mit zwei englischen Golfklienten angefreundet, für die sie sich ganz besonders einsetzte. Zwei Jahre später mußte ich feststellen, daß sie nie eine Rechnung von uns erhalten hatten. Als ich sie zur Rede stellte, sagte sie verlegen, sie habe es nicht übers Herz gebracht, mit ihnen über Geld zu sprechen!)

Selbstmord durch Break-Even-Projekte

Für ein etabliertes Unternehmen ist die »Selbstmordgefahr« durch Break-even-Projekte genauso groß wie für neue Firmen ein zu schnelles Wachstum. Theoretisch würden die meisten Unternehmen ihre Gewinne in einem Jahr nur allzu gerne verdoppeln. Aber die wenigsten können es schaffen, und gut geführte Firmen lassen sich gar nicht erst darauf ein. Eine Möglichkeit, in die roten Zahlen zu geraten, ist das »Break-even-Syndrom«: Große Unternehmen mit enorm hohen laufenden Betriebskosten übernehmen Projekte, die bestenfalls weder Gewinn noch Verlust versprechen. Sie haben einfach nicht gelernt, nein zu sagen.

Das gilt vor allem für Firmen, die sich um Staatsaufträge bemühen. In ihrem Eifer, den Zuschlag zu bekommen, lassen sie sich auf Unternehmungen ein, die ihre Betriebskosten nur vergrößern, ohne merklich zu einer Rentabilitätssteigerung beizutragen. Nach Abschluß des Projektes müssen sie dann oft feststellen, daß sie entweder bankrott sind, oder, um zu überleben, zu noch größeren Break-even-Aktivitäten greifen müssen.

Die Angst davor dient vielen Unternehmen als Rechtfertigung für eine Diversifikation. Bei einer wohlüberlegten Auffächerung des Unternehmensprogrammes sind so viele andere Aspekte relevant, daß ich dieses Motiv nicht als zwingend anerkennen kann.

Wen wollen sie beeindrucken?

Einer der interessantesten Trends, die man heute beobachten kann, ist die wachsende Zahl der Aktiengesellschaften, wie, z. B. MGM/UA*, Avis oder Sotheby's, die in Privatunternehmen umgewandelt worden sind oder eine Transformation anstreben. Ich glaube, viele Großaktionäre sind inzwischen zu der Auffassung gelangt, die ich schon seit Jahren vertrete: daß es vielleicht zuviel verlangt ist, ein Unternehmen zu leiten und gleichzeitig die Aktionäre zufriedenzustellen. Deshalb wird IMG nie in eine Aktiengesellschaft umgewandelt werden.

In Amerika werden geschäftliche Entscheidungen oft nach dem Grad ihrer Beliebtheit oder ihrer Wirkung auf bestimmte Gruppen getroffen.

* Metro Goldwyn Meyer/United Artist.

Und die Leute, auf die man Eindruck machen will, residieren in der Wall Street.

»Wall Street imponieren« heißt der neue und wichtigste Zeitvertreib amerikanischer Firmen. Langfristige Ziele werden dabei kurzfristigen Vorteilen geopfert. Die Unternehmen treffen schlechte Entscheidungen, weil sie mehr Wert darauf legen, gut auszusehen als gut zu sein. Echte Gewinne läßt man »unter den Tisch fallen«, um das nächste Geschäftsquartal künstlich »aufzumöbeln«.

Es würde uns allen besser gehen, wenn unsere Unternehmen versuchen würden, sich selbst zu imponieren, anstatt einigen wenigen, die am unteren Ende von Manhattan herrschen.

Die Konkurrenz kennen

Vor einigen Jahren spielte ich in Genf ein Doppel mit Victor Pecci gegen Björn Borg und seinen Amateur-Partner, den Schweizer Bankmagnaten und Reeder Bruce Rappaport. Björn und ich standen uns am Netz direkt gegenüber. Rappaport schlug einen Ball hoch zurück. Björn stand in ungeschützter Position, und ich dachte für den Bruchteil einer Sekunde, daß es eigentlich unfair sei, den Ball direkt auf den Mann zu spielen. Ich tat es natürlich doch: ich zielte genau auf seine Mitte. Aber Björn retournierte den Ball: er traf hinter mir im Spielfeld auf, und er konnte diesen Punkt für sich verbuchen.

Sie sollten Ihre Gegner niemals unterschätzen. Ich bin der Meinung, daß Kampfgeist sowohl für den persönlichen wie auch den unternehmerischen Erfolg entscheidend ist. Und wie man sich gegen die Konkurrenz wappnet, ist für diesen Erfolg ausschlaggebend.

Aber es besteht ein wesentlicher Unterschied zwischen sportlichem und unternehmerischem Wettbewerb. In beiden Fällen steht der Wille zu gewinnen, alle anderen zu schlagen, im Vordergrund. Aber im Geschäftsleben hat das Spiel kein Ende. Es gibt keinen Vorsprung, der sich nicht einholen ließe. Die Konkurrenz hat immer die Möglichkeit, den Gleichstand herbeizuführen.

Unternehmen mit großen Marktanteilen neigen dazu, sich auf ihrem »Vorteil« auszuruhen. Sie schwelgen in Zahlen, tendieren zu Selbstgefälligkeit und lassen ın ihrem Wetteifer nach. Wirtschaftlicher Wettbewerb ist ein konstanter, aktiver Kampf um die Spitzenposition.

Je besser Sie Ihre Konkurrenten kennen – ihre Stärken, Schwächen, Praktiken und Taktiken – desto größer sind Ihre Chancen, sie zu überflügeln.

In jeder Branche, in der es um Repräsentation oder generell um die Bezahlung auf prozentualer Basis geht, kostet es Sie, wenn Sie nicht vorsichtig sind, genausoviel Zeit, die Zweit- und Drittrangigen zu vertreten wie die Superstars. Vor vielen Jahren verwiesen wir Sportler, die zur Kategorie »Unter-ferner-liefen« gehörten, an einen bestimmen Konkurrenten, dessen Schwächen wir kannten. Wenn wider Erwarten sich doch noch ein Spitzenstar unter ihnen herauskristallisierte, war er, unseren Erwartungen gemäß, mit seinem Agenten inzwischen so unzufrieden, daß wir ihm nur noch mit dem Vertrag zu winken brauchten, und er unterschrieb, wie erwartet.

Vertikale Diversifikation vermeiden

Wir hatten Klienten, die aufgrund ihrer außergewöhnlichen sportlichen Leistungen in ihrem Spezialgebiet automatisch annahmen, daß sie auch in anderen Bereichen die Welt erobern könnten: Tennisspieler, die sich entschlossen, Messeveranstalter zu werden; Golfspieler, die sich als Immobilienmakler versuchten; Olympiasieger, die Zeitungen oder Bücher herausgeben wollten.

Viele Athleten möchten nach Beendigung ihrer sportlichen Laufbahn Vereine und Sportinstitutionen leiten und übersehen völlig, welche administrativen Fähigkeiten und Fachkenntnisse dazu notwendig sind.

Normalerweise versuchen wir, sie davon abzubringen, bevor sie nicht das erforderliche Wissen erworben haben. Aber oft sind Spitzensportler rationalen Argumenten genauso wenig zugänglich wie erfolgreiche Geschäftsleute.

Viele etablierte Unternehmen beginnen, wenn sie glauben, wachsen und expandieren zu müssen, lieber vertikal als horizontal zu diversifizieren und betätigen sich in Branchen, die ihnen fremd sind und bleiben. Eigentlich wissen sie genau, daß ihnen die notwendige Erfahrung und das richtige Verständnis für die Zusammenhänge fehlen, aber ihr Selbstbewußtsein verbietet ihnen, es sich offen einzugestehen. Würde man eine

Landkarte unserer amerikanischen Unternehmen zeichnen, wäre sie übersät mit den Ruinen solcher Neuerwerbungen, die nur der Befriedigung des Ego dienen.

Nicht gleich klagen

Jemand hat mir erzählt, daß IBM letztes Jahr $ 12 Millionen an eine einzige Anwaltskanzlei zu zahlen hatte.

Ich habe die Yale Law School besucht und für die Anwaltsfirma Arter & Hadden in Cleveland, Ohio, die älteste und wohl angesehenste der Stadt, gearbeitet. Ich gehöre zwar immer noch zu dieser Sozietät, muß aber gestehen, daß das ganze Rechtssystem in unserem Land mich kalt läßt.

Kontroversen im Namen ihrer Klienten auszutragen ist für Anwälte oft nur ein Mittel, Zeit und Geld »herauszuschinden«. Ich glaube, wenn man die strittigen Parteien sich selbst überlassen würde – auch wenn der Rechtsstreit zwei Jahre dauern sollte –, würde man in den meisten Fällen eine billigere und wahrscheinlich auch gerechtere Lösung finden.

Wir haben in bezug auf anhängige Gerichtsverfahren Glück gehabt, das heißt, es gab nur wenige. Da viele unserer Mitarbeiter Juristen sind, kennen wir alle Fallen und Kosten, die der Rechtsweg mit sich bringt.

In manchen Teilen der Welt zahlt der Verlierer die Kosten des Prozeßgegners zusätzlich zu den Gerichtskosten und eventuellen Geldstrafen. Ich halte dieses System für wesentlich besser. Dadurch werden unnötige Prozesse weitgehend vermieden und die inzwischen allseits beliebte Drohung von Geschäftsleuten: »Wir sehen uns vor Gericht wieder« unwirksam.

Die Japaner regeln ihre Rechtstreitigkeiten fast immer unter sich. Es ist schon oft darauf hingewiesen worden, daß es in Japan keine Wirtschaftsschulen und -akademien gibt, aber niemand scheint bemerkt zu haben, daß Anwaltskanzleien ebenfalls rar sind.

Wir sollten einmal zusammen mit Björn Borg von Lamar Hunt, der einen riesigen Stab von Anwälten beschäftigt, gerichtlich belangt werden. Ich war der Ansicht, daß es vom geschäftlichen Standpunkt von Hunt sehr töricht sei, Borg zu verklagen und gleichzeitig zu versuchen, seine Teilnahme an den Tennisweltmeisterschaften, die Hunt organisierte, zu sichern. Ich flog deshalb nach Dallas und setzte mich mit Hunt persönlich zusammen. In dem einzigen Gespräch konnten wir alle Schwierigkeiten aus dem Weg räumen. Hätten wir den Disput den Anwälten überlassen, wären wir wohl immer noch vor Gericht und hätten inzwischen ein Vermögen zum Fenster hinausgeworfen.

13. Etwas erreichen

Wenn man Führungskräfte bitten würde, ihre größten Frustrationen aufzulisten, wäre der chronische Zeitmangel wohl ganz oben aufgeführt. Der konstante Arbeitsfluß bringt genauso konstante Unterbrechungen mit sich, die verhindern, daß man das erledigt, was man sich vorgenommen hat. Laufend wird man gestört, und man hat manchmal das Gefühl, daß man abends noch mehr aufzuarbeiten hat als morgens.

Die Lösung dieser Probleme ist viel einfacher, als die Betroffenen zuzugeben bereit sind. Es kommt hauptsächlich darauf an, seinen Arbeitstag zu planen, anstatt sich von ihm verplanen zu lassen. Man muß die Aktivitäten der verfügbaren Zeit anpassen, anstatt die Arbeitszeit auszudehnen, um den notwendigen Aktivitäten gerecht zu werden.

Aber viele Menschen befürchten, wenn sie nicht völlig überlastet aussehen, für unterbeschäftigt oder unwichtig gehalten zu werden. Sie *wollen* sich ihre Zeit gar nicht besser einteilen. Wenn Sie davon überzeugt sind, daß eine sinnvolle Zeiteinteilung nicht nur effektiver, sondern auch angenehmer sein kann, ist der Rest einfach.

Effektive Zeiteinteilung

Die Leute, die mich gut kennen, bescheinigen mir immer wieder, daß ich zu den Menschen gehöre, die ihre Zeit optimal einteilen.

Für mich hat die Woche 168 Stunden, wovon ein Teil der Freizeit und Entspannung und der Rest der Arbeit gewidmet ist. Ich zwinge mich, meine Ruhepausen einzuhalten: ich spiele Tennis, lese meine Morgenzeitung, halte meinen Mittagsschlaf im Büro oder tue einfach gar nichts – befreie meine Gedanken von arbeitsorientierten Problemen und Entscheidungen. Um sicherzugehen, daß mir die dafür notwendige Zeit auch wirklich bleibt, plane ich die nicht-beruflichen Aktivitäten in meinen Terminkalender fest ein. Wenn ich z. B. weiß, daß ich um sieben Uhr im Büro sein muß, stehe ich lieber um fünf Uhr auf und lese, entspanne mich oder mache meine Gymnastikübungen, anstatt bis sechs Uhr im Bett zu bleiben und ohne Zeit für mich selbst zur Arbeit hetzen zu müssen. Mein Tagesbeginn ist in diesem Fall auf fünf Uhr festgesetzt.

Ich hasse es, eine angefangene Arbeit liegenzulassen oder aufzuschieben, und ich arbeite lieber sehr intensiv, um Augenblicke der völligen Leere – eine Minute, eine Stunde oder ein Wochenende – und des Nichtstuns zu genießen. Das sind die »Bonbons«, die ich mir gönne, und weil ich sie fest in meinen Terminkalender einplane, zwinge ich mich, meine Arbeit in der dafür vorgesehenen Zeit zu beenden, weil am Ende ja die »Belohnung« wartet.

Dadurch hat sich mein Zeitbewußtsein extrem geschärft. Für mich ist jede geschäftliche Aktivität oder Verpflichtung eine Funktion der Zeiteinteilung. Ich habe mir sogar eine Art Spiel ausgedacht: Wenn ein Meeting in einer Stunde beginnt und ich habe mir vorgenommen, bis dahin noch zehn verschiedene Dinge zu erledigen, setze ich alles daran, sie in dieser Zeit auch zu schaffen. Das bedeutet u. U., daß ein Telefongespräch kürzer wird, als mir vielleicht lieb ist, oder daß ich eine Notiz statt eines Briefes schreibe. Aber durch diese Anforderungen, die ich an mich selbst stelle, und durch die Aufsplitterung bestimmter Aktivitäten in immer kleinere Segmente habe ich im Lauf der Jahre ein besonderes Bewußtsein dafür entwickelt, wie ich jede Minute meiner Zeit verbringe.

Ich weiß, wie lange ich für eine bestimmte Sache brauche und wie ich etwas am schnellsten erledigen kann, wie schnell oder langsam man in den verschiedenen Restaurants bedient wird und in welchem man deshalb sofort bestellen muß, ich kenne die schnellsten Fahrstühle in bestimmten Gebäuden, und wenn ich auf einem Flughafen ankomme, lasse ich mich oft in der Abflughalle abholen, die selten so voll ist wie die Ankunftshalle und wo deshalb alles schneller geht.

Ich versuche das, was von Natur aus ungenau ist, zu präzisieren. Mein Gedächtnis ist ein Katalog »zeitlicher Abkürzungen«, um die Aktivitäten mit unbestimmtem Zeitaufwand zu reduzieren oder ganz zu vermeiden.

Wenn ich z. B. ins Ausland reise, weiß ich, welche Fluggesellschaften – beispielsweise Quantas nach Australien und Cathay Pacific auf der Asienroute – das Gepäck der Erste-Klasse-Passagiere mit Aufklebern für eine bevorzugte Ausgabe versehen. Ich weiß, daß man sein Gepäck schnell bekommt, wenn man mit der Concorde fliegt, daß es nach Ankunft der Morgenmaschinen aus Amerika auf dem Londoner Flughafen ebenso katastrophal zugeht wie in Honolulu, nachdem die Flugzeuge aus Asien und Australien gelandet sind, und daß die internationale Ankunftshalle in Los Angeles fast immer ein Hexenkessel ist. Ich habe festgestellt, daß ich inzwischen schon fast ein Experte in Sachen Verkehr und Rush-hour in den meisten großen Städten der Welt geworden bin.

Man muß derartige Informationen so nutzen, daß sie Zeit einsparen helfen, oder anhand dieser Kenntnisse schon vorher bestimmte Vorkehrungen treffen. Z. B. reise ich immer mit leichtem Handgepäck, das ich mit an Bord nehmen kann. Dazu brauche ich aber eine komplette Grundgarderobe an meinen fünf Hauptgeschäftssitzen und das Notwendigste in den Büros, die ich mit anderen Geschäftsleuten teile. Wenn ich weiß, ich benötige etwas Bestimmtes in Paris, schicke ich es direkt dorthin, anstatt es zuerst noch nach New York oder London mitzuschleppen.

Ich habe absichtlich einige Beispiele aus dem Reisesektor gewählt, weil er von Natur aus so schwer in den Griff zu bekommen ist. Aber ich halte mich in fast allen Geschäftsbereichen an diese Methode. Ich weiß, wieviel Zeit ich für eine bestimmte Sache brauche und wie ich sie am schnellsten erledigen kann, und deshalb lassen sich auch Dinge steuern, die sich normalerweise eher unserer Kontrolle entziehen.

Wenn man eine bestimmte Sache so schnell wie möglich erledigen will, sollte man sie dann erledigen, wenn alle anderen etwas anderes erledigen. Ich fahre z. B. morgens so früh zur Arbeit, daß ich nie Probleme mit dem Verkehr habe. Aber ich höre oft, wie andere sich über das Verkehrschaos beklagen und zugeben, wenn sie zwanzig Minuten früher von zu Hause weggefahren wären, hätte sich dieser Streß vermeiden lassen. Die Antwort liegt auf der Hand, und deshalb ist es mir unverständlich, warum so viele Leute es einfach nicht schaffen, ihren Zeitplan um zwanzig Minuten zu verschieben. Statt dessen ärgern sie sich lieber eine Stunde lang über die verstopften Straßen.

Ich habe erlebt, daß Mitarbeiter ihren Gehaltsscheck Freitag mittag zwischen zwölf und fünfzehn Uhr einlösen und dann darüber schimpfen, daß die Schlange am Bankschalter so lang war. Andere glauben, ausgerechnet zu der Zeit von New York abfliegen zu müssen, wo alle anderen auch nach Hause wollen. 90% der lästigen Wartezeiten und -schlangen ließen sich mit sinnvollerer Planung und gesundem Menschenverstand vermeiden.

Ein Organisationsschema

Die Lösung des Zeitproblems besteht darin, Dinge genau *dann* zu tun, wenn sie geplant sind, und nicht *länger* als vorgesehen. Dazu benötigen Sie allerdings ein umfassendes Organisationsschema.

Ich organisiere mein Leben und meine Zeit mit Hilfe einer fortlaufenden Reihe von Notizblöcken mit vertikaler Mittellinie, wo für jeden Tag eine Seite bestimmt ist. Dinge, die ich zu erledigen habe, werden rechts, Leute, die ich anrufen will, auf der linken Seite aufgeführt. Diese Blöcke enthalten ca. fünfzig Seiten, und am Ende reserviere ich einige für Telefonate und Aktivitäten, die nicht gleich, sondern irgendwann in Zukunft stattfinden sollen.

Wenn ich jemanden frage, wann ich ihn anrufen kann, und er antwortet, nächsten Mittwoch um zehn Uhr dreißig, dann notiere ich seinen Namen und seine Telefonnummer in mittleren Drittel auf der linken Seite des Blattes, das für den Mittwoch vorgesehen ist. Anrufe und Aktivitäten, die für den späten Nachmittag oder Abend angesetzt sind, werden im unteren und frühmorgendliche im obersten Drittel festgehalten. Ich überprüfe diesen Plan mehrmals jeden Tag, um zu sehen, wie ich vorankomme. Wenn ich in Verzug geraten bin, streiche ich nichts, sondern arbeite schneller.

Ich habe einen weiteren Block für meine geschäftlichen Unternehmungen in den verschiedensten Teilen der Welt. Wenn mir jemand sagt: »Rufen Sie den-und-den an, wenn Sie in Melbourne sind«, oder wenn ich in Tokio etwas Persönliches erledigen muß, mache ich einen Eintrag auf der entsprechenden Seite.

Zusätzlich habe ich immer einen Stapel kleiner Zettel in der Tasche meines Jacketts. Auf manchen sind die Namen von Mitarbeitern oder Geschäftspartnern, mit denen ich regelmäßig in Kontakt stehe, verzeichnet. Wenn mir etwas zu den Betreffenden einfällt, notiere ich es, damit ich es, wenn ich das nächste Mal mit ihnen spreche, gleich zur Hand habe.

Auf den leeren Kärtchen mache ich mir im Laufe des Tages die verschiedensten Notizen, die ich abends dann auf die entsprechenden Seiten im Notizblock übertrage.

Die individuelle Organisation der Arbeit ist wohl einer der persönlichsten Aspekte der Zeiteinteilung. Manche Leute benutzen einen Taschen- und einen Terminkalender wie ich meine Notizblöcke und Zettel. Andere planen ihre Arbeit nie mehr als eine Woche voraus. Und ich weiß, daß es Leute gibt, die ganz gut mit einer »Zu erledigen«-Liste ohne genaue Zeiteinteilung zurechtkommen.

Ich habe allerdings noch nie jemanden kennengelernt, der ganz auf irgendein persönliches Organisationsschema verzichten konnte.

Ich organisiere meine Arbeit nach zwei Gesichtspunkten, die sich sicher allgemein bewähren:

Erstens: *Ich schreibe alles auf,* egal wohin, notfalls auch auf die Manschette. Dadurch können Sie sich anderen Dingen zuwenden und, was noch wichtiger ist, Sie halten sich an das, was Sie aufgeschrieben haben. Etwas niederzuschreiben ist wie eine Verpflichtung. Sobald dieser physische Akt abgeschlossen ist, sind Sie motiviert, Ihr Vorhaben zu realisieren. Der Unwille, es aufzuschieben, und die Vorfreude darauf, es nach Erledigung »abhaken« zu können, sind eine weitere, nicht zu unterschätzende Triebfeder.

Zweitens: *Ich organisiere abends meinen nächsten Arbeitstag.* Dann kann ich nachts ruhig schlafen, denn ich weiß, daß ich die Übersicht behalte, und ich freue mich ehrlich auf den nächsten Morgen. Allein die Tatsache, daß das, was ich mir für den kommenden Tag vorgenommen habe, schriftlich fixiert ist, gibt mir das Gefühl, einen Vorsprung zu haben.

Nach der gleichen Methode gehe ich auch für eine längere Zeitspanne vor: für eine Woche, einen Monat, zwei Monate, ein halbes oder ein ganzes Jahr, zwei Jahre, bis hin zu generellen Unternehmungen, die ich für die nächsten fünf Jahre plane.

Halten Sie sich an Ihre Zeiteinteilung

Wenn Sie einen Terminkalender oder Zeitplan für sich aufstellen und sich nicht daran halten, ist er absolut wertlos.

Es kommt sehr selten vor, daß etwas so dringend oder eine Krise so unausweichlich ist, daß man sich sofort darum kümmern müßte. Sehen Sie Unterbrechungen oder unerwartete Ereignisse nicht anders als jede andere zeitliche Verpflichtung. Reagieren Sie nicht übereilt, sondern befassen Sie sich damit zu einem späteren Zeitpunkt: am gleichen Nachmittag, am darauffolgenden Tag oder in der kommenden Woche – wann immer Sie Zeit dafür haben oder erübrigen können.

Der Hauptgrund dafür, sich möglichst genau an seinen Zeitplan zu halten, liegt auf der Hand: auf diese Weise verwendet man die notwendige Zeit auf die Aktivitäten, die darin vorgesehen sind.

Es ist wahrscheinlich schlimmer, zuwenig als zuviel Zeit zur Verfügung zu haben. Dadurch haben Sie ständig etwas aufzuarbeiten, hinken Ihrem Zeitplan hinterher, und es sammelt sich im Laufe des Tages immer mehr an, was unerledigt bleibt.

Ich glaube, viele Geschäftsleute können relativ genau vorausberechnen, wie lange sie für bestimmte Aktivitäten brauchen, aber sie betrügen sich selber.

Um Ihre Zeit optimal einzuteilen, *müssen Sie auf Ihr Wissen vertrauen.* Wenn Ihnen bekannt ist, daß ein Meeting normalerweise dreißig Minuten dauert, versuchen Sie sich bitte nicht einzureden, daß es heute in fünfzehn Minuten zu Ende sein wird, nur weil Sie viel Arbeit haben. Wenn Sie in zehn Minuten irgendwo erwartet werden und noch genau zehn Minuten haben, um dorthin zu kommen, sollten Sie nicht noch mit jemandem telefonieren, damit der Anruf erledigt ist. Wer seine Zeit schlecht einteilt, scheint unrealistisch sein zu wollen und bewußt unkontrollierbare Situationen heraufzubeschwören.

Individuelle Eigenheiten berücksichtigen

Da eine Führungskraft den größten Teil des Tages mit Menschen zu tun hat, muß man deren Stil und Persönlichkeit bei der Zeiteinteilung mit einkalkulieren. Ich habe z. B. Mitarbeiter, mit denen ich in einem fünfzehnminütigen Telefongespräch fünfundzwanzig verschiedene Themen besprechen kann. Es gibt andere, bei denen ich dafür eine Woche brauchen würde, weil sie selbst aus der einfachsten Feststellung einen weitschweifigen Dialog machen müssen. Das ist in der Natur des Betreffenden begründet, und ich kann nichts daran ändern. Deshalb ist es klüger, ihnen einfach mehr Zeit zu widmen oder weniger Themen anzuschneiden.

Es ist besser, wenn man schon vor Beginn eines Gespräches eine ungefähre Vorstellung von der Anzahl und der Komplexität der zu behandelnden Themen hat, aber wieviel Zeit Sie letztlich wirklich brauchen, hängt von zwei Faktoren ab: Wie schnell Ihr Gesprächspartner merkt, worauf Sie hinauswollen und/oder zur Sache kommt, und von seinem persönlichen Geschäftsstil.

Bei Bob Anderson, dem Vorstandsvorsitzenden von Rockwell, weiß ich z. B., daß er normalerweise schon zum Thema kommt, bevor ich meinen ersten Satz beendet habe. Ich weiß auch, daß ich – wenn ich den Satz um des Satzes willen unbedingt beenden wollte – nur seine Zeit vergeuden würde.

Ein Gegenbeispiel ist Roone Arledge, der außerordentlich kompetente Leiter des ABC Nachrichten- und Sportressorts. Sein Geschäftsstil ist völlig konträr. Wir haben einige Male zusammen Mittag gegessen und uns bis in den späten Nachmittag über alles mögliche unterhalten. Einmal kamen sogar schon die Abendgäste in das Restaurant, während wir noch bei Kaffee und Cognac saßen.

Das ist Roone Arledges Stil, der für ihn und folglich auch für mich, wenn ich geschäftlich mit ihm zu tun habe, effektiv ist. Ich nehme mir an diesen Tagen einfach die notwendige Zeit für ein ausgedehntes Gespräch. Anstatt mich selber dadurch nervös zu machen, daß ich mir für den Nachmittag noch viel vorgenommen habe, lasse ich lieber den Rest des Tages frei.

Versuchen Sie, alles über Ihre Geschäftspartner herauszufinden, einschließlich ihres individuellen Geschäftsstils und ihrer eigenen Zeiteinteilung. Ich weiß z. B., wer ständig zwanzig oder dreißig Minuten zu spät kommt und richte mich danach. Ich notiere mir die Verabredung einfach für einen späteren Zeitpunkt als sie und nutze die so gewonnene Zeit, um verschiedenes zu erledigen. Das ist wesentlich produktiver, als sich zu ärgern oder zu hoffen, daß der Gesprächspartner dieses Mal ausnahmsweise einmal pünktlich sein möge.

Telefongespräche

Telefongespräche und Besprechungen füllen – wie wohl bei den meisten Führungskräften – den größten Teil meines Arbeitstages aus. Wenn es Ihnen gelingt, diese beiden Aktivitäten zu steuern, regelt sich der Rest von alleine.

Ich nehme nur selten Telefongespräche an. Mir ist es lieber, jemanden anzurufen, wenn es in *meinen* Zeitplan paßt und ich mich voll darauf konzentrieren kann, anstatt durch Anrufe gestört zu werden. Wenn ich selbst die Initiative ergreife, habe ich zudem mehr Möglichkeiten, das Gespräch zu lenken und mehr Zeit, zu planen, was ich sagen will.

Ich erwidere allerdings jeden Anruf, mit zwei Ausnahmen: wenn ich nicht mit dem Anrufer sprechen möchte oder wenn es besser ist, daß sich ein anderer Mitarbeiter in unserem Unternehmen damit befaßt (wobei ich darauf dränge, daß sich der Betreffende mit dem Anrufer in Verbindung setzt).

Jeden Telefonanruf zu beantworten ist mehr eine Sache des persönlichen Stils als der Zeiteinteilung, aber letztere hilft mir insofern, als daß ich keine Zeit damit vergeuden muß, festzustellen, wen ich nicht angerufen habe oder mein schlechtes Gewissen zu beruhigen.

Eine Pause zum Überdenken

Mir war nicht einmal bewußt, daß ich mich an dieses Prinzip halte, bis mich jemand darauf aufmerksam machte. Immer wenn mir meine Sekretärin einen Anrufer durchstellt, lege ich meine Hand auf den Hörer und warte einen Augenblick, bevor ich ihn abhebe. Ich nutze diese letzten Sekunden, um blitzschnell noch einmal zu überlegen, was ich erreichen will und wie ich am schnellsten zum Ziel komme.

Ich habe einmal den Ausspruch gehört: »Wenn man nicht weiß, wohin man will, landet man irgendwo.« Es gibt wohl keine Binsenweisheit, die, gerade bei Telefongesprächen, zutreffender wäre. Wenn Sie sich nicht ganz genau darüber im klaren sind, was Sie eigentlich wollen, werden Sie es wahrscheinlich nie erreichen.

Zum Thema kommen

Obwohl es mir ganz gut gelingt, meine Zeit entsprechend meinem Terminplan einzuteilen, forciere ich sehr oft das Ende eines Telefongespräches.

Ich bin davon überzeugt, daß es nicht schwierig ist, zum Thema zu kommen oder ein Telefongespräch rasch zu beenden; aber ich kenne viele Leute, die das problematisch finden. Die meisten Menschen brauchen fünfmal mehr Zeit als notwendig, um das zu sagen, was sie sich vorgenommen hatten. Für sie ist eine abrupte Beendigung eines Gespräches unhöflich oder ein Mangel an Einfühlungsvermögen.

Wenn ich ein Telefonat beenden will und ich kenne meinen Gesprächspartner gut, sage ich ihm einfach, daß ich auflegen muß oder ihn später noch einmal anrufe. Wenn ich ihn nur flüchtig kenne, sage ich z. B.: »Draußen warten drei oder vier Leute mit einem Meeting, das eigentlich vor fünf Minuten beginnen sollte, auf mich.« Oder: »Ich habe ein Gespräch aus der Schweiz in der Leitung, auf das ich schon den ganzen Tag gewartet habe.«

Ich ziehe es auch vor, zuerst zur Sache zu kommen und *anschließend*, je nachdem wie mein Zeitplan aussieht, noch zu plaudern. Die meisten Leute machen es umgekehrt: Sie reden erst einmal fünf Minuten lang Belangloses, bevor sie auf ihr eigentliches Anliegen zu sprechen kommen. Das ist manchmal die richtige Methode, aber weit öfter verschwenden Sie damit nicht nur Ihre eigene Zeit, sondern auch die Ihres Anrufers. Oder, noch schlimmer, er hat vielleicht noch ein anderes Gespräch in der Leitung und Sie müssen einhängen, ohne gesagt zu haben, was Sie sich vorgenommen hatten.

Schließlich kann ich recht gut abschätzen, wieviel Zeit ich für die Anrufe, die ich an einem bestimmten Tag angesetzt habe, benötige. Wenn ich versprochen habe, mich zu einem bestimmten Zeitpunkt zu melden, halte ich mich möglichst genau daran. Für alle übrigen Telefongespräche reserviere ich eine bestimmte Zeitspanne, normalerweise zwischen dreißig und neunzig Minuten.

Ich notiere mir weiterhin die Telefongespräche in der Reihenfolge, in der sie erfolgen sollen: am Ende sind diejenigen aufgeführt, die ich *leicht kürzen* kann, sollte ich in Zeitnot geraten. Aufgrund dieser Auflistung nach den Kürzungsmöglichkeiten fällt es mir nicht schwer, mich an meinen Zeitplan zu halten.

Das bedeutet auch, daß ich mir normalerweise die meisten internen Gespräche mit meinen Mitarbeitern für den Schluß aufhebe, weil ich sie, wenn nötig, abrupt beenden kann.

Das lange »vielleicht« abkürzen

Bei jedem Telefongespräch sollte man versuchen, etwas Konkretes zu erreichen. Wenn Sie keine definitive Antwort von jemandem bekommen, bringen Sie in Erfahrung, bis wann er sich entschieden hat. Wenn Ihnen auch das nicht gelingt, fragen Sie ihn, wann er Ihnen sagen kann, bis wann er sich entschieden hat. Wenn Sie auch das nicht schaffen, vergessen Sie's! Jeder weitere Versuch wäre reine Zeitverschwendung; allein dadurch, daß Sie das erkannt haben, haben Sie schon viel erreicht.

Wie man telefonische »Verfolgungsjagden« vermeidet

Manchmal findet man in einem Telefongespräch nur heraus, wann man jemand Bestimmten sprechen kann. Viele Leute vergeuden ihre Zeit damit, vergeblich hinter anderen »herzujagen«.

Ich rufe jemanden nur zweimal an. Wenn ich beim erstenmal nicht mit ihm sprechen kann, lasse ich nicht ausrichten, er möchte mich zurückrufen. Ich stelle fest, wann er erreichbar sein wird und probiere es dann noch einmal.

Manchmal frage ich auch die Sekretärin des Betreffenden, wann er sich mit mir in Verbindung setzen könnte; wenn ich den Zeitpunkt kenne, sage ich ihr, daß *ich* mich dann bei ihm melde. Wenn Sie darüber keine Auskunft erhalten können, setzen Sie einen engen Zeitrahmen für Ihren nächsten Anruf: »Bitte sagen Sie Herrn Soundso, daß ich ihn heute nachmittag zwischen 14.45 Uhr und 15.00 Uhr anrufe.« Wenn etwas erst einmal schwarz auf weiß im Terminkalender vermerkt ist, richten die meisten Leute ihre Aktivitäten entsprechend ein und sind dann auch wirklich erreichbar.

Wenn Sie mehr als zwei Telefonate brauchen, um zu jemandem durchzukommen, handelt es sich wahrscheinlich weniger um ein logistisches Problem, als vielmehr darum, daß er nicht mit Ihnen sprechen will.

Wie Sie erreichen, daß man Ihren Anruf entgegennimmt

Teilen Sie Ihrem Gesprächspartner etwas mit, was er gerne hören möchte oder unbedingt hören muß.

Ich habe einmal einen Anruf von einem mir völlig Unbekannten entgegengenommen, der mit den Worten begann: »Ich habe große Neuigkeiten für Sie!« Es handelte sich dann doch um eine telefonische Akquisition, aber der Anrufer war immerhin bis zu mir durchgedrungen.

Vor kurzem rief ich den Direktor einer großen Fluggesellschaft, den ich kaum kannte, wegen einer Promotion-Serie an. Da ich weiß, daß alle Fluggesellschaften heute über Geldmangel klagen und wir verbilligte Flugtikkets immer gut gebrauchen können, sagte ich seiner Sekretärin: »Bitte teilen Sie Herrn Soundso mit, daß ich dringend mit ihm über ein Projekt sprechen möchte, das ihn, wenn er interessiert ist, keinen Pfennig kostet.« Er war für mich zu sprechen.

Wenn Ihr Gesprächspartner und Sie einen gemeinsamen Bekannten haben, und Sie wissen, daß das Verhältnis zwischen den beiden gut ist, wird schon die Nennung dieses Namens Ihnen alle Türen öffnen. Wenn der Anruf besonders wichtig für Sie ist, lohnt es sich vielleicht, eben zu diesem Zweck eine Bekanntschaft zu machen: Es gibt Leute, die – wenn sie jemand Bestimmten in einem anderen Unternehmen erreichen wollen – zuerst die Sekretärin eines Firmenvorstandes anrufen und sich vergewissern, daß diese Person auch der richtige Ansprechpartner für sie ist. Danach rufen sie ihren eigentlichen Gesprächspartner an und weisen ihn gleich zu Beginn darauf hin, daß sie vom Vorstandsekretariat an ihn verwiesen wurden.

Schweigen bedeutet Zustimmung

Ein Telefongespräch muß nicht unbedingt eine zweibahnige Kommunikation sein. Wenn Sie vor allem informieren wollen und es sich weniger um einen Kommunikations- oder Meinungsaustausch handelt, geben Sie detailliert Auskunft und verzichten Sie darauf, noch einmal anzurufen. Sollten Fragen auftauchen, wird der Gesprächspartner mit Ihnen Kontakt aufnehmen.

Wenn Sie jemanden anrufen, um sich eine Frage beantworten, etwas bestätigen zu lassen oder sich nur seine Hilfe bzw. Unterstützung zu sichern, formulieren Sie Ihre Worte so, daß Schweigen Zustimmung bedeutet: »Bitte richten Sie Herr Soundso aus, er möchte mich nur zurückrufen, wenn er nicht einverstanden ist.«

Spitzenverkäufer schaffen es so, Termine mit Leuten zu bekommen, die sie überhaupt nicht kennen oder andernfalls nie kennengelernt hätten. »Notieren Sie doch bitte im Terminkalender von Herrn Soundso, daß ich nächsten Mittwoch um 10.30 Uhr kurz bei ihm hereinschaue. Wenn ihm der Zeitpunkt ungelegen ist, soll er mich bitte zurückrufen.«

Wer ist der Erste?

Manche Leute legen beim Telefonieren unnötig viel Wert auf das, was »das Protokoll« vorschreibt. Sie lehnen es ab, selber eine Nummer zu wählen und richten es stets so ein, daß sie nie als Erste am Telefon sind. Auch in dieser Hinsicht ist es vorteilhaft, wenn man seinen Gesprächspartner kennt.

Einige meiner Geschäftsfreunde denken, es sei ein »Trick«, wenn ich nicht gleich selber am Telefon bin. Wenn ich sie anrufe, achte ich immer darauf, daß ich sofort mit ihnen spreche.

Ich kenne Leute, die es nicht schätzen, wenn ihre Sekretärin Informationen für sie entgegennimmt, oder die es vorziehen, ihre Verabredungen selber zu treffen. Wenn ich weiß, daß derjenige, den ich sprechen will, immer gleich persönlich abhebt, richte ich es so ein, daß ich ihn auch selber anrufe. Ich weiß genau, wen ich stören kann und wer das für eine Zumutung hält.

Es gibt Führungskräfte, die glauben, Sekretärinnen sollten nur mit Sekretärinnen verhandeln, und die es absonderlich fänden, wenn ich persönlich mit ihrer Vorzimmerdame einen Termin vereinbarte, anstatt das meinem Büro zu überlassen.

Versuchen Sie deshalb, die diesbezüglichen Eigenheiten Ihres Gesprächspartners zu ergründen und richten Sie sich nach seinem »Telefon-Protokoll« – selbst wenn es Ihnen bisweilen lächerlich erscheint.

Interne Meetings

Mitarbeiterbesprechungen und firmeninterne Meetings sind die Crux jedes Unternehmens. Sie sind von großer Bedeutung für Kommunikation und Entscheidungsfindungsprozeß, führen aber selten zu konkreten Ergebnissen, bewirken wenig und sind für alle reine Zeitverschwendung. Da man sie nicht ganz abschaffen kann, sollte man ihre Anzahl, Häufigkeit und Dauer auf ein Minimum beschränken.

Wer sind diese Leute, und was haben sie überhaupt hier zu suchen?

Regel Nummer eins: Die Produktivität eines Meetings ist umgekehrt proportional zur Anzahl der Teilnehmer. Erste Folgerung: Bei mehr als fünf oder sechs Teilnehmern nimmt die Produktivität exponential ab. Und zweitens: Je öfter ein Meeting stattfindet, desto größer wird es.

An den meisten internen Besprechungen nehmen mehr Leute als unbedingt notwendig teil. Das ist auf zwei in jedem Unternehmen relevante Realitäten zurückzuführen:

Erstens, jede Firma beschäftigt eine Reihe von Mitarbeitern, die den Wert dessen, was sie zu sagen haben, nach der Anzahl ihrer Zuhörer bemessen. Für sie ist ein Meeting nur dann wichtig, wenn die Stühle nicht ausreichen.

Zweitens gibt es einen wichtigen persönlichen Faktor, nämlich den des »Sich ausgeschlossen-Fühlens«. Meetings gelten heute bei vielen als Teil einer Art Wertschätzungssystem, und sie beurteilen ihre Bedeutung für das Unternehmen nach Anzahl und Art der Meetings, zu denen sie gebeten werden. Sobald eine Konferenz regelmäßig oder zur Abhandlung eines bestimmten Themas anberaumt wird, erhält dieser Faktor noch größeres Gewicht.

Wir hatten einmal einen kleinen, informellen Ausschuß gebildet, der sich ganz unregelmäßig in einem kleinen Raum zusammenfand, um bestimmte Entscheidungen zu treffen. Aber im Laufe der Jahre wuchsen sowohl seine Größe als auch die Themenauswahl, so daß die Zusammenkünfte nicht länger der Entscheidungsfindung dienten, sondern rein informativ waren. Trotzdem war der Andrang groß. Schließlich entschied ich, daß wir nur noch einmal im Jahr zusammenkommen sollten, daß jeder, der wollte, daran teilnehmen könne, und daß es dabei weder um Entscheidungsfindung *noch* Information, sondern nur noch um ein geselliges Beisammensein gehen solle. Das rückte die ganze Sache wieder in die richtige Perspektive und wir konnten in dem ursprünglich kleinen Rahmen weitermachen.

Ich habe gelegentlich ganz autoritär entschieden, wer an den »populärsten« Konferenzen teilnehmen sollte – wobei ich das Kriterium zugrunde gelegt habe, wen ich dabeihaben wollte und wen nicht. Der dabei zu bemerkende Mangel an Fairneß wird durch den Mangel an Widerspruch mehr als wettgemacht.

Meetings kombinieren

Sowohl die Häufigkeit als auch der Zweck der meisten regelmäßig angesetzten Meetings läßt sich ändern, ohne daß sie an Qualität einbüßen.

Allein die »Aufwärmphase« – die Zeit, die man braucht, bis alle anwesend sind, es sich bequem gemacht haben und man anfangen kann – zehrt an den kostbaren Arbeitsstunden. Oft ist ein einstündiges monatliches Meeting produktiver als zwei fünfundvierzig Minuten dauernde in der

Woche. Jede Konferenz, die häufiger als einmal im Monat stattfindet, sollte eingehend überprüft werden.

Viele Besprechungen haben parallele oder sich überschneidende Funktionen, die leicht integriert oder miteinander gekoppelt werden könnten.

Die Ironie dabei ist, daß auf sie die Umkehrung des Parkinsonschen Gesetzes zutrifft: Die Anzahl der zu besprechenden Themen wird gekürzt, um dem Zeitplan gerecht zu werden. Konferenzen, die nach ihrer Zweckgebundenheit oder Häufigkeit integriert oder miteinander kombiniert wurden, erweisen sich als wesentlich fruchtbarer.

Meetings sind zwar für den Entscheidungsfindungsprozeß wichtig, aber nicht unbedingt das beste Forum für die Entscheidungsfindung selbst; und wenn mehr als fünf Leute daran teilnehmen, ist eine Entscheidungsfindung oft so gut wie ausgeschlossen.

Entscheidungsfindung in Ausschüssen ist weder besonders wirksam noch besonders eindrucksvoll, und die daraus resultierenden Beschlüsse sind selten die besten. Es ist schwer, einem Ausschuß die Verantwortung zu überlassen. Und wenn man ankündigt, daß man bis zum Ende der Sitzung zu einem Entschluß gekommen sein muß, ist das sicher die schnellste Art, die Kontrolle zu verlieren.

Meetings, die mehr als nur informativ sein wollen, sollten so definiert sein, daß die Teilnehmer ihre Meinung äußern, um damit dem eigentlichen Entscheidungsträger zu helfen, einen Beschluß zu fassen. Das erspart weitere Diskussionen, verringert die Konfrontationsgefahr, verhindert den sonst üblichen Versuch der Beeinflussung und führt zu einer bessern Abklärung der Entscheidung selbst.

Wie man ein Meeting leitet

Anfang und Ende eines Meetings sollten so genau wie möglich schriftlich festgelegt (was pünktliches Erscheinen garantiert) und der Plan an die Teilnehmer ausgehändigt werden. Konferenzen, die zu ungeraden Zeiten, wie z. B. um 10.15 Uhr statt um 10.30 Uhr beginnen, sorgen eher für pünktliches Erscheinen.

Wenn mehrere Themen zur Debatte stehen, sollte an jeden Teilnehmer bei seiner Ankunft eine Agenda ausgegeben werden, weniger zum Zwecke der Information, sondern vielmehr als »Motor« für den planmäßigen Ablauf. Wenn jeder weiß, wann das Meeting enden soll und die Anzahl der Themen, die noch zu besprechen sind, vor Augen hat, läßt sich eine Diskussion über ein Thema leichter beenden und man kann zum nächsten übergehen.

Wenn ich den Vorsitz führe, setze ich normalerweise die kürzeren, informativen Punkte der Tagesordnung an den Anfang und hebe die längeren oder zu Diskussionen führenden für den Schluß auf.

Bei diesen umfangreichen oder zu Debatten führenden Punkten fasse ich alle Haupt- und Nebenaspekte zunächst zusammen, um ein langes Hin und Her zu vermeiden.

Meetings zwischen »Tür und Angel«

Ich möchte den Menschen einmal kennenlernen, der den Ausspruch geprägt hat: »Es gibt keine dummen Fragen.« Ich würde ihn zwingen, Monat für Monat an den Meetings irgendeines großen Unternehmens teilzunehmen. Eine »dumme Frage« ist für mich ein Frage, die genauso gut vor oder nach dem Meeting gestellt werden könnte und niemandem außer dem Fragesteller etwas bringt.

Ich behaupte, daß die Hälfte aller regelmäßigen Konferenzen in amerikanischen Durchschnittsunternehmen unter den Tisch fallen könnte, ohne daß jemand sie vermissen würde. Meetings werden oft rein automatisch angesetzt, um die Themen abzuhandeln, die zu komplex sind, um sie telefonisch zu besprechen. Meetings zwischen »Tür und Angel«, das heißt, jede Art zwangloser Zusammenkunft von drei bis vier Mitarbeitern, um Informationen auszutauschen oder schnell zu einem Konsens zu gelangen, sind eine wesentlich bessere, wirksamere Alternative.

Und weniger Leute regen sich darüber auf, daß man sie nicht »eingeladen« hat.

Externe Meetings

Zweifellos sind die Machtbefugnisse und die Einflußnahme auf die Länge eines internen Meetings größer als bei einem externen. Aber auch bei Besprechungen mit einem Außenstehenden – in seinem oder meinem Büro – habe ich gelernt, die Gesprächsdauer meinem Stundenplan anzupassen.

Dazu muß man gleich zu Beginn dem anderen eindeutig zu verstehen geben, wieviel Zeit man zur Verfügung hat, indem man die Tagesordnung festlegt oder es ohne Umschweife klarstellt. Die meisten sind dafür sogar dankbar, weil sie dann selber besser einschätzen können, wieviel Zeit ihnen für die einzelnen Punkte bleibt.

Und auch hier möchte ich behaupten, daß die ersten Augenblicke eines Meetings, von der Begrüßung bis zu dem Punkt, an dem man zum Geschäft kommt, für den Gesprächsinhalt und für das Ergebnis entscheidender sind als alles, was folgt. Ich nutze diese Periode, um die Tagesordnung festzusetzen, für eine angenehme und entspannte Atmosphäre zu sorgen und bestimmte Eindrücke zu forcieren. Aus diesem Grunde verbanne ich möglichst alle Störfaktoren. Ich lasse meinen Besucher erst in mein Büro bitten, wenn ich ein Telefongespräch beendet oder meine Unterlagen geordnet habe, so daß ich mich ihm voll und ganz widmen kann. Ich bemühe mich, alle Telefonate oder geschäftlichen Probleme aus der Anfangsphase der Besprechung fernzuhalten. Kaffee und Getränke sind bereits bestellt *und serviert,* bevor der Dialog beginnt. Wenn ich diese ersten kritischen Momente im Griff habe, kann ich nicht nur die Länge des Meetings, sondern auch andere Aspekte steuern.

Wenn es an der Zeit ist, die Besprechung zu beenden und Ihr Gegenüber keine Anstalten macht zu gehen, können Sie ihn mit Worten oder Körpersprache darauf hinweisen. (Ich nehme z.B. den Telefonhörer ab und halte ihn in der Hand.) Sie müssen nur gewillt sein, zu diesen Mitteln zu greifen.

Manche Besprechungen, vor allem zwischen Leuten, die sich weniger gut kennen, ziehen sich endlos hin, weil jeder darauf wartet, daß der andere ihr Ende signalisiert. Das kleinste Zeichen dient dann schon dem willkommenen Abschluß.

Wo man das Tempo verlangsamen sollte

Natürlich muß man auch die Gesprächspartner berücksichtigen, bei denen Sie (wie im Fall Roone Arledge) auch nur beim geringsten Anzeichen von Eile Ihren eigenen Interessen zuwiderhandeln. Die meisten Führungskräfte ziehen es vor, ein schnelles Tempo anzuschlagen, von einem Geschäft zum nächsten zu eilen, sich mitten in ein Problem oder eine Situation zu stürzen, sie in den Griff zu bekommen und zum nächsten Punkt überzugehen. Es ist absolut notwendig zu wissen, bei welchem Ihrer Gesprächspartner diese hyperaktive Methode auf Unverständnis stößt.

Im allgemeinen halten die Japaner den Wunsch, ein Meeting sobald wie möglich zu beenden, für eine Verletzung der Etikette und einen Verstoß gegen ihre kulturellen Gepflogenheiten und Gebräuche. Wenn Sie hier versuchen, zu schnell von A nach B zu gelangen, könnte es Ihnen passieren, daß Sie gar nicht dort ankommen.

In unserer Branche gilt oft das gleiche für Vorstände von Sportverbänden: Sie sind zumeist ehrenamtlich tätig und haben dieses Amt freiwillig übernommen, betrachten es als ihr Hobby. Wenn Sie versuchen, ein Meeting mit ihnen so kurz wie möglich zu halten und sie zwingen, bei der Sache zu bleiben anstatt gelegentlich abzuschweifen, schneiden Sie sich unter Umständen »ins eigene Fleisch«.

Ich hatte einmal eine Besprechung mit einem englischen Sportfunktionär, der – ich zitiere einen Geschäftsfreund – so langsam war, daß er sich wahrscheinlich »morgens die Schuhe andrehte«. Wenn wir zusammen aßen, brauchte ich oft geschlagene drei Stunden, um zum ersten Punkt zu kommen.

Er fand auch nie ein Ende, und wenn ich ihn darauf aufmerksam machen wollte, daß ich gehen mußte, nahm ich meine Uhr ab und legte sie mitten auf den Tisch. Aber er schien sowenig Gespür für die Zeitnot der anderen zu haben, daß ich beinahe sicher war, daß er nicht einmal das bemerkte. In dieser Hinsicht irrte ich mich allerdings: eines Tages erwähnte er gegenüber einem gemeinsamen Geschäftsfreund meine seltsame Gewohnheit, während des Essens die Uhr abzulegen, und er wunderte sich, wie viele ich wohl schon vergessen hatte.

Meetings im Restaurant

Besprechungen beim Frühstück, Mittag- oder Abendessen sind ein wichtiger Bestandteil meines Geschäftsalltags, weil in meinem Augen – wie bereits gesagt – ein Restaurant dafür geeigneter ist als ein Büro: es ist zwangsläufig intimer, freundlicher und weniger formell, enthüllt mehr über die Persönlichkeit des anderen, der zudem noch weniger auf der Hut und aufnahmefähiger ist.

Ich achte besonders darauf, daß die Atmosphäre nicht nur entspannt ist, sondern einem Geschäftsabschluß geradezu entgegenkommt: Erstens treffe ich mich, und zwar aus den oben erwähnten Gründen, selten mit mehr als einer Person zu einem Geschäftsessen. (Mit zwei oder mehr Gästen ist die psychologische Dynamik variabel und daher schwerer zu interpretieren oder zu kontrollieren.)

Zweitens reserviere ich in New York, Paris oder London, wo man oft dem Nachbarn näher ist als seinem Gast, grundsätzlich nie für weniger als drei Personen, um nicht so eng wie in einer Sardinenbüchse sitzen zu müssen.

Drittens komme ich nie auf das Geschäft zu sprechen, bevor nicht die Bestellung aufgegeben ist und die Speisekarten vom Tisch sind. Da ich glaube, daß die Anfangsphase eines Gepräches die wichtigste und für alles, was danach kommt, entscheidend ist, würde es mich irritieren, wenn ein Ober sich um uns bemühte, während ich schon die ersten Themen anschneide.

Im übrigen bevorzuge ich – da ich nie das Gefühl hatte, unbedingt First-Class-Restaurants frequentieren zu müssen – (manchmal zweifle ich an der Klasse derer, die das Bedürfnis haben) Lokale, in denen man versteht, die richtige Atmosphäre für ein Geschäftsessen zu schaffen: die für Ruhe, Behaglichkeit und Ungestörtheit genauso bekannt sind wie für ihre exzellente Küche.

Die eigene innere Uhr kennen

Ich habe inzwischen gelernt, meine Zeitplanung meinen individuellen Arbeitsgewohnheiten anzupassen. Frühmorgens kann ich am besten denken und mit den verschiedensten Teilen der Welt, wo der Arbeitstag bereits begonnen hat, telefonieren. Ich stehe normalerweise zwei bis drei Stunden vor meinem ersten Termin auf, um alles mögliche – von der Gymnastik bis zum Auslandsgespräch, zu erledigen. Ich lege auch meine Meetings vornehmlich auf die frühen Morgenstunden: die meisten Mitarbeiterbesprechungen fangen um sieben Uhr oder 7.30 Uhr an, und oft habe ich schon zwei Verabredungen zum Frühstück hinter mir, wenn ich ins Büro komme. Dort beginne ich als erstes zu diktieren, weil meine Gedanken dann noch besonders klar sind.

Bis mittags habe ich schon einiges geschafft, und meine Nachmittage sind weniger ausgebucht. Ich hebe mir die Verabredungen oder Aktivitäten für zuletzt auf, die unbefristet sind oder bei denen ich mich am meisten entspannen kann. Die eine Hälfte meiner Abende ist mit der Erledigung geschäftlicher Angelegenheiten ausgefüllt, die andere halte ich mir zur Belohnung frei. Geschäftsreisen sind für mich ebenso Zeiten der Ruhe und Entspannung wie die Möglichkeit, von einem Ort zum anderen zu gelangen.

Ich habe festgestellt, daß die meisten Leute morgens in Höchstform sind und nach dem Mittagessen ihren Tiefpunkt erreicht haben. Ich bin sicher, daß es auch andere gibt, die erst im Laufe des Tages richtig in Schwung kommen. Wichtig ist, Ihre individuelle innere Uhr zu kennen und Ihren Arbeitstag entsprechend zu planen.

Wenn Sie Ihren Arbeitsablauf, so wie es für Sie am besten ist, organisiert haben, *bleiben* Sie auch dabei. Ich diktiere z. B. gelegentlich auch auf dem Weg zum Flughafen, aber normalerweise morgens im Büro. Ich kann an einer Hand abzählen, wie oft ein Brief oder Memo so wichtig war, daß sie nicht bis zum nächsten Morgen warten konnten.

Für mich ist die maximale Nutzung meiner Fähigkeiten direkt proportional der maximalen Nutzung meiner Arbeitszeit. Ich habe eine aggressive Einstellung zur Zeit, und ich versuche, sie in den Griff zu bekommen, anstatt mich ihr auszuliefern.

Ein ganz simples Faktum bei der effektiven Zeitnutzung ist wohl auch, daß die 45-Stunden-Woche nur für die Gewerkschaften gilt. Ich habe bisher noch keinen Geschäftsmann getroffen, der nicht wesentlich mehr Zeit investiert hätte. Meines Erachtens nutzen die Leute, die am längsten arbeiten, ihre Zeit auch am besten. Beides scheint Hand in Hand zu gehen.

Indem ich meinen Tag meiner »inneren Uhr« entsprechend einrichte, meine Freizeit genauso wie meine Arbeitszeit plane und alles schriftlich fixiere, kann ich mich in meiner Freizeit völlig entspannen und in meiner Arbeitszeit voll auf meine Aufgaben konzentrieren. Ich brauche meine Probleme nachts nicht aufzuarbeiten: ich schlafe wie ein Murmeltier.

Nein sagen lernen, auch wenn es schwerfällt

Die beste Möglichkeit, mit sofortiger Wirkung Zeit zu sparen, ist, ein »Nein« auszusprechen. Viele Leute haben diesbezüglich Hemmungen, selbst wenn es gar keine andere Lösung gibt. Sie haben Angst, den anderen zu verletzen, sich den Rückzug zu versperren oder ganz einfach in diesem Augenblick eine definitive Entscheidung zu treffen.

Dabei ist es ganz einfach, nein zu sagen, ohne unhöflich zu sein. Ein zögernd oder mit Bedauern ausgesprochenes Nein, kombiniert mit einer glaubhaften Entschuldigung (»Wenn ich nicht so unter Zeitdruck stünde«, »Wenn ich das vor sechs Monaten gewußt hätte ...« usw.) kann genauso abschließend und definitiv sein wie »Ich bin nicht interessiert.«

Viel problematischer ist, daß man zögert, sich endgültig festzulegen, daß man das Gefühl hat, man könnte eventuell eine wenn auch noch so vage Chance verpassen. Ich bin schon oft in dieser Lage gewesen, und ich habe mich immer, wenn nötig, zu einer Absage durchgerungen, auch wenn es mir noch so schwerfiel.

Vor kurzem wurden wir gebeten, eine größere Sportveranstaltung zu konzipieren, die bereits finanziert war. Obwohl uns das sicher auch gut gelungen wäre, hatte ich das Gefühl, der Zeit- und Arbeitsaufwand sei zu groß und lehnte ab. Jedes Projekt muß im Zusammenhang mit anderen Verpflichtungen betrachtet werden, und gelegentlich muß man auch auf etwas verzichten können. Damit, daß Sie versuchen, jede Gelegenheit hundertprozentig auszuloten, bis sie im positiven oder negativen Sinn ganz sicher sind, können Sie ein Unternehmen in die Knie zwingen.

Das wohl größte Problem für so manchen, ein klares Nein auszusprechen, besteht darin, daß er sich gerne selber einredet: wenn er einen Aufschub erreicht, spart er Zeit. Wenn man sich überrumpelt oder in die Ecke gedrängt fühlt, ist es viel einfacher zu sagen: »Ich muß darüber nachdenken« oder »Ich melde mich wieder bei Ihnen«, als etwas zum Abschluß zu bringen und ad acta zu legen. Die Versuchung ist besonders groß, wenn Sie bereits wissen, daß die Antwort negativ ausfällt.

Aber die Situation ist damit nicht abgeschlossen, und wenn man sich nicht fünf Minuten Zeit nimmt, um einen Schlußstrich zu ziehen, muß man vielleicht in Zukunft wesentlich mehr Zeit dafür opfern.

Ich habe mich schon oft mit einem Nein abfinden müssen. Ich ziehe eine sofortige negative Antwort einem lang ausgedehnten »Vielleicht« vor. Damit vergeudet man nur Zeit, und das Resultat ist doch nicht anders.

Ein klares »Nein« ist oft für alle Beteiligten besser. Es schafft nicht nur klare Fronten, sondern verschafft auch eine gewisse Befriedigung: Die Erkenntnis, diesen Fall abschließen zu können, ist oft genauso erleichternd wie das Gefühl, etwas geschafft zu haben.

Entscheidungsfindung

Jemand hat mir erzählt, wenn die Ford-Werke einen Management-Aspiranten testen, beobachtet man dort u. a. auch, ob er Salz und Pfeffer benutzt, bevor er sein Essen gekostet hat, und leitet angeblich daraus ab, ob der Betreffende eine Entscheidung trifft, bevor er alle Fakten kennt.

Ich hoffe, daß das nicht wahr ist, erstens, weil ich glaube, daß das nichts mit Entscheidungsfindung zu tun hat – ich kenne einige Menschen, die ausgezeichnete Entscheidungen treffen und gerne scharf gewürzte Speisen zu sich nehmen – und zweitens, weil das größte Problem im Entscheidungsfindungsprozeß die Tatsache ist, daß wir eher dazu neigen, *zu viele Fakten* zu sammeln, weil wir glauben, daß uns die Entscheidung dann leichter fällt.

Geschäftsleute, die ich schätze, pflegen ihre Entscheidungen blitzschnell zu treffen. Sie sind nicht darauf angewiesen, vorher alle »erkennbaren« Tatsachen zu kennen. Sie akzeptieren gelegentliche Fehlentscheidungen und haben genügend Selbstvertrauen, um davon auszugehen, daß die meisten ihrer Entscheidungen richtig sind.

Wenn jemand für seine ausgezeichneten Entscheidungen bekannt ist, basiert dieses Urteil meistens ebensosehr auf der Schnelligkeit und Entschlossenheit, mit der er eine Entscheidung trifft, wie auf den Resultaten, die sich daraus ergeben.

Fingerspitzengefühl

In einigen Unternehmen erhält man sogar auf die simpelsten Fragen eine Antwort, die eigentlich keine ist: »Ich glaube, darüber gibt es einige gesicherte Daten.«

Ich halte Entscheidungsfindung mehr für einen intuitiven als für einen analytischen Prozeß und weder Marktforschungsmethoden, Zielgruppeninterviews noch Umfrageergebnisse können daran etwas ändern.

Die Gefahr dabei ist: je mehr Daten zu »verdauen« sind, desto weniger Bedeutung mißt man der Intuition, dem Fingerspitzengefühl bei.

Im Verkaufsprozeß ist die Wahl des guten oder richtigen Zeitpunktes oft davon abhängig, wie effektiv man sensorische Wahrnehmungen in bewußtes Handeln transformiert. Entscheidungsfindung ist ein ähnlicher Porzeß mit umgekehrter Abfolge: Man setzt analytische Daten, Fakten und Zahlen in sensorische Wahrnehmungen um. Wenn Sie die Notwendigkeit, eine Entscheidung auch »gefühlsmäßig« zu treffen, ignorieren, müssen sie sich damit abfinden, zu keiner guten oder zu überhaupt keiner Entscheidung zu gelangen.

Ich habe einmal eine Geschichte von einem Wissenschaftler der Columbia-Universität gehört, der den Forschungsauftrag erhalten hatte, die Wirkung von Schallwellen zur Insektenvernichtung zu untersuchen. Zu diesem Zweck hatte er einer Küchenschabe beigebracht, auf das Kommando »Hüpf« über einen Bleistift zu springen. Im Verlauf dieser Experimente verfing sich die Kakerlake in einer Schublade und büßte bei dem Versuch, sich zu befreien, ein Bein ein.

Der Wissenschaftler stellte fest, daß die Schabe seit ihrem »Unfall« auf das Kommando: »Hüpf« nicht mehr reagierte und einfach sitzen blieb. In seinem Abschlußbericht zog er daraus die Schlußfolgerung: »Die Kakerlake hat aufgrund eines Traumas, das auf den Verlust eines Beines zurückzuführen ist, ihr Gehör eingebüßt.«

Fakten gehören zum Instrumentarium des Entscheidungsträgers, aber
1) sie sind kein Ersatz für Intuition,
2) nehmen ihm die Entscheidung nicht ab und
3) sind nur so nützlich, wie es seine Fähigkeit, sie zu interpretieren, erlaubt.

Manche Leute legen gar keinen Wert auf Fakten (»Ich belaste mich doch nicht mit einen Wust von Details!«), aber den meisten dienen sie dazu, bequeme oder bereits feststehende Standpunkte zu rechtfertigen und nicht, um zu der Einstellung zu gelangen, die sich eigentlich zwangsläuft aus ihrer Kenntnis ergeben müßte. Zweifellos ist es schwierig, gute Entscheidungen zu treffen, die auf überzeugenden, gerechtfertigten und objektiven falschen Schlußfolgerungen beruhen.

Die Randfaktoren berücksichtigen

Die beste Möglichkeit, Fakten sinnvoll zu nutzen – Marketing-Daten, Analysen, Berichte, Erhebungen – ist nicht die Interpretation des konkreten Inhaltes, sondern dessen, was beiläufig ausgesagt wird. Ein Stoppschild sagt Ihnen, daß Sie anhalten müssen, aber es deutet darüber hinaus auf gegensätzliche Verkehrssituationen und bestimmte, daraus sich ergebende Konsequenzen hin.

Halten Sie nach den Randfaktoren Ausschau. Was sagen Fakten über Trend, Vorurteile, Konflikte und Chancen aus?

So mancher vertritt die Auffassung: »Wir sollten auf ein Projekt verzichten, weil schon drei oder vier andere Schiffbruch damit erlitten haben.« Aber wer seine Entscheidungen mit Umsicht trifft, wird versuchen festzustellen, inwieweit sich die Aktivitäten der drei ähneln und was sie gleichermaßen versäumt haben, bevor sie zur gleichen Schlußfolgerung gelangt sind.

Der Blick über den Gartenzaun

Oft gehen die nützlichsten Informationen für die Entscheidungsfindung über die eigentlichen Fakten hinaus. Lassen Sie sich in Ihrem Entscheidungsspielraum nicht einschränken von dem, was Sie bereits wissen.

So erfolgreich wir auch sind, eine Einkommensbasis für unsere Sportklienten nach ihrem Rückzug ins Privatleben zu schaffen – eine Minderung der Einnahmen nach ihrer Zeit als Aktive läßt sich selten vermeiden. Das ist für uns eine oft schmerzlichere Erfahrung als für den Athleten selber. Ein Björn Borg z. B. kann nach Beendigung seiner sportlichen Laufbahn noch genauso gut von $ 1 Million Lizenzeinnahmen leben, wie von den $ 5 Millionen, die er als aktiver Tennis-Profi verdient hat. Aber für ein großes Unternehmen wie das unsrige mit seinen immensen Festkosten kann ein 80%iger Verlust seiner Einnahmen kritisch sein. Dadurch stehen wir ständig unter dem Zwang, »den nächsten Borg« zu finden, auch wenn es ihn gar nicht gibt.

Als ich vor ein paar Jahren über dieses Problem nachdachte, kam ich zu der Schlußfolgerung, daß ich mich nicht länger von den konkreten Fakten einschränken lassen, sondern sie wie alle anderen Fakten einordnen sollte. Aufgrund dieser Schlußfolgerung gelang es mir, mich von den konkreten Fakten zu lösen und zu einer ganz anderen Konzeption zu kommen: nicht nur Sportler-Persönlichkeiten, sondern auch Sportveranstaltungen zu repräsentieren. Das führte schließlich zur Entstehung des Wimbledon-Logos, das bis heute wohl eines unserer erfolgreichsten und beständigsten Lizenzprogramme ist. Wimbledon muß keine Bewerbe gewinnen, um populär zu bleiben und verschwindet auch nicht »in der Versenkung«. Es stellt für uns eine verläßliche Einkommensquelle dar, ein Gegengewicht zu der unbeständigeren, die mit der Repräsentation von Athleten verbunden ist.

Kluge Entscheidungsfindung im Unternehmen ist der konstante Prozeß, die Zeichen der Zeit zu erkennen, sich klarzumachen, wie neue Informationen alte Entscheidungen verändern können und die Zukunft zu prognostizieren.

»Dickhäutige« Entscheidungsfindung

Im Zirkus hindert man Elefantenbabys daran, wegzulaufen, indem man sie ankettet. Wenn das Tier an der Kette zieht, schneidet sie ins Fleisch, und der kleine Elefant folgert daraus, daß es, um Schmerzen zu vermeiden, besser ist, an Ort und Stelle zu verharren.

Auch wenn der Elefant heranwächst, bleibt er angekettet. Ein ausgewachsenes Tier könnte den Pflock wie einen Zahnstocher herausreißen, aber es erinnert sich an die Schmerzen und ist zu dumm, die neuen Faktoren, nämlich die veränderten Umstände, auszunutzen. Der winzige Pflock hält den Koloß genauso »bei der Stange« wie das Elefantenbaby.

Viele Führungskräfte verlassen sich zu sehr auf veraltete Fakten und unzeitgemäße Konventionen oder traditionell erfolgreiche Methoden. Das ist in meinen Augen eine »dickhäutige« Entscheidungsfindung.

Vertrauen Sie auf Ihren ersten Eindruck, aber ...

Für mich ist der erste Eindruck immer entscheidend, aber ich gebe ihm die Gelegenheit, sich erst einmal zu verfestigen. Entscheidungen sind und sollten auch emotionsgebunden sein, aber es ist vorteilhaft, sich die verschiedenen Optionen offenzuhalten, bis man sie kritisch unter die Lupe nehmen kann. Gibt es naheliegende Überlegungen, die nicht angestellt worden sind? Wenn mir dazu in den ersten vierundzwanzig Stunden nichts einfällt, kommen mir wahrscheinlich auch später keine neuen Erkenntnisse mehr – und wenn doch, ist es dafür ohnehin zu spät.

Gute Entscheidungen sind zwingend

Wenn Sie die Richtigkeit einer Entscheidung sofort, nachdem Sie sie gefällt haben, anzweifeln, wird sie mit Sicherheit ein Fehlschlag, nicht, weil Sie sich geirrt, sondern weil sie ihr keine Erfolgschance gegeben haben.

Viele zweifelhafte Entscheidungen wurden ein Erfolg, weil die Leute, die sie getroffen haben, entschlossen waren, ihr zum Erfolg zu verhelfen, und so manche gute Entscheidung wurde ein Flop, weil die Entscheidungsträger ihre Zweifel nie ganz ausräumen konnten.

Als ich mich für die Konzeption und das Marketing des Wimbledon-Logos entschied, stieß ich zunächst auf beträchtlichen Widerstand bei den Mitarbeitern, die damit befaßt sein würden. Zunächst einmal gab es Wimbledon als Austragungsort schon fast ein Jahrhundert lang, und warum war nicht schon längst jemand auf diese Idee gekommen? Zweitens sprachen hinreichende Anzeichen dafür, daß sich der Käufer eher mit Borg, Palmer oder einem Modedesigner identifizieren konnte und daher wenig Interesse daran hatte, den Namen eines Tennisturniers auf seinem T-Shirt zu tragen. Und schließlich, und das war das schlimmste, hatten wir eine denkbar schlechte Startposition: Weltweit benutzten bereits 25 Unternehmen den allgemeinen Namen »Wimbledon« für ihre Produkte. Unsere Rechtsabteilung bezweifelte, ob wir am Markt Fuß fassen, geschweige denn, einen Markt schaffen könnten.

Aber ich ließ mich nicht in meiner Meinung beirren, ein Wimbledon-Logo sei erfolgversprechend, und wir wären das richtige Unternehmen, um der Idee zum Durchbruch zu verhelfen. Wäre ich weniger überzeugt gewesen oder hätte nach Hinweisen gesucht, die die Schlußfolgerung nahelegten, ich sei im Irrtum, wäre »Wimbledon« mit Sicherheit nichts als ein generischer Name geblieben, für jeden zugänglich, der ihn benutzen will.

Firmeninterne Kommunikation

Ich glaube, wie schnell in einer Firma Entscheidungen realisiert werden, wie schnell sich der dabei notwendige Informationsaustausch vollzieht, ist mehr eine Sache des Stils als des Systems.

Wie ich bereits gesagt habe, ziehe ich persönlich einen schnellen, zwanglosen Informationsaustausch den formelleren und daher zeitraubenderen Meetings vor. Ich suche lieber andere in ihrem Büro auf, als sie in meinem zu empfangen (es ist viel einfacher, zu gehen, als den Besucher zum Gehen zu veranlassen). Ich fange lieber jemanden in der Halle ab oder frage ihn per Telefon, als um offizielle Unterredungen zu bitten, bei denen man mindestens fünf Minuten für den Erhalt von Informationen braucht, die man sich in zwanzig Sekunden beschafft haben könnte. In der Regel kann ich 90% der notwendigen, einschlägigen Information bei kurzfristigen formlosen Zusammenkünften erwerben.

Ich bitte unsere Mitarbeiter lieber um eine »Kurznotiz« oder ein »Bulletin« zu einem bestimmten Thema als um einen offiziellen Report. Wenn ich einen Rundgang durch unsere Büros mache, kalkuliere ich dafür immer zehn bis fünfzehn Minuten ein: ich suche bestimmte Leute auf, um ihnen eine Kurznotiz zu geben oder sie darum zu bitten. Dadurch bin ich mit der laufenden weltweiten Entwicklung besser vertraut als mit Hilfe irgendeiner anderen Methode.

Dieser schnelle, zwanglose Informationsaustausch hat die Tendenz, sich selbständig von der höchsten Unternehmensebene bis zur Basis auszubreiten. Angestellte übernehmen oft die Manieriertheiten und Gewohnheiten ihrer Vorgesetzten, und eine der wohl am leichtesten übertragbaren ist die Art des Kommunikationsaustausches. Wenn ein Manager Geschick im schnellen Informationsaustausch entwickelt hat, sind seine Mitarbeiter bald auf diesem Gebiet genauso versiert wie er. Neigt er dazu, ins Uferlose abzuschweifen, sich ständig unnötigerweise zu wiederholen oder mehr Zeit als nötig zu brauchen, um zu sagen, was zu sagen ist, wird auch seine Abteilung irgendwann diese Gepflogenheiten annehmen.

Der persönliche Stil einer Führungskraft im Hinblick auf den Informationsaustausch ist von größerer Bedeutung für die Leistungsfähigkeit eines Teams als die Resultate eines brillanten strukturellen oder organisatorischen Systems.

Schreiben oder nicht schreiben ...

Wenn es einen Grund gibt, etwas schriftlich zu fixieren – d. h., zur künftigen Verwendung festzuhalten, Ihr Einverständnis zu erklären, komplexe Fakten oder Zahlen aufzulisten – dann schreiben Sie es auf, auch wenn es darum geht, sich abzusichern, Ihre Position deutlich zu machen oder die Vermutung naheliegt, daß es Rückfragen geben könnte. Aber wenn kein besonderer Grund vorliegt, sollten Sie sich fragen, ob verbale Kommunikation nicht besser, einfacher und effektiver ist.

Dabei sollten Sie nicht vergessen, daß schriftliche Kommunikation Arbeit macht und nicht nur die Zeit kostet, in der Sie schreiben und der Empfänger liest.

Bob Anderson, Vorstandsvorsitzender von Rockwell International, hat mir einmal erzählt, daß er fast ausnahmslos die mündliche Kommunikation mit anderen Firmenchefs vorzieht. Im Schriftverkehr gibt es zu viele Unklarheiten: Wie soll man auf einen Brief antworten? Was wollte der Absender wirklich sagen? Gibt es legale oder andere Implikationen? Ist das eine Empfehlung oder eine Drohung?

Dasselbe gilt für einen Großteil des Schriftverkehrs zwischen Führungskräften und Abteilungen. Wenn man Worte zu Papier bringt, muß man damit rechnen, daß sie auf verschiedene Weise interpretiert werden können, mitunter sogar eine völlig konträre als die vom Verfasser beabsichtigte Wirkung haben.

Deshalb halte ich es für sinnvoller, nur unter den oben genannten Umständen auf den Schriftverkehr zurückzugreifen.

Es gibt ein paar einfache, klar erkennbare Regeln, die Sie bei firmeninternen Mitteilungen beachten sollten:

1) Beginnen Sie immer mit An:, Von:, Datum und Betrifft.
2) Formulieren Sie knapp. Eine einzeilige Mitteilung ist wirkungsvoller als eine zweizeilige usw. usw. Verzichten Sie auf den dramatischen Aufbau und reden Sie nicht um den heißen Brei herum. Es gibt keinen Nobelpreis für die besten Notizen.
3) Formulieren Sie einfach. In Kurzmitteilungen werden Informationen weitergegeben. Wenn es um ein komplexes Thema geht, erreicht man mit einer zweibahnigen Kommunikation, einem Dialog oder Telefongespräch weit mehr. Memoranden, in denen Standpunkte oder Meinungen expliziert werden, führen zum »Papierkrieg«.
4) Warten Sie vierundzwanzig Stunden, bevor Sie kontroverse Antwortschreiben herausgeben. »Gegendarstellungen« (die erste Salve im Papierkrieg) fallen z. B. in diese Kategorie. Es könnte passieren, daß eine wie ein Bumerang zurückkommt und Ihnen noch jahrelang Kopfzerbrechen macht.
5) Aktennotizen sind hilfreich. Dadurch werden Fakten, die Sie sonst leicht vergessen könnten, registriert und wirken auch noch, nach Wochen, Monaten oder Jahren abgerufen, wesentlich glaubhafter als verbal mitgeteilte. Und außerdem verlangen Aktennotizen keine Antwort.

Es gibt noch etwas über Schriftverkehr im allgemeinen und Memos im besonderen zu sagen: Ich versuche nur Mitteilungen zu schreiben, die im Papierkorb landen können, nachdem man sie einmal gelesen hat. Genau das mache ich mit dem größten Teil meiner eingehenden Post, ob sie zu diesem Zweck abgefaßt wurde oder nicht.

Nichts macht mir, außer daß ich gerne etwas »abhake«, mehr Vergnügen, als zu sehen, wie sich das Papier im Papierkorb anhäuft, und das, möchte ich sagen, sind fast 95% des bei mir eingehenden Schriftverkehrs. Im Laufe der Jahre hat es natürlich auch Situationen gegeben, wo ich etwas weggeworfen und es hinterher bereut habe. Aber ich meine, das ist ein geringer Preis dafür, daß man den restlichen Papierwust nie mehr wiedersieht.

Das erinnert mich an die Geschichte von Lew Wasserman und seine berühmt-berüchtigten nächtlichen Streifzüge durch die Büros der MCA. Vielleicht ist sie erfunden, aber sie wurde inzwischen so oft erzählt, daß sie durchaus wahr sein könnte.

Wasserman machte des öfteren spätabends seinen Rundgang durch die Büros von MCA und warf alle Papiere, die er auf den Schreibtischen fand, in den Papierkorb. Am nächsten Tag sagte er den konsternierten Betroffenen: »Wenn Sie das nicht schaffen, bevor Sie nach Hause gehen, lohnt es sich nicht, daran zu arbeiten.«

Das war wohl Wassermans Art, seine Mitarbeiter darauf aufmerksam zu machen, wie sie ihre Zeit nutzten und weniger wörtlich gemeint. Dennoch haben schon verschiedene Leute, die mich abends noch in meinem Büro aufsuchten, gespottet: »Mark, Sie scheinen wohl nichts zu tun zu haben. Auf Ihrem Schreibtisch liegt kein einziges Blatt Papier.«

Gestalten Sie Ihr Büro funktionsgerecht

Ich glaube, das Aussehen eines Büros – wie stilvoll, ordentlich und funktionsgerecht es ist – hat großen Einfluß auf die Arbeitsleistung. Wenn Sie ein Büro betreten, das unorganisiert scheint, fühlen Sie sich selber gleich »aus dem Konzept gebracht«. Wir bitten z. B. unser Büropersonal, die Schreibtische aufzuräumen, Papiere notfalls in Aktenordnern aufzubewahren, damit sie nicht herumliegen, und die Mahlzeiten in den dafür vorgesehenen Räumen und nicht am Schreibtisch einzunehmen.

Man könnte uns deshalb vorwerfen, wir seien kleinlich und pedantisch. Wenn ich der Meinung wäre, es sei belanglos, würde ich nicht weiter darauf bestehen. Aber für mich ist ein Büro so »leistungsstark«, wie es aussieht.

Ich war schon in Büros, die völlig unsinnig angelegt waren – wo sich die Kopiergeräte auf einer ganz anderen Etage befanden als die Abteilungen, die sie am häufigsten benutzten; wo Schreib-Pools als eigenständige Einheiten geführt wurden und direkt neben der Fakturier-, Rechnungs- oder irgendeiner anderen indirekten Dienstleistungsabteilung lagen; wo die Registratur von den Büroräumen, zu denen sie gehörte, meilenweit entfernt war.

Diese Dinge lassen sich korrigieren. Wenn unsere Leistungsexperten mehr Zeit darauf verwenden würden, Möbel zu verrücken anstatt sich nur mit Systemanalysen zu befassen, könnte in vielen Unternehmen weit mehr geleistet werden.

14. Nur für Unternehmer

Zu den wohl dramatischsten kulturellen Entwicklungen der letzten dreißig Jahre gehört meines Erachtens die neue Definition des Amerikanischen Traumes. Die meisten Menschen sind nicht mehr zufrieden damit, für einen Zweitwagen oder ein Eigenheim in der richtigen Wohngegend zu arbeiten. Heute ist die Freude an der Arbeit wichtiger als die Freude über ihren materiellen Lohn.

Viele sind davon überzeugt, daß sie mit ihrem Arbeitsplatz nie ganz zufrieden sein können, solange sie angestellt sind. Wenn sie die Wahl hätten, Direktor eines Unternehmens zu werden oder ihre eigene kleine Firma zu leiten, würden sie letzteres vorziehen. Sich selbständig zu machen ist der neue Amerikanische Traum.

Auch ich habe diesen Traum gehabt und erfolgreich verwirklicht. John Mack Carter, der Herausgeber des Magazins *Good Housekeeping*, hat einmal zu mir gesagt: »99% sollten Arbeitnehmer bleiben.« Ich stimme ihm voll zu, und deshalb steht das Kapitel über Unternehmensgründung am Ende und nicht am Anfang des Buches.

Wenn jeder, der davon spricht, eine eigene Firma zu gründen, auszöge, um sein Vorhaben zu realisieren, wäre wohl die ganze Nation selbständig. Aber für die meisten bleibt es eben nur ein Traum. Als erstes muß man sich über seine Motive im klaren sein, und darüber, ob man zu den Träumern oder zu dem restlichen 1% gehört.

Wenn Sie ein Unternehmen gründen möchten, weil sie »die Nase voll haben, sich etwas sagen lassen zu müssen«, weil sie mehr »Freiheit« brauchen oder sich nicht genügend anerkannt oder unterbewertet fühlen, lassen Sie die Finger davon! Das sind keine stichhaltigen Argumente, die für eine Firmengründung sprechen, sondern dafür, den derzeitigen Arbeitsplatz zu wechseln. Auch die Aussage: »Ich will viel Geld verdienen« ist zwar ein verständliches und lohnenswertes Ziel, aber als primärer Motivationsfaktor nicht ausreichend, um über die mageren Zeiten hinwegzuhelfen.

Bevor ich unser Unternehmen gründete, habe ich als Anwalt für eine renommierte Kanzlei in Cleveland gearbeitet; aber ich wußte genau, daß ich nicht den Rest meines Lebens mit Gesetzen verbringen wollte. Es machte mir Spaß, Verträge auszuhandeln, nicht aufzusetzen, und die

Sicherheit meines monatlichen Gehaltes reichte nicht aus, um mich zu halten. Ich war vorsichtig und skeptisch, aber der Gedanke, mein Leben und meine Energie darauf zu verschwenden, mir eine Karriere aufzubauen, die mir eigentlich nicht lag, machte mir mehr Angst. Ich konnte es mir gar nicht leisten, es nicht wenigstens auf einen Versuch ankommen zu lassen.

Das ist, glaube ich, wohl ein Grund für die meisten erfolgreichen Unternehmer gewesen, sich selbständig zu machen: sie hatten das Gefühl, es ein Leben lang zu bereuen, wenn sie es nicht zumindest versucht hätten. Das gibt einem die Kraft, eine »Kehrtwendung« zu vollziehen, sich vom Unternehmen abzunabeln und auch dann durchzuhalten, wenn man glaubt, es sei vielleicht besser umzukehren. Ein Unternehmen gründen ist mehr als eine finanzielle und berufliche Verpflichtung: es ist ein totales emotionales Engagement.

Ein Freund von mir hat vor ca. fünf Jahren eine inzwischen recht gut gehende Fabrik für Sportzubehör aufgemacht. Er hat mir erst kürzlich gestanden: wenn er gewußt hätte, wie die ersten zwei Jahre aussehen, hätte er das Ganze nie angefangen.

Wir mußten nie so hart kämpfen, aber ich kann gut verstehen, was er sagt. Es gibt in der Aufbauphase so viele Augenblicke, in denen das Negative das Positive überwiegt, daß das Gefühl der Befriedigung oft nur ein schwacher Trost ist. Es gibt Zeiten, da bleibt als einziger Motor das emotionale Engagement.

Stellen Sie knallharte Fragen

Wenn es darum geht, eine eigene Firma zu gründen, darf man sich nicht zur Selbsttäuschung hinreißen lassen. Es ist ohne Zweifel verlockend, sich von seinen eigenen Vorstellungen, Plänen und Zukunftserwartungen, illusionären Worten und Zahlen gefangennehmen zu lassen.

Sie sollten in der Lage sein, Ihr Vorhaben objektiv und klar zu analysieren:

Handelt es sich um eine »harte« Idee (ein neues Produkt oder eines, das eine Marktlücke füllt) oder eine »abgeschwächte« (spezifische Berateraktivitäten, eine ausgelastete Branche oder ein nicht mehr brandneues Projekt)? Die Gefahr in dieser Phase besteht darin, daß alles ja nur Fiktion ist, und daß diese Fiktion Ihre Fähigkeit, die richtigen Fragen zu stellen und sich die notwendigen knallharten Antworten zu geben, blockieren kann.

Wie ist die Konstellation?

Welche Relevanz hat Ihre Idee für den Markt, die Zeit und, last not least, für den Konsumenten? Welche Vorteile hat sie gegenüber Konkurrenzangeboten?

Ich habe erlebt, wie Beraterfirmen Schiffbruch erlitten, weil die Idee an sich schon nicht gut war. In diesem Zusammenhang erstaunt es mich immer wieder, wie viele Menschen glauben, daß andere bereit sind, für ein Pseudo-Fachwissen zu bezahlen, wenn ansonsten keine beeindruckenden persönlichen Erfolge vorzuweisen sind, mit denen man den potentiellen Kunden überzeugen kann.

Wenn ich IMG heute statt vor zwanzig Jahren gegründet hätte, wäre ich mir nicht sicher, ob wir – zumindest den gleichen – Erfolg haben würden. Arnold Palmer zu repräsentieren war deshalb ein Glücksfall, weil der Golfsport damals gerade ungeheuer populär wurde. Ein Jahrzehnt später konnten wir diesen Erfolg mit der Verpflichtung von Laver, Newcombe und Borg wiederholen, und heute, zehn Jahre danach, gelingt es uns bestimmt noch einmal im Laufsport, obwohl bisher noch kein Superstar am Athletenhimmel aufgetaucht ist.

In den ersten beiden Bereichen – Golf und Tennis – gibt es zwar einen beachtlichen Marktkern, aber es ist auch eine Abflachung der Wachstumskurve zu verzeichnen.

Wenn ich heute gezwungen wäre, IMGs Anfangserfolge zu wiederholen, müßte ich auf die richtige Kombination von bestimmten Faktoren – die optimale Konstellation – warten: darauf, daß eine neue Sportart populär wird; daß sie ausreichende Wachstumschancen verspricht; und daß ein Star geboren wird, der das Wesen dieser Sportart verkörpert.

Welche Probleme gibt es?

Mit welchen Problemen wird man als Unternehmer unausweichlich konfrontiert? Sind sie unüberwindbar, oder wie kann ich sie lösen?

Warum traue ich mir zu, sie lösen zu können?

Die neuen Firmen sind am erfolgversprechendsten, in denen man an die Arbeit anknüpft, die man bereits für jemand anderen getan hat. IMG war weniger ein neues Unternehmen, als vielmehr eine Ausweitung der Tätigkeit, die ich für eine Anwaltskanzlei ausgeübt hatte.

Vor mehreren Jahren gründete ein Freund von mir mit großem Erfolg ein Fotokopiergeschäft, das er später lizensierte. Einer seiner Lizenznehmer, der aus dem Bereich Lithographie und Design kam, war in Schwierigkeiten geraten. In einem Gespräch versuchte mein Freund, ihm bei der Bewältigung seiner Probleme zu helfen. Er erzählte mir später: »Nur weil wir doppelt so gut und halb so teuer wie die Konkurrenz sind, hat er übersehen, daß er unsere Produkte erst einmal an den Mann bringen muß. Als ich ihn darauf aufmerksam machte, meinte er: »Aber ich bin doch kein *Verkäufer!*«

Der Traum, ein Restaurant zu eröffnen, eine häufig anzutreffende Illusion und das Projekt mit der wohl höchsten »Sterblichkeitsrate«, ist das beste Beispiel dafür, daß ein Unternehmen aufgrund der falschen Einstellung des Initiators scheitern kann.

Ein Restaurant zu führen erfordert geschickte Kalkulation, umsichtige Einkaufsplanung und die Fähigkeit, mit Zahlen umzugehen. Man sollte außerdem von Natur aus gerne mit Menschen zusammenkommen und bereit sein, extrem lange zu arbeiten.

Ich kenne Leute, die davon sprechen, ein Restaurant aufzumachen, weil sie »mal etwas ganz anderes tun wollten«. Ihre einzige Qualifikation bestand darin, daß sie gut kochen konnten oder gerne aßen.

Wie ist der Realisierbarkeits-Quotient?

Man hat uns einmal den Vorschlag gemacht, ein internationales Wettfliegen anläßlich der Olympischen Spiele 1984 zu organisieren. Ein Anfangskapital von 3 Millionen Dollar stand zur Verfügung. Das Konzept war ziemlich detailliert und gut ausgearbeitet. Das einzige Problem bestand darin, daß man bei der Durchführung auf die Kooperation der Luftwaffen der verschiedensten Länder und eine ebenso große Anzahl von Bewilligungen zur Benutzung des Luftraumes im jeweiligen Hoheitsgebiet angewiesen war.

Ich brauche wohl nicht erst zu sagen, daß die Chancen, dieses Projekt zu realisieren, gering waren. Von einer guten Idee, die beträchtlichen Aufwand verlangt, will man sie in die Tat umsetzen, muß man mitunter abraten, wenn es nahezu unmöglich ist, sie zu verwirklichen; oder, sollte es wider Erwarten doch gelingen, dann nur in einem absolut indiskutablen Zeitraum. Bei derartigen Projekten arbeitet man u. U. dann für einen Stundenlohn von 50 Cents.

Bescheiden anfangen und übersichtlich bleiben

Viele neue Unternehmer sind mehr damit beschäftigt, an das Geld zu denken, das sie verdienen wollen, als daran, wie sie es verdienen könnten. Setzen Sie realistische Ziele, indem sie schrittweise vorgehen und vernünftige, durchführbare Projekte in Angriff nehmen, die logisch aufeinander aufgebaut sind.

Gelegentlich muß man auch durch Wände gehen, um auf die andere Seite zu gelangen, aber nur dann, wenn Sie genau wissen, was Sie als nächstes tun werden. Wenn Sie nicht mit einer Reihe sehr spezifischer Schritte von »hier« nach »dort« kommen, haben Sie noch kein Geschäft.

Ich bin felsenfest davon überzeugt: je mehr Startkapital ein Unternehmen beschaffen muß, desto geringer ist die Chance, daß es überhaupt zur Gründung kommt.

Ich bin natürlich voreingenommen, denn ich habe meine Firma mit weniger als tausend Dollar gegründet. Ich weiß auch, daß es Venture-Kapitalgeber gibt, die mit nichts anderem als der Finanzierung neuer Unternehmen befaßt sind. Aber allein die Existenz dieser Branche hat zur Entstehung eines Mythos beigetragen: Viele glauben, diese Leute würden nur darauf warten, ihnen Geld zu geben, und daß sie bisher nur noch keinen von ihnen getroffen hätten.

Falls und wenn sie Ihnen über den Weg laufen, müssen Sie wahrscheinlich feststellen, daß sie, anders als erwartet, keineswegs geneigt sind, sich so ohne weiteres von ihrem Kapital zu trennen, oder, wenn doch, als Gegenleistung eine gehörige Portion vom »Unternehmenskuchen« fordern.

Viele Unternehmen scheitern schon, bevor sie »starten« können: nicht, weil die Idee schlecht war oder die Initiatoren Fehler gemacht hätten, sondern weil das Startkapital fehlt. Ich glaube, daß man für viele dieser Projekte gar nicht soviel Geld bräuchte, wie sich die potentiellen Unternehmer einreden. Wenn sie bereit wären, bescheidener anzufangen, hätten sie vielleicht eine Überlebenschance.

Ich kann nur immer wieder betonen, wie wichtig es ist, klein anzufangen und ein Unternehmen übersichtlich zu halten. Als ich IMG gründete, hätte ich mir auch einreden können, daß wir mindestens eine Million Dollar brauchten. Wie könnten wir denn drei Superstars im Golfsport ohne ein Team von sieben oder acht Leuten und einen Beweis unserer Präsenz in England oder Japan vertreten? Eine Million wäre in der Tat ganz hilfreich und angenehm gewesen. Aber notwendig war sie nicht.

Viele amerikanische Unternehmen haben bescheiden angefangen. Was braucht man schließlich auch mehr, wenn man eine Dienstleistung, sein Können oder Wissen verkauft, als einen Schreibtisch und ein Telefon?

Flexibel sein

Genauso wichtig, wie die Kenntnis der eigenen Branche ist das Gespür dafür, welchen neuen Aktivitäten man sich zuwenden könnte – welche neuen Wege und Möglichkeiten sich im Laufe der Zeit bieten.

Wenn Sie wachsam und flexibel sind, stellen Sie vielleicht fest, daß aus Ihrem ursprünglichen Unternehmen der »Schwanz« und aus dem neuen der »Hund« geworden ist. Ein Bekannter von mir hielt anfänglich Vorträge in Unternehmen über effektive Schreibtechniken. Er entdeckte, daß viele Firmen so von seinem Kurs beeindruckt waren, daß sie alles, was er verlangte, zahlten, damit er ihre Firmenbroschüren verfaßte. Dieses Geschäft erwies sich als viel lukrativer für ihn als die Vorlesungen.

Wie ich bereits erwähnte, haben sich aus unserem Unternehmen im Laufe der Zeit neue Bereiche entwickelt – ein Beispiel dafür ist unsere Marketing-Beratungsfirma. Wir erkannten, daß – wenn wir die Dienstleistungen unserer Klienten an Firmen vermittelten – die Ideen, wie sie am besten verwendet werden (wie man einen bestimmten Athleten optimal einsetzt, welche Werbekampagnen in Frage kommen usw.) genauso wertvoll waren, wie die individuellen Serviceleistungen.

Lassen Sie Ihre Mitarbeiter am Unternehmenserfolg teilhaben

In jedem Unternehmen geht es primär darum, mehr einzunehmen als auszugeben. Das ist ein besonders dringliches Anliegen, wenn man gerade ein neues, kleines Unternehmen aufbaut.

Zahlen Sie Ihren Mitarbeitern so wenig wie möglich und sichern Sie sich ihr Engagement, indem Sie auf die Zukunft des Unternehmens, der Abteilung und seine eigene Karriere verweisen. Geben Sie ihnen das Versprechen, daß sie weit mehr als üblich bei Ihnen verdienen können, wenn das Unternehmen wächst und floriert. Ich glaube, daran ist nichts Unehrenhaftes, solange Sie sich an die Abmachung halten.

Wenn sich einer Ihrer Mitarbeiter ganz besonders für das Unternehmen einsetzt, hat er oder sie auch ein Anrecht auf mehr als die immaterielle Befriedigung, gute Arbeit geleistet zu haben. Das Einkommen ist wie eine Scorecard im Golf. Daß bei der Gehaltsfrage die Gesamtrentabilität der Firma in Betracht gezogen werden muß, ist für Ihren Angestellten von geringerem Interesse als für Sie. Ob diese greifbare finanzielle Anerkennung in Form einer Gehalterhöhung, Gratifikation oder zusätzlicher Sozialleistungen demonstriert wird, ist unwichtig – es kommt einzig darauf an, daß Ihre Mitarbeiter das Gefühl haben, am Erfolg des Unternehmens direkt und ihren Leistungen entsprechend beteiligt zu sein.

Mit doppelten Festkosten rechnen

Vor mehreren Jahren fragte ich einen Geschäftsfreund, der gerade dabei war, ein neues Unternehmen aufzubauen, mit welchen Fixkosten er für das erste Jahr rechne. Er hatte klein und mit eigenem Kapital angefangen und meinte, 75 000 Dollar seien genug. Ich riet ihm, von der doppelten Summe auszugehen.

Die meisten Leute übersehen die verdeckten Kosten, die in einer Firma anfallen. Das ist wahrscheinlich auf den unbewußten Übereifer zurückzuführen, die Zahlen gut aussehen zu lassen (oder sie sich zumindest selber schmackhaft zu machen). Jedenfalls vergißt man leicht die Steuern und Sozialabgaben, wenn man daran gewöhnt ist, daß sie automatisch vom Monatsgehalt abgezogen werden. Bleistifte und Kugelschreiber kosten nicht viel, aber wenn man ein Büro damit ausstatten muß, selbst wenn es sich um ein kleines handelt, summieren sich die Ausgaben. In den meisten Firmen fallen Reisekosten und die Bewirtung von Besuchern an, und das ist ein teurer Spaß. Auch die Kosten für die Büroeinrichtung werden leicht unterschätzt. Im letzten Jahr belief sich allein unsere Telefonrechnung auf ca. eine Million Dollar. Ich habe im Laufe der Jahre festgestellt, wenn man die reinen Betriebskosten, die man ursprünglich errechnet hatte, verdoppelt, kommt man annähernd auf die tatsächlichen Kosten.

Neulich habe ich den Freund wiedergetroffen, dem ich den Rat gegeben hatte. Er sagte mir, er habe meine Behauptung ziemlich arrogant gefunden, weil ich ja wenig über seine Anfangsaufwendungen, wie z. B. Miete oder Personalkosten, wissen konnte. »Aber als ich am Ende des ersten Jahres Bilanz zog«, fügte er hinzu, »belief sich die Gesamtsumme ziemlich genau auf $ 149 000.«

Verdoppeln, aber nicht verdreifachen

Viele Leute, die eine Firma gründen möchten, aber nie über den Wunsch hinauskommen, sind davon überzeugt, daß sie nur damit zu warten brauchen, bis sie genug Geld beisammen haben. Für sie wären sogar zehn Millionen Dollar als Anfangskapital nicht ausreichend.

Kein Guthaben auf der Bank kann den Verlust der Sicherheit wettmachen, der mit dem Verlust eines festen monatlichen Einkommens verbunden ist.

Wenn Sie Ihr Projekt ausarbeiten und für jede Sparte in der Rubrik »Ausgaben« mit der maximalen Summe rechnen, werden Sie Ihre Pläne mit Sicherheit nie realisieren können.

Zuerst das Einkommen – dann die Organisation

Vor einigen Jahren schlossen wir Lizenzgeschäfte für unseren Klienten Hank Ketchum, der Erfinder von Dennis the Menace, ab. Hank ist ein guter Freund und talentierter Künstler, aber in Geschäftsangelegenheiten manchmal ein wenig naiv. Wir konzipierten für ihn eine Firma und berechneten auch die Kosten für die Illustratoren, die dort beschäftigt sein sollten. Obwohl diverse wichtige logistische Punkte geklärt werden mußten, war Hank mehr an den Gewinnbeteiligungsplänen interessiert.

Eine gute Organisation ist bei jeder erfolgreichen Unternehmung wichtig. Aber es ergibt irgendwie keinen Sinn, wenn eine brandneue Firma einen eindrucksvollen Fünf-Jahres-Plan vorlegt, bevor sie das erste Geld verdient hat. Es ist eine Sache, sein Ziel zu kennen (oder zu wissen, wie weit man kommen möchte) und eine ganz andere, »den Karren vor das Pferd zu spannen«.

Projektanalyse versus Realität

Mir wäre es lieber, wenn ich nie wieder eine Projektanalyse zu Gesicht bekäme. Die einzigen, die daran glauben, scheinen die Verfasser zu sein.

Die meisten Analysen, die ich gesehen habe oder bezahlen sollte, zeigten eine verzerrte zeitliche Perspektive. Es ist erstaunlich, wie viele Leute die Bedeutung des Cash-flow bei der Planung des ersten Geschäftsjahres vergessen. Wenn man in der ersten Woche sein erstes Geschäft abschließt, hat man die Einnahmen daraus oft erst nach neunzig Tagen zur Verfügung, und genauso ist es mit der zweiten und dritten Transaktion. Daraus folgt, daß das Kapital, das zu Anfang in Umlauf sein muß, um den reibungslosen Geschäftsgang zu sichern, in Wirklichkeit ein Vielfaches von dem auf dem Papier errechneten Betrag ist.

Es ist ebenfalls kaum zu glauben, wie offensichtlich manche Leute ihre Zahlen »frisieren«. Mit einer annehmbar hohen Fehlerquelle zu rechnen, ist eine Sache – aber anzunehmen, daß derjenige, der die Zahlen liest, dumm ist, eine ganz andere. Ich habe Projektanalysen gesehen, die durchaus anerkennenswert waren, die mich aber aufgrund der erwarteten Einnahmen und Ausgaben so stutzig machten, daß ich mein Vertrauen in die Leute, die sie erstellt hatten, verlor. Ich vermute, daß sie oft selber nicht an die Unternehmung glauben und nur versuchen, jemanden zu finden, der dumm genug ist, dieses riesige »Spesenkonto« zu finanzieren.

Ich habe auch Analysen gesehen, aus denen klar hervorging, daß der Unternehmensleiter Einkünfte für sich selber einkalkuliert hatte, die deutlich höher lagen als das, was er zur Zeit noch als Arbeitnehmer verdiente. Ich glaube, es zeugt nicht von besonderer Klugheit, jemanden zu bitten, ein Zwei-Millionen-Dollar-Projekt zu finanzieren, um eine

Gehaltserhöhung von fünfzigtausend Dollar durchzusetzen. Ich möchte jedenfalls nicht derjenige sein, der sie zahlt.

Arbeit versus Leistung

Unternehmertum ist wohl die reinste Form des Kapitalismus, und der beste Weg, seinen Leistungen entsprechend bezahlt zu werden. Das erfordert allerdings auch einen beträchtlichen Umdenkprozeß, ebenso wie die Einsicht, daß die Anzahl der Arbeitsstunden nur am Ausmaß der daraus resultierenden Leistung gemessen werden kann.

Die meisten erfolgreichen Unternehmer verbringen vierundzwanzig Stunden täglich bei der Arbeit oder mit Gedanken, die sich auf ihr Geschäft beziehen. Aber wie sie diese Stunden ausfüllen, entscheidet über Erfolg oder Mißerfolg. »Arbeite nicht hart, sondern smart« lautet ein Klischee. Aber es müßte eigentlich heißen: »Arbeite hart, lang *und* smart.«

Positiv ist zu Anfang, wenn man sich noch nicht mit Meetings, Memos und anderen zeitraubenden Aktivitäten befassen muß, daß man pro Tag vier oder fünf Stunden mehr Zeit zur Verfügung hat. Aber wenn Sie diese Zeit nicht produktiv nutzen, wird das »Defizit« nicht nur von Ihrem »Lohn« abgezogen, sondern sie könnten sie genauso gut damit verbringen, sich selber Memos zu schreiben.

Verzichten Sie darauf, eine Partnerschaft einzugehen

Viele Geschäftsleute analysieren ihre Gründe, eine Partnerschaft einzugehen, nicht so gründlich wie sie sollten. Manchen geht es hauptsächlich um die »numerische Sicherheit«. Natürlich ist es beruhigend zu wissen, daß man nicht immer allein verantwortlich ist. Aber die Probleme, die eine Partnerschaft mit sich bringt, wiegen den Grad der erhofften Sicherheit bei weitem auf.

Es gibt Partnerschaften, wo Stärken und Schwächen ausgewogen sind und der geschäftliche beidseitige Vorteil überwiegt. Aber es ist wahrscheinlicher, daß die Partnerschaft selbst zum größten negativen Faktor wird, und wenn auch nur in der Hinsicht, daß sie der Flexibilität abträglich ist. Es kann kein Zufall sein, daß die spektakulärsten Erfolge in der Geschichte des Unternehmertums »Solonummern« sind.

Hände weg von einer Beteiligung

Eine Minderheitsaktienbeteiligung in einer Privatfirma ist in meinen Augen verschenktes Geld. Ein »Anteil« am Projekt eines anderen ist nichts als ein 24-Stunden-Ego-Trip: ich würde allzu gerne wissen, was man sich wirklich davon verspricht. Mit einer Minoritätsbeteiligung an einer Einzelinhaberschaft kann man nicht im *Wall Street Journal* nachprüfen, was man wert ist; man kann nicht zur Bank gehen und die Aktien als Sicherheit für eine Hypothek auf ein neues Haus anbieten; und sie lassen sich nicht so leicht verkaufen, weil Sie niemanden finden, der auch nur im entferntesten bereit ist zu zahlen, was sie *Ihnen* wert sind.

Wir haben schon oft unseren Vorteil aus der falschen Beurteilung einer Aktienbeteiligung gezogen. Wenn unserem Klienten Wertpapiere von einem neuen Unternehmen angeboten werden, bestehen wir immer auf einem zusätzlichen Honorar für ihn oder zumindest dem garantierten Rückkaufrecht zu jedem, von unserem Klienten gewünschten Zeitpunkt.

Angst vor Versagen

Die Angst, zu versagen, ist genauso verbreitet wie der Wunsch nach Erfolg. Richtig eingesetzt, kann sie der Motor sein, der das Rad antreibt. Auf viele Menschen wirkt sie jedoch eher lähmend.

Die Angst zu beherrschen anstatt sich von ihr beherrschen zu lassen ist offenbar nicht nur ein Problem für Unternehmer, sondern für jeden Menschen. Deshalb erscheint mir dieses Thema als Abschluß des Buches besonders geeignet.

Der französische Hürdenläufer und Olympiateilnehmer Guy Drut war zu Beginn des Sommers 1976 in keiner beneidenswerten Position: Er galt als Frankreichs einzige Hoffnung, als einziger Medaillenanwärter, und auf seinen Schultern ruhte die Bürde, die Nation würdig zu vertreten. Drut erzählte mir später, er habe sich vor den Wettkämpfen mehrmals mit Jean-

Claude Killy unterhalten, und er verdanke die Goldmedaille zum Teil ihm. Er erklärte mir: »Jean-Claude sagte mir, ich sei der einzige, der meinen Körper für die Olympiade in Höchstform bringen könne, und danach sollte ich mir immer wieder sagen: »Ich habe alles getan, um mich auf den Kampf vorzubereiten; wenn ich gewinne, ist das wunderbar, aber auch wenn ich nicht gewinne, bleiben meine Freunde meine Freunde, meine Feinde meine Feinde und die Welt dieselbe.« Ich habe mir diese Worte immerzu wiederholt, vor den Qualifikationsläufen, in der Pause zwischen Semifinale und Finale, so oft, bis alles andere ausgelöscht war. Sogar dann noch, als ich zur Treppe ging und mir meine Goldmedaille holte.«

Nachwort

Als das Buch fertig war, gab ich es einigen Geschäftsfreunden zu lesen, und ich muß gestehen, daß ich über so manche Reaktion besorgt war.

Einige sagten mir, sie fänden das Buch gut, weil »ich das meiste, was Sie empfehlen, ohnehin schon tue«. Obwohl das eigentlich schmeichelhaft für mich sein sollte, glaube ich, daß die die falschen Kapitel gelesen und die Abschnitte überflogen haben, in denen es um Praktiken geht, die in ihren eigenen Unternehmen verbesserungsbedürftig sind.

Selbstgefälligkeit und Selbstzufriedenheit wollte ich gewiß nicht bei meinen Lesern auslösen, denn das sind wohl die »finstersten Mächte« im Geschäftsleben, deren Einfluß so groß ist, daß sie unternehmerischen und beruflichen Erfolg hemmen können.

Das Geschäftsleben ist eine reine Wettbewerbssituation, und jeder hochrangige, ausgeklügelte Konkurrenzkampf ein Spiel, bei dem es fast ausschließlich auf einen wachen Verstand ankommt – und darauf, daß man das Paradoxe an seiner eigenen Lage versteht: je besser man zu sein glaubt, desto mehr Grund zur Besorgnis ist vorhanden; je zufriedener man mit seinen Erfolgen, Leistungen oder »richtigen Schritten« ist, desto unzufriedener sollte man eigentlich sein.

Mich hat schon lange, vom beruflichen wie psychologischen Standpunkt aus, die Frage fasziniert, worin sich der Sieger von anderen unterscheidet. Damit meine ich echte Champions, das eine Prozent an der Spitze, das sich ständig besser erweist als die Konkurrenz, das selbst unter extremem Streß in Topform ist und auf lange Sicht die, die als »Beinahe-Sieger« oder »Unter-ferner-liefen« aufgeführt sind, hinter sich lassen.

Natürlich gehören besondere Fähigkeiten und großes Selbstvertrauen dazu, aber das sind nicht die ausschlaggebenden Kriterien. Die meisten Sportler sind schon, bevor sie ins Profilager überwechseln, mit beiden Gaben reich gesegnet.

Der wahre Vorteil eines Champions ist geistiger Natur, und mit den Jahren konnte ich feststellen, daß allen Superstars ausnahmslos drei charakteristische Verhaltensweisen zu eigen sind, die sich im Geschäftsleben ebenso bewähren wie im Sport. Sie sind fester Bestandteil meines Berufslebens geworden und stellen für mich eine nie versiegende Quelle dar, aus der ich meine Antriebskraft und Entschlossenheit schöpfe.

Die erste Eigenschaft ist die tiefgreifende Unzufriedenheit mit der eigenen Leistung. Jeder Erfolg, jeder Sieg spornt den Ehrgeiz an. Jedes erreichte Ziel ist nur ein Schritt zum nächsten, größeren, zum »Unerreichbaren«.

Zweitens haben sie die Fähigkeit, sich das Maximum abzuverlangen, sich selber für Turniere und Veranstaltungen in Höchstform zu bringen. Niemand kann ständig Spitzenleistungen bringen. Aber die echten Stars zeigen gerade dann Bestleistungen, wenn für sie am meisten auf dem Spiel steht. Das gilt besonders im Tennis und Golf, vielleicht den geistig anspruchsvollsten Sportarten, wo die Weltklasse-Turniere immer von der gleichen Handvoll Spieler bestritten werden.

Und schließlich haben sie die Gabe, ihre Gegner erbarmungslos auszuschalten, den sogenannten »Killer-Instinkt«; dieser Begriff sagt mehr über das Resultat als über die geistigen Vorgänge aus.

Ein Champion fühlt sich niemals überlegen. Er verzerrt die Realität, um seine Ambitionen wachzuhalten. Er greift immer »von hinten« an, selbst wenn eindeutig feststeht, daß er den Konkurrenten zur Strecke bringt. Er glaubt nie, daß er so gut ist, wie er ist.

Das wurde mir vor einigen Jahren in Osaka klar, als ich Arnold Palmer und Gary Player bei einem Schauturnier auf dem Golfplatz beobachtete. Als sie an der Reihe waren, ging ich vom Clubhaus zu ihnen zum neunten Grün hinüber. Arnold versuchte gerade, einen 3,50 m Birdie* einzulochen; Gary, der schon mit seinem Loch fertig war, stand mit gekreuzten Armen neben mir. Obwohl es nur ein Schauturnier war, lieferten sich die beiden einen erbitterten Kopf-an-Kopf-Kampf, dessen Intensität deutlich zu spüren war.

Arnold hatte eingelocht und Gary drehte sich kopfschüttelnd zu mir um und sagte: »Das macht er schon den ganzen Tag so. Mir wird einfach nichts geschenkt: Sobald er aufs Grün kommt, ist sein Ball auch schon im Loch.«

Ich fand diese Bemerkung seltsam, denn in Wirklichkeit hatte Arnolds Birdie zum Gleichstand geführt. Als Arnold auf dem Weg zum zehnten Abschlag an mir vorbeikam, konnte ich sehen, daß auch er verärgert war. »Na also«, meinte er, »hab' ich ihn doch noch eingelocht.« Und, mit einer Kopfbewegung zu Gary hin, fügte er hinzu: »Und dieser Mistkerl kann auch nicht einmal danebentreffen.«

Wenn Sie nach der Lektüre dieses Buches immer noch mit Ihrem »Geschäftssinn« zufrieden sind, haben Sie einiges nachzuholen.

* Ein Schlag unter Platzstandard.